本著获教育部人文社会科学研究规划基金"新时代社会治理思想研究"（18YJA710018）资助

新时代社会治理理论研究

XINSHIDAI SHEHUI ZHILI LILUN YANJIU

孔凡河◎著

中国政法大学出版社

2024·北京

图书在版编目（ＣＩＰ）数据

新时代社会治理理论研究 / 孔凡河著. -- 北京 ： 中国政法大学出版社，2024. 7.
ISBN 978-7-5764-1677-0

Ⅰ. D63

中国国家版本馆 CIP 数据核字第 2024ER7745 号

出 版 者	中国政法大学出版社
地　　　址	北京市海淀区西土城路 25 号
邮寄地址	北京 100088 信箱 8034 分箱　邮编 100088
网　　　址	http://www.cuplpress.com (网络实名：中国政法大学出版社)
电　　　话	010-58908285(总编室) 58908433 （编辑部） 58908334(邮购部)
承　　　印	北京鑫海金澳胶印有限公司
开　　　本	720mm × 960mm　1/16
印　　　张	15
字　　　数	250 千字
版　　　次	2024 年 7 月第 1 版
印　　　次	2024 年 7 月第 1 次印刷
定　　　价	69.00 元

上海政法学院学术著作编审委员会

总 序 /FOREWORD

　　四秩芳华，似锦繁花。幸蒙改革开放的春风，上海政法学院与时代同进步，与法治同发展。如今，这所佘山北麓的高等政法学府正以稳健铿锵的步伐在新时代新征程上砥砺奋进。建校40年来，学校始终坚持"立足政法、服务上海、面向全国、放眼世界"的办学理念，秉承"刻苦求实、开拓创新"的校训精神，走"以需育特、以特促强"的创新发展之路，努力培养德法兼修、全面发展，具有宽厚基础、实践能力、创新思维和全球视野的高素质复合型应用型人才。四十载初心如磐，奋楫笃行，上海政法学院在中国特色社会主义法治建设的征程中书写了浓墨重彩的一笔。

　　上政之四十载，是蓬勃发展之四十载。全体上政人同心同德，上下协力，实现了办学规模、办学层次和办学水平的飞跃。步入新时代，实现新突破，上政始终以敢于争先的勇气奋力向前，学校不仅是全国为数不多获批教育部、司法部法律硕士（涉外律师）培养项目和法律硕士（国际仲裁）培养项目的高校之一；法学学科亦在"2022软科中国最好学科排名"中跻身全国前列（前9%）；监狱学、社区矫正专业更是在"2023软科中国大学专业排名"中获评A+，位居全国第一。

　　上政之四十载，是立德树人之四十载。四十年春风化雨、桃李芬芳。莘莘学子在上政校园勤学苦读，修身博识，尽显青春风采。走出上政校门，他们用出色的表现展示上政形象，和千千万万普通劳动者一起，绘就了社会主义现代化国家建设新征程上的绚丽风景。须臾之间，日积月累，学校的办学成效赢得了上政学子的认同。根据2023软科中国大学生满意度调查结果，在本科生关注前20的项目上，上政9次上榜，位居全国同类高校首位。

　　上政之四十载，是胸怀家国之四十载。学校始终坚持以服务国家和社会需要为己任，锐意进取，勇担使命。我们不会忘记，2013 年 9 月 13 日，习近平主席在上海合作组织比什凯克峰会上宣布，"中方将在上海政法学院设立中国-上海合作组织国际司法交流合作培训基地，愿意利用这一平台为其他成员国培训司法人才。"十余年间，学校依托中国-上合基地，推动上合组织国家司法、执法和人文交流，为服务国家安全和外交战略、维护地区和平稳定作出上政贡献，为推进国家治理体系和治理能力现代化提供上政智慧。

历经四十载开拓奋进，学校学科门类从单一性向多元化发展，形成了以法学为主干，多学科协调发展之学科体系，学科布局日益完善，学科交叉日趋合理。历史坚定信仰，岁月见证初心。建校四十周年系列丛书的出版，不仅是上政教师展现其学术风采、阐述其学术思想的集体亮相，更是彰显上政四十年发展历程的学术标识。

著名教育家梅贻琦先生曾言，"所谓大学者，有大师之谓也，非谓有大楼之谓也。"在过去的四十年里，一代代上政人勤学不辍、笃行不息，传递教书育人、著书立说的接力棒。讲台上，他们是传道授业解惑的师者；书桌前，他们是理论研究创新的学者。《礼记·大学》曰："古之欲明明德于天下者，先治其国"。本系列丛书充分体现了上政学人想国家之所想的高度责任心与使命感，体现了上政学人把自己植根于国家、把事业做到人民心中、把论文写在祖国大地上的学术品格。激扬文字间，不同的观点和理论如繁星、似皓月，各自独立，又相互辉映，形成了一幅波澜壮阔的学术画卷。

吾辈之源，无悠长之水；校园之草，亦仅绿数十载。然四十载青葱岁月光阴荏苒。其间，上政人品尝过成功的甘甜，也品味过挫折的苦涩。展望未来，如何把握历史机遇，实现新的跨越，将上海政法学院建成具有鲜明政法特色的一流应用型大学，为国家的法治建设和繁荣富强作出新的贡献，是所有上政人努力的目标和方向。

四十年，上政人竖起了一方里程碑。未来的事业，依然任重道远。今天，借建校四十周年之际，将著书立说作为上政一个阶段之学术结晶，是为了激励上政学人在学术追求上续写新的篇章，亦是为了激励全体上政人为学校的发展事业共创新的辉煌。

党委书记　葛卫华教授

校　　长　刘晓红教授

2024 年 1 月 16 日

目 录 CONTENTS

引　言

20 世纪 80 年代以来，随着改革开放的不断深入，我国社会各个层面的束缚逐渐被释放开来，社会活力被激发起来，整个社会的组织方式、关系样态和结构特征都发生了重大变化。这些变化对原有社会秩序和管理机制提出了巨大挑战。在经济快速发展的同时，我国各种社会矛盾也日益彰显。进入新时代以后，我国的全面深化改革步入深水区和攻坚期，任务繁重、关系复杂。国际上百年未有之大变局加快演进，我国改革开放面临的国际形势也相当严峻复杂。面对世情、国情、党情和民情的新变化，如何立足经济社会发展实际，凝聚社会共识，团结和带领全社会力量应对激烈国际竞争，发展和完善中国特色社会主义制度，实现国家长治久安，满足人民群众期待，以中国式现代化全面推进中华民族伟大复兴，成为摆在我们党面前的重大课题。社会治理与中国式现代化同频共振，社会治理是中国式现代化的应有之义，必须把社会治理纳入中国式现代化的整体框架之中。因此，社会治理关乎中国式现代化、关乎党长期执政、国家长治久安和广大人民群众的切身利益，亟需一种科学的社会治理理论来指导。时代巨变和经济社会全面发展，在客观上催生了新时代社会治理理论与具体实践。[1]党的十八大以来，习近平总书记正确认识和把握我国社会发展规律，高屋建瓴，精准施策，对社会发展中的矛盾和问题进行了科学应对，对社会治理实践发表了一系列重要讲话，作出了一系列重要指示，提出一系列新观点、新论断和新认识，逐渐形成新时代社会治理理论。新时代社会治理理论为加强和创新社会治理，推进国家治理

---

[1] 参见杨舒然：《当代中国马克思主义治理理论的新发展——学习习近平关于社会治理的重要论述》，载《西安财经大学学报》2021 年第 1 期。

体系和治理能力现代化，提供了根本遵循和科学指南。

第一节　研究意义

深入研究探讨新时代社会治理理论，深刻领会和把握其内涵精髓，对进一步丰富和完善马克思主义社会治理理论、中国特色社会主义理论体系以及习近平新时代中国特色社会主义思想，对打造共建共治共享的社会治理新格局、推进国家治理体系和治理能力现代化等具有十分重要的理论价值和现实意义。

一、理论构建意义

首先，本课题研究是对马克思主义社会治理理论的补充、丰富和完善，是马克思主义社会治理理论在当代中国的新发展。马克思恩格斯以巴黎公社的社会管理实践为基础，以资本主义国家的政府管理职能为切入点，探讨了社会主义国家的社会管理模式。新时代社会治理理论在继承、吸取马克思主义社会管理理念的基础上，立足新时代中国社会建设与发展的实际，对加强和创新社会治理做出新概括、新总结、新凝练，是马克思主义中国化的最新理论成果，进一步发展了中国化的马克思主义社会治理理论。

其次，本研究深化了对中国特色社会主义社会治理理论的认识。时代是思想之母，实践是理论之源。在加强和创新社会治理的实践过程中，以习近平同志为核心的党中央立足实践，反复研讨，逐渐探索出打造共建共治共享的社会治理格局的新思路、新观点、新举措，进一步丰富了中国特色社会主义社会治理理论，加深了对中国特色社会主义社会治理理论的认识，为新时代中国特色社会主义社会治理实践指明了方向。

再次，本研究是对习近平新时代中国特色社会主义思想的充实与完善。新时代社会治理理论紧密结合新的时代条件和实践要求，是加强和创新社会治理的系统完整、逻辑严密的新思想、新观点、新论断，也是中国共产党关于社会建设理论的新发展。从"社会管理"上升到"社会治理"，提出完善党委领导、政府负责、民主协商、社会协同、公众参与、法治保障、科技支撑的社会治理体系，提出健全共建共治共享的社会治理制度、提出建设人人有责、人人尽责、人人享有的社会治理共同体，提出加快推进市域社会治理现代化等，体现了中国共产党对社会建设规律的认识升华，反映了中国共产党及时分析新时代社会主要矛盾和发展阶段新特征，引领社会发展进步所作的理论创新，是习近平新时代中国特色社会主义思想的重要组成部分。

二、社会现实意义

首先，本研究有助于推进社会治理体系和治理能力现代化。新中国成立75年来，中国共产党领导人民不断探索实践社会革命，走出了一条中国特色社会主义社会治理之路。中国特色社会主义进入新时代，以习近平为核心的党中央统筹推进"五位一体"总体布局和协调推进"四个全面"战略布局，不断完善和发展中国特色社会主义制度、推进社会治理体系和治理能力现代化。本课题研究有利于精准把握社会治理规律，构建全民共建共治共享的社会治理格局，实现社会治理现代化，对推进社会治理体系和治理能力现代化，增强党的领导能力和社会治理水平具有重要意义。

其次，本研究为我国全面深化改革奠定坚实基础。新时代社会治理理论坚持以人民群众为中心、以民生为本、德治和法治共举、维护公平和正义。对新时代社会治理理论进行深入系统研究，可以充分调动人民群众的主观能动性，发挥人民群众的力量，共同攻坚克难，保证了社会的公平和秩序，有效地缓解社会不同阶层、不同利益集团之间的矛盾，实现社会的和谐稳定，从而为中国全面深化改革奠定坚实基础，也有助于推进中国式现代化进程和中华民族伟大复兴的"中国梦"之圆满实现。

最后，本研究有助于中国积极参与全球治理变革，贡献全球治理的中国方案。研究新时代社会治理理论有利于构建保持秩序与充满活力的社会治理共同体，使中国继续创造经济持续高速发展和社会长期稳定的奇迹，有助于提升中国的国际地位和国际影响力，为中国积极参与全球治理变革，为世界提供全球治理的中国方案、中国智慧和中国模式创造大好机遇，有助于彰显中国的道路自信、理论自信、制度自信与文化自信。

第二节 文献综述

社会治理是国内外学术界长盛不衰的研究热点问题。围绕这一热点问题，国内外学者投入大量精力进行研究，产生了丰硕的研究成果。至于社会治理理论的研究，国外研究并不聚焦，国内研究虽然刚刚起步，但也引起不少学者关注，为本课题开展研究提供了不少可资借鉴的学术资料。

一、国外研究现状

西方学者对社会治理的研究，大致形成了治理概念、社会治理主体、社会治理目标以及社会治理模式等几种基本研究范式。

一是对治理概念内涵的界定。"治理"概念是世界银行在 1989 年讨论非洲"治理危机"时提出的，侧重政府治理视角，并无统一界定。后来被引入经济学、社会学、国际关系学等学科，派生出"社会治理""地方治理""全球治理"等概念。皮埃尔·德·塞纳克伦斯（1999）、格里·斯托克（2000）、詹姆斯·N·罗西瑙（2001）、青木昌彦（2002）、奥利弗·E·威廉姆斯（2004）、库依曼和范·弗利埃特（2006）等，从不同角度对治理含义进行探究，或坚持治理偏重的统治机制并不依靠政府权威和制裁，需要彼此之间相互影响的多种行为主体的良性互动，或认为治理的最终目标是通过建立良好机制来维持经济秩序，或主张治理用于国际体系的计划项目，国际体系的治理方法就是权力均势，等等。但这些研究多为零散的理论阐释，未能揭示"治理"的普适性涵义。西方学界普遍认同的治理概念，依然是全球治理委员会于 1995 年作出的界定，即不同利益主体都能联合起来行动的诸多方式的总和。换言之，治理是各种公的或私的个人和机构管理其共同事务的诸多方式的总和。它是使相互冲突的或各不相同利益得以调和并且采取联合行动的持续过程，它既包括有权迫使人们服从的正式制度和规则，也包括各种人们同意或认为符合其利益的非正式的制度安排。[1]还有一些外国学者的观点也比较具有代表性：法籍学者让-皮埃尔·戈丹认为，"治理是一种联邦制度的辅从性和企业文化的亲密结合，促进了机构、企业和协会之间的谈判式合作的多样化"[2]；印度籍学者因德拉吉·罗伊指出，治理话语的内在含义是

---

〔1〕 See The Commission on Global Governance, *Our global neighborhood: The Report of the Commission on Global Governance*, Oxford University Press, 1995, p. 23.

〔2〕 ［法］让-皮埃尔·戈丹：《何谓治理》，钟震宇译，社会科学文献出版社 2010 年版，第 9 页。

"公民社会与政治社会，以及国家和公民之间的合作"〔1〕。

二是对社会治理主体的分析。亚里士多德最早提出应通过优良政体的构建来实现城邦治理的至善。20 世纪末以来，西方学者如格里·斯托克（2000）、萨拉蒙（2000）、彼得斯（2001）、卡蓝默（2005）、詹姆斯·N·罗西瑙（2006）等强调政府放权和向社会授权，实现多主体、多中心治理，并呼吁社会自我治理及社会组织与政府的平等共治。虽然国外许多专家学者对社会治理主体的认识有不同看法，但他们对社会治理主体做出解释的根本理念都是相同的，政府不再是社会治理活动的唯一主体。除了政府以外，自治组织、公民个人都是社会治理的重要参与者，享有与政府一样的平等治理权。

三是对社会治理目标的确定。西方学者将社会治理的目标锁定在公共生活领域。在他们看来，社会治理的价值追求在于通过政府部门与非政府组织的合作共治，达到一种"善治"状态。盖伊·彼得斯（2007）坚持认为，"善治"就是使公共利益最大化的社会管理过程，其本质特征是政府与公民对公共生活的合作管理，它是政治国家与市民社会的一种新型关系。政府和社会组织以合作的重要方式开展大量的社会服务项目。由社会组织提供公共服务，而政府负责出资购买，以此来改善民生，保障社会福利，实现社会稳定。"小政府、大社会"的社会治理结构是实现社会"善治"状态的根本保证。

四是对社会治理模式类型研究。西方学者基于政府与市场的关系重新思考定位政府职能，提出建立"多元参与、合作共治"的社会治理模式。英国学者库曼（1993）等，将欧盟的社会治理模式认定为一种以社会为中心的经典治理模式，强调政府与民间社会的动态结合。此后，库曼（2003）又发展了该社会治理模式，认为应是层级、自我和合作的综合治理模式。美籍学者B·盖伊·彼得斯（2001）认为，政府未来的治理模式有"市场式政府、参与式政府、弹性化政府和解制式政府"。〔2〕欧文·E·休斯（2007）认为，政

---

〔1〕 参见 ［印］因德拉吉·罗伊：《公民社会与善治之关系的再思考》，载何增科、包雅钧主编：《公民社会与治理》，社会科学文献出版社 2011 年版，第 358 页。

〔2〕 参见 ［美］B·盖伊·彼得斯：《政府未来的治理模式》，吴爱明等译，中国人民大学出版社 2001 年版，第 23 页。

府向市场和社会放权、政府与非营利组织协作，可以有效提升社会治理的效果。[1]西方学界关于社会治理模式的研究范式，为研究新时代社会治理理论提供了理论视角。

二、国内研究现状

近些年来，社会治理成为国内众多专家学者研究的重要课题。国内学界对该问题的研究，多从社会治理内涵、思想资源、基本内容、主要特质以及重要价值等角度展开，取得了十分丰硕的学术成果，为本研究提供了重要参考。

一是对社会治理内涵的探究。陈成文和赵杏梓（2014）从社会学的角度定义社会治理，认为社会治理是指政府、市场、社会组织、公民在形成合作性关系的基础上，运用法、理、情三种社会控制手段解决社会问题，以达到化解社会矛盾、实现社会公正、激发社会活力、促进社会和谐发展目的的一种协调性社会行动。[2]赵继伦和赵放（2014）认为，社会治理有广义和狭义之分。从广义上讲，社会治理是指各类公共组织对社会公共事务所实施的公共管理活动；狭义的社会治理则是指社会公共事务中除了政治统治事务和经济管理事务以外的管理，其作用的领域具有非经济性、社会性，与社会成员有着具体利益的直接相关性；从本质意义上讲，社会治理是对人的管理与服务。[3]综合而言，社会治理就是指在一定的社会基础上自上而下的社会管理与自下而上的社会自治的有机结合，其最终目标是确保公共利益最大化的合作管理过程。[4]

二是社会治理特点的分析。社会治理的特点和治理的特征几乎是可以对等的。曾小波（2014）总结了"治理"的以下几点特征：第一，治理主体是政府、公共权力组织和各种社会组织，因治理主体不同而客体相异，它既可以是一个企事业单位，也可以是一个民族、一个国家甚至是世界范围内的事

---

〔1〕 参见［澳］欧文·E·休斯：《公共管理导论》，张成福等译，中国人民大学出版社2007年版，第69页。

〔2〕 参见陈成文、赵杏梓：《社会治理：一个概念的社会学考评及其意义》，载《湖南师范大学社会科学学报》2014年第5期。

〔3〕 参见赵继伦、赵放：《确立社会治理的三维视阈》，载《东北师大学报（哲学社会科学版）》2014年第4期。

〔4〕 参见刘锋：《当前学界对社会治理的研究评析》，载《天水行政学院学报》2015年第1期。

物。第二，治理的手段除了国家强制性的行政、法律手段外，更多的是强调各种机构之间的自愿平等合作；第三，治理的权力流向是双向或多向的，权力运行向度是多元的、相互的，是一种上下互动的过程，主要通过各个参与主体的协调和沟通，迈向共同的目标。第四，治理的目标是"善治"，其本质特征在于通过政府与公民对公共生活的合作管理，实现公共利益最大化，[1]达到"善治"状态。乔耀章（2013）认为，在后工业化与全球治理的背景下，我国多质态的社会统治、社会管理、社会治理还将历时态与共时态地长期并存，同时呈现以政党治理、国家治理与政府治理三位一体的"独家管理"为主，社会自理或自治、合作或共同管理、相互管理或相互治理等特点。[2]也有学者（2014）主张，现代社会治理的特点是社会治理主体呈现多元化、社会治理路径具有双向性和社会治理行为的法治化。[3]在龚维斌（2015）看来，在新的历史时期，我国社会治理呈现出一些新的特点，譬如更加重视权利保护、更加重视依法治理、更加重视基层治理、更加重视互联网治理、更加重视公共安全和应急管理、更加重视人民团体和社会组织的作用。[4]

三是社会治理模式的探讨。我国社会治理模式根植于改革开放以来社会发展实践的沃土，具有鲜明的中国特色和时代特征。我国社会治理模式的基本特征包括：基于"路径依赖"而进行的增量改革道路；以党组织为主导的多元治理结构；条块结合的治理格局；稳定压倒一切的核心价值判断；法治与人治同时发挥重要作用的治理方式。[5]"点线成面""条块结合"是我国社会治理模式的一大特色，对此学者于秀琴等人（2014）提出建立健全社会治理联动机制的主张，认为良好的社会治理联动机制可以提高社会治理的有效性和长效性，有利于创建人民满意的服务型政府。为此，我们应采用精深化管理方式，构建由输入、转化、输出组成的社会治理联动机制模型，探索并抓住某一重点，由点到线，再由线到面，开发绩效评估等各种动力源，采用

---

〔1〕 参见曾小波：《社会治理：从理念到方法的变革》，载《西南民族大学学报（人文社会科学版）》2014 年第 7 期。

〔2〕 参见乔耀章：《论社会治理原理与原则》，载《阅江学刊》2013 年第 6 期。

〔3〕 参见赵涟漪、宋振玲：《现代社会治理的特点及我国社会治理中存在的问题》，载《沈阳干部学刊》2014 年第 4 期。

〔4〕 参见龚维斌：《我国社会治理的新特点》，载《前线》2015 年第 5 期。

〔5〕 参见俞可平主编：《中国治理变迁 30 年（1978-2008）》，社会科学文献出版社 2008 年版，第 19-21 页。

多种激励手段，在方向上和时间上保持一致性和有序性，形成网络型治理状态，以科学的制度安排来保障社会治理联动机制长效、高效和有序。[1]

四是社会治理理论核心内容的凝练。李立国（2014）、宋贵伦（2014）、曾特清（2015）、陈妹宏（2015）、代山庆（2015）、朱广吉（2015）、王雪珍（2015）、鲁春艳（2016）等，从制度建设、治理体系建设、法治建设以及治理能力提高等方面探讨社会治理理论的主要内容；曾特清（2015）、梁波（2015）、朱广吉（2015）、牛梦颖（2016）、宇文利（2016）等，从法治化、民主化、科学化、时代性、全局性等角度，凝练社会治理理论的主要特征；代山庆（2015）、朱广吉（2015）、李勇杰（2015）、牛梦颖（2016）、杨炯毅（2017）等，从理论和实践两个层面探究新时代社会治理理论的重要价值。总的来看，国内学界的上述研究成果，为本课题研究开辟了广阔的学术视野，提供了宝贵的分析视角。

综上所述，国内外相关研究成果为研究新时代社会治理理论奠定了坚实的学理基础，但该领域也存在进一步深化研究的理论视野和学术空间。一是国内外学界的研究大都基于某一视角展开，停留在对某些具体问题的经验总结层面，而理论思考相对不足，有待深入挖掘。二是国内政界和学界对新时代社会治理理论的研究在方法上多以总体分析为主。这一总体分析多集中在宏大的历史叙事和理论探讨上，个案分析还不多、实践样本还不充分，研究内容的深度和实际的价值还有待进一步拓展。三是缺乏与新时代中国社会发展实际情形相契合的实证性案例研究，不能反映新时代社会治理理论的生命力及其对中国社会治理的有效推进。四是未能将相关研究置于中国特色社会主义进入新时代的宏观视野下展开，缺乏新时代全景式研究。党的十九大上习近平新时代中国特色社会主义思想庄严诞生，新时代社会治理理论作为习近平新时代中国特色社会主义思想的重要组成部分，研究潜力巨大，应以马克思主义与时俱进的精神，对新时代社会治理理论进行深刻挖掘，全面总结，系统研究。

---

[1] 参见于秀琴等：《"点线成面"的社会治理联动机制研究》，载《当代世界与社会主义》2014 年第 1 期。

第三节 研究方法

工欲善其事，必先利其器。研究方法是学术研究中进行理论分析、资料梳理和对策探求的重要工具，它直接影响着研究者的研究思路、分析路径和资料筛选，对保证学术研究的质量至关重要。一般而言，研究方法的选择主要取决于研究目的、研究对象以及需要解决的问题。社会治理问题既是社会问题，又是重大政治问题，要对其进行全面系统地梳理研究，就需要综合采用多学科结合的研究方法。为此，本研究坚持以辩证唯物主义和历史唯物主义为指导，坚持理论联系实际的基本原则，综合运用公共管理学、政治学、社会学、法学等学科理论，采用文献解析法、比较研究法、实证研究法以及定性与定量相结合等方法进行研究。

一、文献研究法

文献研究法是指通过对大量历史文献进行深入解读分析，得出对事物规律性认识的一种研究方法。文献研究法是本研究使用的一种重要研究方法。课题组充分利用上海各大图书馆、网络数据库等各种学术资源平台，广泛收集国内外关于治理、国家治理、政府治理和社会治理的各种文献资料，尤其是习近平总书记关于社会治理的一系列重要讲话和指示以及党的重要文件、法规、政策，对其进行深度加工整理，深入解读和系统分析，从中发现思想，挖掘证据，得出结论。

二、比较研究法

没有比较就没有鉴别。比较研究法是通过对事物同异关系进行对照、比较从而揭示事物本质的一种分析方法。采用比较研究法，可以根据一定的客观标准或凭以往积累的经验、教训把彼此有某种联系的事物加以对照、比较分析，从而确定事物的相同之处和不同之处，进而把握事物的内在本质和发展规律。比较研究法的特点在于：第一，研究对象具有可比性，从而限定了研究对象的确定范围；第二，能够通过比较把握研究对象特有的规定性。比较研究法简单，便于操作。但由于研究结论是从比较分析中推论得出，因而其科学性还有待于实践的证明和进一步修正。马克思主义治理理论是新时代社会治理理论的重要理论渊源。本项目通过对马克思、恩格斯、列宁、毛泽东和邓小平等马克思主义经典作家社会治理理论的比较分析，揭示新时代社会治理理论与时俱进的时代特色与理论创新。

三、实证研究法

实证研究法是指通过对研究对象采用程序化、操作化和定量分析的手段，进行大量的现场观察、科学实验和实地调查，获取丰富的客观材料，使社会现象的研究达到精细化和准确化水平的一种研究方法。本研究除了进行深层次的理论审视与思考外，还坚持理论与实践相结合原则，选取颇具代表性的上海市 J 区社会治理精细化实践探索为个案，进行深度实证调查分析，譬如采用实地调查、问卷调查、深度访谈等形式，在上海市 J 区对政府职能部门、街道办事处、居委会及工作人员、社会组织、驻地企业、社区居民等进行开放式和封闭式调查，获取大量关于城市基层社会治理的真实信息。通过社会治理的实践成效，揭示新时代社会治理理论的科学真理性和强大生命力，避免了苍白无力的理论说教。

四、定性与定量分析相结合的方法

定性研究方法是根据社会现象或事物所具有的属性和在发展中的矛盾变化，从事物的内在规定性来进行研究的一种的方法或角度。进行定性研究，要依据一定的理论与经验，直接抓住事物特征的主要方面描述、阐释所研究的事物。定量研究是指主要搜集用数量表示的资料或信息，并对相关数据进行量化处理、检验和分析，从而获得有意义结论的研究过程。定性研究与定量研究相结合是指在进行定量研究时，必须借助定性研究确定所要研究现象的性质；在进行定性研究过程中，研究者又须借助定量研究确定现象发生质变的数量界限和引起质变的具体原因。定性研究与定量研究相结合更能准确揭示事物现象背后的本质和规律。本研究在实证研究基础上，运用 SPSS 软件对回收的问卷样本进行定量统计分析，获取上海市 J 区社会治理的数据信息。同时也需要对获得的各种数据材料和信息，进行抽象概括和理论思考，通过定性分析揭示社会治理的内在规律。

第四节　分析框架

本课题的研究框架做如下安排：本课题的主体内容由新时代社会治理理论的逻辑机理、新时代社会治理理论的核心内容、新时代社会治理理论的实践成效、新时代社会治理理论的时代价值等部分组成。

引言部分主要阐述本课题的研究意义、文献综述、研究方法以及研究框架等内容。

第一章为新时代社会治理理论的逻辑机理分析。本章主要对社会治理概念内涵、逻辑渊源和价值旨向进行学理分析。界定核心概念是学术研究的逻辑起点。本章从治理这一最基础的概念入手，详尽分析了社会治理、政府治理、国家治理的科学内涵和内在逻辑关联，为下文的分析论证奠定学理基础。

新时代社会治理理论有丰富的理论资源作为支撑。中国优秀的历史传统文化是一座内涵极其丰富的思想宝库，滋润着新时代社会治理理论，是其重要理论渊源。马克思主义社会治理理论是新时代社会治理理论的又一思想源头和理论基石。以习近平为核心的中国共产党人，将马克思主义社会治理理论中国化、时代化，将其与新时代的中国社会治理实践相结合，生成新时代社会治理理论。因此，新时代社会治理理论是对马克思主义社会治理理论的创新发展。新中国成立以来，历代中国共产党人对社会管理的理论探索及其经验总结，是新时代社会治理理论的直接理论来源。新时代社会治理理论是以习近平为核心的新一代共产党人，对党的社会管理思想的发扬光大和理论突破。他山之石，可以攻玉。治理概念源起于西方，西方治理理论相对成熟。中国共产党人对外来文化和科学理论并不排斥，而是坚持互学互鉴，洋为中用的原则加以扬弃。在对西方治理理论去伪存真、去粗取精后，新时代社会治理理论将其有益成分吸纳融入。学鉴中西，博古通今，有容乃大。有了上述思想理论的加持，新时代社会治理理论愈发体现出其强大的科学性和生命力。

社会治理作为一种社会变革实践活动，深受社会价值观念的影响。中国共产党领导的社会治理实践一定坚持共产党人的基本价值原则。在共产党人的价值视野中，人民一直是各种努力的终极关怀，一切以人民为中心，一切努力都是为了维护人的尊严、提升人的价值、凸显人存在的意义，满足人民对美好生活的向往。公平正义、民主法治是现代人类社会基本的价值目标，也是社会主义核心价值体系的重要组成部分，更是新时代社会治理理论的根本价值旨向。

第二章至第六章是新时代社会治理理论的主要内容。第二章讲述新时代社会治理的战略目标是实现社会治理现代化。社会治理现代化的内涵十分丰富，应当至少涵盖社会治理精细化、智能化、法治化、专业化以及社会化等几个方面。社会治理社会化在本书的其他章节也有所涉及，本章不再专门阐述。

第三章分析新时代社会治理的总体布局是建立和健全共建共治共享的社会治理制度。这一社会治理制度的本质特征是共建共治共享。共建共治共享社会治理制度建设的基本前提是完善党委领导、政府负责、民主协商、社会协同、公众参与、法治保障、技术支撑的社会治理体系。制度设计的基本思路是要从矛盾预防化解机制、公共安全体系、治安防控体系以及社会心理服务体系等方面入手，架梁立柱，建章立制，积厚成势。

第四章探讨加强和创新社会治理的重要抓手是建设人人有责、人人尽责、人人享有的社会治理共同体。伴随着"单位制"的解体，"社会人"的形成，整个社会呈现"原子化"倾向，加之利益格局调整，思想观念巨变，社会治理困难重重。唯有重塑休戚与共、荣辱与共、生死与共、命运与共的共同体理念，建立起人人有责、人人尽责、人人享有的社会治理共同体，才能使社会出现"活力与秩序"的局面，奠定"中国之治"的社会之基。建设社会治理共同体应当遵从政治构建、主体构建、价值构建以及空间构建的基本逻辑。

第五章研究加强和创新社会治理的关键环节是推进市域社会治理现代化。较之于县域与省域，市域拥有独特的社会治理优势，是国家治理与基层治理的中间桥梁和上下贯通的治理枢纽。推进市域社会治理现代化是加强和创新社会治理的关键一环。市域社会治理现代化包含治理体系现代化、治理能力现代化和治理方式现代化等三个方面的主要内容。推进市域社会治理现代化需要强化政治引领，促进协商增效，注重心灵抚慰以及增进文化熏陶，多管齐下打造具有中国特色、时代特征、市域特点的社会治理新模式，提高市域社会治理现代化水平，夯实国家治理的社会基石。

第六章讲述加强和创新社会治理的战略重点是构建基层社会治理新格局。基层是我国社会治理的基础和重心，推进社会治理现代化，建立和完善共建共治共享的社会治理制度，必须从基础抓起，从基层做起，促进城乡社区治理创新。目前，我国城乡社区在共建、共治和共享三个层面存在明显不足，"社区失灵"现象时有发生。社区共治是社区治理的主要发展方向。应不断加强社区建设，完善以基层党组织为核心、创新社区治理体制，拓宽群众参与渠道，加强社区人才队伍建设，提高社区服务能力，更好地为社区群众提供精准高效的社会服务。

第七章是新时代社会治理理论的实践成效。本章以上海J区的社会治理、创新实践为例，分析新时代社会治理理论指导下的社会实践成效。关于上海J区的社会治理创新实践，本章选取了三个典型案例，分别是"以体制机制创新促进社会治理精细化"、"以网格化党建引领社会治理创新"和"以项目制推动多元参与社区治理"。通过对上海市J区社会治理实践成效的分析梳理，揭示新时代社会治理理论的科学真理性和强大生命力。

第八章是新时代社会治理理论的时代价值。本章着重从三个方面总结论述新时代社会治理理论的时代价值和深远意义。其一，新时代社会治理理论彰显了中国特色社会治理的制度优势。其二，开拓了中国特色社会主义社会治理理论新境界。其三，开辟了全球治理体系变革的中国模式。新时代社会治理理论是马克思主义中国化的最新理论成果，是习近平新时代中国特色社会主义思想的重要组成部分，对推进国家治理体系和治理能力现代化具有战略意义，对提升中国特色社会治理模式在全球治理中的重要地位，彰显中国特色社会主义道路自信、理论自信、制度自信、文化自信具有深远的国际影响。

新时代社会治理理论：逻辑机理

列宁有句名言：没有革命的理论，便没有革命的运动。恩格斯也曾经指出，一个民族要想站在世界之巅，就一刻也不能离开理论思维。理论虽然源自实践，但又对实践具有重要的指导作用。任何一项公共政策或社会制度都有其特定的理论基础。没有科学理论作支撑的公共政策或社会制度都是苍白无力的，更不会行稳致远。新时代社会治理理论也非无源之水，无本之木，它有着厚重的理论支撑。中国优秀传统文化、马克思主义社会治理理论、西方治理理论等构成了其坚实的理论根基。概念的科学界定是研究的逻辑起点。对治理、社会治理、政府治理以及国家治理等核心概念的深刻诠释，为深入探究新时代社会治理理论奠定了坚实的学理基础。

第一节　相关概念界定

概念是思维的基本单元，引导我们不断思索。界定概念是分析问题，开展研究的逻辑起点。如果人们对概念理解得不正确，那么，有可能放弃真正对自己有益的知识，从而得出对自己的研究有害的结论。因此，对基本概念进行科学恰当的界定，完全厘清其基本内涵，是学术研究的首要任务。[1]

一、治理概念的诠释

20 世纪 90 年代以来，治理命题被引入中国，国内理论界对治理问题展开

---

〔1〕　参见〔奥〕维特根斯坦：《逻辑哲学论》，郭英译，商务印书馆 1962 年版，第 540 页。

深入探索，治理一词随之迅速成为热词，这宣告了治理研究时代的到来。

（一）"治理"理论兴起的背景

"治理"理论兴起的背景主要体现在以下两方面。

1. 国际组织的普遍关注与大力倡导。1989 年世界银行发布了题为《撒哈拉以南非洲：从危机到可持续增长》的报告，认为非洲发展问题的根源在于"治理"危机。1995 年全球治理委员会对治理作出了颇具代表性和权威性的界定，即治理是个人和各种公共的或私人的机构管理其共同事务的诸多方式的总和。实际上，国际组织对治理的关注源于他们对发展中国家援助效果的反思，同时也契合时代环境变化导致的政治立场调整。[1]第二次世界大战结束以后，一些国际组织对发展中国家进行了各种援助。但由于腐败等诸多原因，这些援助效果不佳，这促使他们开始关注和反思受援国的治理问题。20世纪 80~90 年代东欧剧变以后，一些国际组织对受援国的态度和行为发生了转变，它们开始更加关注援助效果和受援国的"治理"问题。随着国际组织对发展中国家国际投资的显著增加，它们对一些国家在 20 世纪 80~90 年代发展改革政策失败的认识也发生了变化，这也是国际组织关注治理问题的重要原因。

2. 西方学者对世界各国经济社会发展表现的深刻反思。西方学者使用"Governance"的现实背景就是西方国家自身也面临着一系列社会问题，如政府财政负担过重、人民权利得不到应有的尊重等。同时，世界政治并未随着东欧剧变而出现他们曾乐观期待的民主繁殖，反而是政治动荡和国家失效或失败。以欧洲国家为例，世界银行在 2012 年推出的研究报告《黄金增长：恢复欧洲的光亮》中指出，2009 年欧盟 15 国政府支出占到了 GDP 的 50%，其他欧洲国家这一比重为 45%，而在拉美国家则为 33%，新兴东亚国家则为25%。欧洲国家主要由于较高的社会保障支出，使得政府支出占 GDP 比重较高，从而对经济增长产生一定的负面影响，今后欧洲政府必须变得更有效率或规模变小一些。[2]即便是当今世界上为数不多的法治最完备、政治最清明、

---

〔1〕　参见国务院发展研究中心公管所：《社会治理的理论与实践探索》，中国发展出版社 2018 年版，第 3 页。

〔2〕　参见国务院发展研究中心公管所：《社会治理的理论与实践探索》，中国发展出版社 2018 年版，第 4 页。

社会最公平、福利程度最高、人均教育水平最高的福利国家——瑞典，在 20 世纪 90 年代初也面临着严重的经济危机。

美国政府也是问题成堆，医疗保健系统失效，辍学率居高不下，犯罪猖獗，监狱人满为患，许多引以为豪的市和州的银行出现破产等。《时代》周刊甚至提出疑问：政府死了吗？为此，美国各界开始自我反思其治理方式。比如，布鲁金斯学会（2015）的一份报告呼吁美国制造业学习德国的协同政策，并指出美国可借鉴的三条关键经验，即公共、私人和民间行动者携手合作，中介机构有针对性地解决市场失败和协调失误，以激励为基础进行投资以扶持中小企业。再比如，美国学者盖伊·彼得斯（B. Guy Peters）和乔·皮耶（Jon Pierre）（2002）从理论上概括了治理得以被重视的几种因素，包括国家能力（特别是财政能力）危机、对个人主义政治文化的重视、全球化、政府失灵、"新公共管理"运动兴起、社会日益复杂的变迁、国际国内新治理成员的出现等。[1]在这些理论和现实的探索中，"治理"被赋予了先进性，代表一种与"统治"截然不同的新的政治文明和研究范式。

（二）治理的科学内涵

"治理"一词在西方由来已久，基本涵义多为"统治、操纵"之意。如前所述，"治理"这一概念是从 1989 年世界银行在《撒哈拉以南非洲：从危机到可持续增长》讨论非洲"治理危机"开始提出的。治理理论于 20 世纪 90 年代正式形成，形成之初，西方学者对于"治理"多立足于政府治理的角度。其中，治理理论主要创始人之一的美国学者罗西瑙在《没有政府的治理》中认为，治理应作为活动领域中隐含的或者外在的一种规则，不仅局限于正式颁布的法律法规，而更多依赖于主体间重要性的程度。在他看来，治理应是一种有共同目标的、区别于政府统治的管理活动，政府不一定是管理活动的主体，活动的实现也不一定需要国家强制力。[2]在其思想中社会治理的主体不一定是政府，可以多元化，不必事事依靠国家强制执行。库依曼和范·弗利埃特对于治理的理解有两层含义：一是依靠外部力量强制实现的治理结

---

〔1〕 参见国务院发展研究中心公管所：《社会治理的理论与实践探索》，中国发展出版社 2018 年版，第 4-5 页。

〔2〕 参见向德平、苏海：《"社会治理"的理论内涵和实践路径》，载《新疆师范大学学报（哲学社会科学版）》2014 年第 6 期。

构和秩序不可取；二是治理的有效开展需要彼此之间相互影响的多种行为主体的良性互动。[1]格里·斯托克则从治理主体的多元、治理责任的模糊、治理权力的依赖、治理网络的自治以及治理工具的控制五个论点对治理内容作了进一步的拓展。[2]随着研究的深入，"治理"理论也被西方学者逐渐引入到经济学、社会学、国际关系学等各个方面，随后"社会治理""地方治理""全球治理"等一系列术语应运而生。奥利弗·E·威廉姆斯从经济学视角论述了"治理"，他认为市场中存在的合约风险才是治理关注的重点，并且治理的最终目标是通过建立良好的机制来维持经济秩序。[3]青木昌彦在分析市场经济时认为，私人产权与经济合同的执行不仅由正式的法律来决定，而且私人的、共有的或者正式、非正式的治理机制也会对其产生影响。社会学领域中R·罗茨在其治理的六种不同含义中也有阐述，认为多元化的治理主体之间应加强合作与沟通，反对处于中心地位的治理主体的绝对权威性，应加强对其限制，力求一种社会和政治互动式的管理方式。而皮埃尔·德·塞纳克伦斯的"治理用于国际秩序的计划项目"[4]和肯尼斯·华尔兹的"国际体系的治理方法就是权力均势"则将"治理"理念很好地运用到国际关系中。可以说，以上西方学者基本立足于自身学科领域，赋予了"治理"各个层面的涵义，但多为片段式、零散式的理论阐述，似有以偏概全之嫌，并不能较为全面地表达"治理"的普适性涵义。目前，学术界广泛认同的"治理"理念则是联合国全球治理委员会于1995年在《我们的全球之家》研究报告中指出的，治理是公共或私人管理机构在共同事务管理中所采取的各种方式的总和，是一种在调节和缓和各类社会矛盾及冲突时所采取联合的、持续性的过程。它有四个特征：治理强调的是一个过程，而不是一整套规则；治理过程的基础是协调，而不是控制和支配；治理同时涉及公共部门和私人部门；治理依靠的不是正式的制度，而是需要持续性的互动。这一阐释也体现了现代治理应具备主体多元性、目标公共性、治理民主性、过程协调性、广泛参与性等

---

〔1〕 参见张宝锋：《现代城市社区治理结构研究》，中国社会出版社2006年版，第52页。

〔2〕 参见［英］格里·斯托克：《作为理论的治理：五个论点》，载《国际社会科学杂志（中文版）》2019年第3期。

〔3〕 参见吴志成：《西方治理理论述评》，载《教学与研究》2004年第6期。

〔4〕 ［瑞士］彼埃尔·德·塞纳克伦斯：《治理与国际调节机制的危机》，载《国际社会科学杂志（中文版）》1999年第1期。

诸多特性。

治理概念在不同社会环境中有不同的意蕴，但核心是政府与社会关系，目的是有效解决社会问题。对于国际组织而言，他们强调发展中国家的治理要走向善治，主张系统性的重建是用技术性措辞在讨论敏感问题，实质上是鼓励这些国家向民主政治、有效行政和市场经济的方向发展；而对于有国家中心主义色彩的欧洲大陆国家来说，治理是要打破原有国家与社会的平衡，进一步强化社会的作用，以帮助国家解决其不能解决的问题；对于像美国这样本身对政府有高度防范心理的国家，治理重在使官僚制行政转向民主行政，以体制内变革提高绩效。这里涉及社会生活中两个最关键的领域：国家与社会。治理一开始就是针对各类政治社会问题而提出的，有以国家为中心和以社会为中心两种研究取向。[1]

二、社会治理的界定

社会治理是在传统治理模式在实践过程中效力逐渐下降、弊端不断涌现与新社会问题适应性不断降低的背景下提出的，它是建立政府、企业、社会组织与个人多主体共同参与、共同治理的新模式。这种模式是从原来政府独治，其他主体被动接受的状态中挣脱出来的，是多主体共同参与、分工协作、共建共享的全新治理之路。

（一）社会治理的基本内涵

从运行意义上讲，"社会治理"实际是指"治理社会"。换言之，所谓"社会治理"就是特定的治理主体对于社会实施的管理。[2]在西方，"社会治理"这一概念是其治理理论中的一个重要组成部分。从西方国家奉行的社会中心主义和采用的公民个人本位视角来看，西方国家治理理论的核心内容就是理性经济人的社会自我治理。因此，我们在一定程度上可以认为，西方国家的治理理论的本质就是社会自我治理理论，这是以理性经济人为基础的。如果说19世纪至20世纪之交的社会改革家们倡导建立最大限度的中央控制

---

〔1〕 参见国务院发展研究中心公管所：《社会治理的理论与实践探索》，中国发展出版社2018年版，第6页。

〔2〕 参见王浦劬：《国家治理、政府治理和社会治理的含义及其相互关系》，载《国家行政学院学报》2014年第3期。

和高效率的组织机构的话，那么 21 世纪的改革家们则将今天的创新视为是一个以公民为中心的社会治理的复兴实验过程。[1]而我国情况则有所不同。在我国，社会治理是指在执政党领导下，由政府主导，吸纳社会组织等多方面治理主体参与，对社会公共事务进行的治理活动，是"以实现和维护群众权利为核心，发挥多元治理主体的作用，针对国家治理中的社会问题，完善社会福利，保障改善民生，化解社会矛盾，促进社会公平，推动社会有序和谐发展的过程"。[2]按照 2015 年《政府工作报告》的阐述，我国现行体制下的社会治理，是"党委领导、政府负责、社会协同、公众参与、法治保障"的总体格局下的一种运行机制，是带有中国特色社会主义的社会管理。

党的十八届三中全会首次提出了社会治理的概念之后，社会各界针对如何理解社会治理，社会治理与社会管理的区别在哪里，社会治理的逻辑是什么，社会治理如何实现等问题展开了广泛而深入的讨论。在如何理解社会治理和如何区分社会治理与社会管理这两个问题上，我们大致有了这样简要的认识：社会治理是多主体价值共同发挥作用的结果，而社会管理则是政府单一主体价值发挥作用的结果，可能会带有该主体的主观偏好，单一管理可能会导致其他主体利益不能有效顾及。社会治理在发挥主体作用的同时，可以将不同主体的利益诉求在决策的过程中反映出来，促进决策客观化、合理化，为多数人的利益服务。在逻辑上，社会治理主张社会问题应由社会解决，认为小政府治理大社会行不通。当前中国社会要实现善治，应当充分发挥社会中各主体的作用。社会治理以个体权利保障为起点，以局部利益协调为条件，以整体利益实现为最终目标。因此，需要确立以人为核心、以促进人的价值实现和良好发展为导向的治理思维。在实现路径上，社会治理通过发挥政府、企业、社会组织和个人的作用，集思广益，解决当前各领域的社会问题，推进制度与法律建设，不断提高中国社会制度化与现代化水平，改善民生、完善福利，化解矛盾、促进公平，最终实现社会稳定与和谐发展。[3]

---

〔1〕　参见［美］理查德·C.博克斯：《公民治理：引领 21 世纪的美国社区》，孙柏瑛等译，中国人民大学出版社 2013 年版，第 103 页。

〔2〕　参见王浦劬：《国家治理、政府治理和社会治理的含义及其相互关系》，载《国家行政学院学报》2014 年第 3 期。

〔3〕　参见张凤荣：《大数据社会治理精细化：政策分析与推进策略》，社会科学文献出版社 2022 年版，第 5-6 页。

（二）社会治理的重要价值

社会治理作为具有时代新特点且与环境相适应的治理方式，从诸多角度来看都具有其独特的价值。从民众角度来看，社会治理改变了传统治理模式下民众被动接受的局面，成为治理活动的参与者，可以发表意见，表达利益诉求，提出治理的目标期望。通过过程参与和诉求表达，各行为主体的价值得以进一步实现，由此而形成并推行的政策也能在更大程度上获得理解和支持，且过程参与能激发民众维护社会稳定、促进社会发展的主体意识，进而调整行为，影响他人，承担相应的社会责任。

从企业角度来看，一方面，企业通过参与治理为社会决策提供更多有价值的信息，尤其是在当前产业结构转型的关键时期，以信息为基础的客观决策对于产业转型可能带来的社会矛盾具有积极的化解作用，或者说可以使产业结构转型所带来的社会风险降到最低；另一方面，健全以企业为主体的社会治理参与可以更好地发挥企业在协调个体与集体利益中的作用，即将政府的政策向下传达，同时员工的诉求能通过企业向上反映，拓宽政府与民众沟通的渠道，促进了沟通，也增进了民众与政府之间的理解与互信。[1]

从政府角度来看，社会治理体系的建设与实践，能够解决政府在当前治理模式中存在的问题，实现政府善治的愿望。一方面，社会治理体系建设可以帮助政府解决效率低下、机构臃肿、贪腐盛行、公信力下降的困境。多元主体的参与可以减轻政府的行政负担，促使政府由全能型向有限型转变，有利于政府精简机构和提高效率，同时可以对政府行为产生有效监督，让权力在阳光下运行。通过参与社会治理，民众能够了解政府行使权力、制定政策的过程，减少政府与民众之间的误会，提高政府的公信力。另一方面，在社会治理制度与体系建设完善的基础上，政府可以脱离原来的管家婆角色，更好地扮演领导者角色，用有效的社会政策换来更大的社会效益。[2]

从社会组织角度来看，多元社会治理的推行可以促进社会组织发展及其作用的发挥。当前不论是非政府组织（NGO）还是非营利组织（NPO），在中

---

〔1〕 参见张凤荣：《大数据社会治理精细化：政策分析与推进策略》，社会科学文献出版社2022年版，第6页。

〔2〕 参见张凤荣：《大数据社会治理精细化：政策分析与推进策略》，社会科学文献出版社2022年版，第6-7页。

国的发展都处于非常尴尬的境地。从国外社会组织发展的经验来看，社会组织不以营利为目的，社会组织的参与确实可以促进社会治理效益不断优化。中国社会治理目标之一就是实现多元主体共同发挥作用，即政府扮演领导者而非管理者的角色，为社会组织的发展提供机遇，填补政府精简过程中的职能空白，在思考问题时会多从社会公益的角度出发，相较企业而言，能够更加客观中立，所推动的政策也更贴近民众权益的表达。[1]

总的来看，我们可以这样理解社会治理，它是多元主体通过平等的合作、对话、协商、沟通等方式，依法对社会公共事务的治理活动，其核心内涵在于让社会力量成为社会治理的主体之一，让人民群众、社会组织等深度参与社会公共事务，成为整合社会资源、化解社会矛盾的主要力量。[2]它致力于解决社会问题，即应对社会风险、化解社会矛盾、协调利益冲突、凝聚社会共识、维持社会秩序等，夯实社会和谐发展的基础。社会治理不仅有助于激发社会活力、奠定国家基础，更有助于国家与社会的双向互构和共同体的社会整合。[3]

三、政府治理的内涵

政府治理是指国家行政机关作为治理主体，对社会公共事务的治理，即政府依法全面履行好经济调节、市场监管、社会管理、公共服务、生态环境保护等职能。政府治理是行政机关通过完善自身行政体系和加强自身建设，适应时代发展要求，不断转变和优化政府职能，科学实施宏观调控，进行经济和市场治理活动，同时对社会公共事务进行的管理活动。[4]因此，就其治理对象和基本内容而言，政府治理包含着政府对于自身、对于市场及对于社会实施的公共管理活动。在市场经济条件下，政府治理必须合理化和高效化，政府治理在国家与社会、政府与公民的关系中必须予以科学定位，构建政府与公民合作的共同治理机制。在中国政治话语中，政府治理的基本含义基于

---

〔1〕　参见张凤荣：《大数据社会治理精细化：政策分析与推进策略》，社会科学文献出版社 2022 年版，第 7 页。

〔2〕　参见王大鹏编：《推进市域社会治理现代化》，红旗出版社 2020 年版，第 14 页。

〔3〕　参见国务院发展研究中心公管所：《社会治理的理论与实践探索》，中国发展出版社 2018 年版，第 5—7 页。

〔4〕　参加王大鹏编：《推进市域社会治理现代化》，红旗出版社 2020 年版，第 13—14 页。

国家治理的含义而生。在中国共产党人治国理政的话语系统里，政府治理即指在中国共产党领导下，国家行政体制和治权体系遵循人民民主专政的国体规定性，基于党和人民根本利益一致性，维护社会秩序和安全，供给多种制度规则和基本公共服务，实现和发展公共利益。我国的政府治理的内容主要涵盖如下三方面。其一，政府通过对自身的内部管理，优化政府组织结构，改进政府运行方式和流程，强化政府的治理能力，从而使得政府全面正确履行职能，提高政府行政管理的科学性、民主性和有效性。新时代政府自身的治理优化，就是要构建法治政府与服务型政府。其二，政府通过转变政府职能、健全宏观调控从而对市场经济健康运行发挥规制的作用。政府对经济活动和市场活动的治理是政府治理的重要内容。[1]其三，作为社会管理的主体之一，在党委领导、政府负责、民主协商、社会协同、公众参与、法治保障和科技支撑的社会治理基本格局中，政府具有对社会公共事务进行管理的职能。

四、国家治理的要义

国家治理在广义上涵盖对国家一切事务的治理，是指在中国共产党的领导下，按照国家经济、政治、文化、社会、生态文明和党的建设各领域的法律法规、体制机制等国家制度，管理国家和社会各方面事务，包括改革发展稳定、内政外交国防、治党治国治军等各个方面、各个领域。坚持党的领导、人民当家作主、依法治国的有机统一。当前，重点是推进国家治理体系和治理能力现代化。在纵向上，国家治理涵盖从中央到地方，再到基层以及组织、个体层面的治理；在横向上，涵盖政府、市场、社会等领域的治理。在空间范围上，涉及东中西等不同地区、不同省市县的协调与管理；在时间维度上，涉及从宏观上制定当下和未来的发展战略。国家治理强调人人均等享有公共产品以及实现地方治理、区域治理之间的协调，这决定了国家治理主要致力于提供统一的体制机制和政策体系；地方治理主要指省市两级政府的承上启下、统筹地方协调发展。基层治理是国家治理、地方治理的微观基础。县级政府是职能完备的基层政府，是直面群众协调处理基层重大事项、重大问题的"一线指挥"。城市街道办事处是县（区）级政府的派出机关，不是一级

---

[1] 参见王浦劬：《国家治理、政府治理和社会治理的含义及其相互关系》，载《国家行政学院学报》2014年第3期。

政府。如果将基层政府局限于乡镇一级，那么在城市街道就没有对应的基层一级政府。[1]

社会主义国家的国家治理，本质上既是政治统治之"治"与政治管理之"理"的有机结合，也是政治管理之"治"与"理"的有机结合。新中国人民政权建立以后，中国共产党人对于"治理"和"国家治理"概念的运用，坚持和贯彻了马克思主义国家学说，积极探索政治统治与政治管理的科学民主有效性和有机结合性，探索不同历史时期和国家治理战略下，两者之间以及两者与市场和社会之间的组合方式和实现机制。改革开放以来，中国共产党人逐步明确，国家治理的总体战略是党的领导、人民当家作主和依法治国有机结合。根据中国共产党人对于马克思主义国家理论的运用和治理国家的政治实践，尤其根据改革开放和新世纪以来中国共产党人的"国家治理"理论运用和政治实践可知，国家治理的基本含义就是在中国特色社会主义道路的既定方向上，在中国特色社会主义理论的话语语境和话语系统中，在中国特色社会主义制度的完善和发展的改革意义上，中国共产党领导人民科学、民主、依法和有效地治国理政。[2]

国家治理、政府治理与社会治理三者既有联系，又有区别，相互影响，相辅相成。社会治理是国家治理、政府治理的重要基础，三者的领导力量都是中国共产党，根本出发点都是人民利益，目标指向都是完善和发展中国特色社会主义制度。同时，社会治理与国家治理、政府治理的治理主体不同，治理的范围、领域和侧重点不同，治理的方式方法和规律特点也有所不同。在制度层面，国家治理、政府治理和社会治理的目标为在坚持中国特色社会主义基本制度的前提下，排除一切不适应生产力发展要求的体制机制，创新释放生产力和社会活力的体制机制，以完善和发展中国特色社会主义制度。在国家发展层面，中国式现代化是国家治理、政府治理和社会治理的共同发展目标。政府治理、社会治理必然与国家治理现代化相向而行，走向政府和社会治理体系和治理能力的现代化。

国家治理包含着政府治理、社会治理，因此，国家治理与政府治理、社

---

[1] 参见王大鹏编：《推进市域社会治理现代化》，红旗出版社 2020 年版，第 13 页。

[2] 参加王浦劬：《国家治理、政府治理和社会治理的含义及其相互关系》，载《国家行政学院学报》2014 年第 3 期。

会治理之间的关系，是包含与被包含的关系。国家治理是总体治理，政府治理、社会治理是国家治理的分支领域和子范畴。政府治理即是国家治权的运行，是国家治理的具体实施和行政实现。从广义上讲，国家治理几乎等同于社会治理，社会主义国家的治理几乎等同于社会主义社会的治理。从狭义上讲，国家治理是整个国家的治理，而社会治理只是社会领域的治理。因此，国家治理不仅包含社会治理，而且规定和引领社会治理，而社会治理则在社会领域实现国家治理要求和价值取向，体现国家治理的状况和水平。[1]社会治理是国家治理的重要方面。社会治理现代化内含于国家治理现代化之中，也是国家治理现代化不可或缺的一部分，它们是社会主义现代化在不同角度的映射。

第二节　新时代社会治理理论的学理渊源

新时代社会治理理论具有坚实丰厚的理论基石。它既有中国优秀传统文化的孕育滋养，又有马克思主义治理理论宝库的历史镜鉴。既有历代中国共产党人社会管理理论的不懈探索，也有西方治理理论的他山之石。新时代社会治理理论正是从这些丰富的理论资源中汲取思想精华凝练而成。

一、历史传承：中国优秀传统文化

中华文化中包含着许多人类所共同遵守的普遍性的生存智慧，是中华民族永远不能别离的精神家园。中国是一个拥有优秀传统文化的古老东方国家，在中华民族的历史上，虽然社会治理的概念并不存在，但在长期的文化传承和发展过程中，却又包含着丰富的与社会治理理论有关的论述。尽管这些传统思想以服务封建专制统治为目标，存在着一定的历史局限性，但中国传统治国理政思想作为一个丰富的思想宝库，其中的诸多思想对今天的社会治理具有同样的借鉴作用，影响并推动着当代中国社会治理实践和拓展。

我国传统文化底蕴深厚，博大精深。在两千多年的文化发展中，蕴含着丰富的治国理政之道。中国古代典籍如《论语》《道德经》《尚书》《周易》

---

〔1〕　参见王浦劬：《国家治理、政府治理和社会治理的含义及其相互关系》，载《国家行政学院学报》2014 年第 3 期。

《史记》等，便有对为政以德、克己复礼、无为而治、德惟善政、政在养民等社会治理理念的阐述。以孔孟、老庄、墨子、韩非等为代表的儒道墨法各派都曾对国家治理有其美好的构想。《管子·治国》中的"凡治国之道，必先富民。民富则易治也，民贫则难治也"，就反映了"以人民为中心""以民为本"的社会治理理念。中国儒家思想里的"仁治"和"德治"，强调通过道德准则来约束社会行为，协调社会关系，维护社会稳定。但德治不是万能的，仅靠德治并不能解决一切社会矛盾，法家主张的法律规范约束不可或缺。道家主张的"道法自然、无为而治"体现的则是"不逆道而行，不违背民心"的社会治理理念。新时代社会治理理论与中国古代社会治理理念一脉相承。目前习近平总书记主张的"法治与德治共举"，强调倾听人民群众的心声，急人民所急，想人民所想，顺应民意等，[1]就是对中国传统治理文化的发扬光大。

　　中国优秀传统文化最为经典的代表是儒家、道家、法家、墨家，他们各自为新兴地主阶级设计了一套完整的治国方案，形成了以儒法合一为主要特征、注重德治和法治相结合、具有简约主义特征的社会治理实践。儒家是中国古代的主流意识学派，提倡德治，核心思想是"仁"，强调道德教化，重视民本问题。后来随着历史条件的发展变化，儒家文化成为教育青年子弟的主要教材并与选官制度相结合，对我们以民为本的思想和道德教化方面产生了重大影响。道家起源于上古时代，探究自然、社会、人生之间的关系，提倡道法自然，无为而治，对当下社会发展具有不可缺少的引导价值。尤其是在处理人与自然的关系中，注重休生养息，尊重自然，与当下的生态绿色发展理念相得益彰；在人与社会关系中，认为应倾向于引导作用而非领导，简政放权，做到有所为有所不为。法家注重法治。商鞅提出"法令者民之命也，为治之本也"，把法作为治理国家的基本，是统治社会的一种工具。墨家以兼爱为核心，提倡博爱，爱好和平，反对战争，为和谐社会的发展做了良好的思想铺垫。同时，尚贤、尚同、节用的思想无不体现着仁政廉政的用人执政的理念。儒家、道家、法家、墨家的思想中包含了不同角度的治国理政的思想，是我们当下社会治理理论形成的文化底蕴和历史参照。同时宗教文化和

---

〔1〕　参见刘旸等：《习近平新时代中国社会治理思想的科学内涵与现实意义》，载《社会科学家》2019 年第 11 期。

其他派别的文化也是我们社会治理体系形成的催化剂。[1]

二、创新发展：马克思主义社会治理思想

马克思主义经典作家的社会治理思想与新时代社会治理理论一脉相承。马克思主义的唯物史观认为，人民是社会发展的根本动力，为社会主义国家的社会治理提供了理论基础。尽管马克思主义虽未明确提出过"社会治理"这一概念，也没有具体说明如何治理社会主义社会，但在他们的众多著作和思想理论中都提到了社会治理的种种论断并为我国社会治理体系的形成提供了理论基础和思想借鉴。马克思与恩格斯的国家理论认为无产阶级国家应维护秩序，并实现社会的管理职能。在社会公平方面，马克思与恩格斯认为劳动应该获得公平合理的收入分配。同时，在《资本论》中，他们认为每个人都应该自由全面的发展，治理者应处理好与农民的关系。而新时代社会治理理论中的依法治国、全面深化改革开放以及以民为本等内容都可以从马克思的著作与讲话中找到渊源。由此可以看出，新时代社会治理理论便是在继承马克思主义的基础上，为社会治理增添了鲜明的时代特征，进一步反映了人民群众的基本意愿。

马克思社会治理思想是在对当时资本主义制度下管理的批判和总结工人阶级运动的基础上产生的。马克思批判地吸收了黑格尔国家和市民社会的二元关系理论，从唯物史观的角度出发总结出"市民社会制约和决定国家"，[2]否定了黑格尔国家决定市民社会的观点，指出人民群众才是历史的创造者，是社会的根本和历史的主体。正如马克思所说，凡是把人的发展作为目的的社会，就是崇高的，反之，为了某种纯粹的外在目的而牺牲人的发展的社会，就是鄙俗的。[3]马克思认为，未来理想社会是一个人人全面而自由的发展的社会状态，要让人民群众积极参与到社会治理当中，实现全民参与治理。国家与市民社会是随着生产力的发展而出现的，为协调各方利益主体，统筹管理，打破旧的国家机器，使国家政权掌握在无产阶级手中。对此，马克思提出了

---

[1] 参见吴霞：《习近平社会治理理论的渊源研究》，载《湖北经济学院学报（人文社会科学版）》2019年第3期。

[2] 中共中央马克思恩格斯列宁斯大林著作编译局编：《马克思恩格斯选集》（第四卷），人民出版社1995年版，第196页。

[3] 参见《马克思恩格斯全集》（第四十六卷），人民出版社2003年版，第486页。

人民代表制度、选举法等内容，体现了丰富的法治思想。

《共产党宣言》中指出，工人革命的第一步就是使无产阶级上升为统治阶级，争得民主。[1]在继承马克思恩格斯思想的基础上，列宁领导的苏维埃俄国在社会主义现代化建设过程中坚持将马克思主义基本原理与俄国实际相结合，创造性地回答了社会主义国家如何治理的问题，并形成了一系列重要思想。从"人民治理"到"全能治理"，再到"发展治理"，列宁始终秉持党的领导和人民主体性。无产阶级政党作为社会主义事业建设的核心，具有引导和教育广大人民群众的作用，同样人民群众也是无产阶级夺取政权的重要保证。重视社会主义法治问题，从资本主义法制和封建专制中汲取营养，根据现实情况，创建了一套涵盖立法、司法、执法、守法等多个方面的依法治国方略。这对于积极推进社会主义和国家社会治理能力现代化都具有重要的启示意义和借鉴价值。[2]

马克思恩格斯著作中关于社会建设的论述是新时代社会治理理论的学理渊源。马克思恩格斯著作虽然没有准确定义过"社会治理"一词，也没有详细描绘过社会主义社会治理的具体模式，但他们的一些思想却给现在社会治理的实践提供了良好的借鉴。在《共产党宣言》中，马克思指出，"共产主义社会将是这样一个联合体，在那里每个人的自由发展是一切人的自由发展的条件"，[3]把实现人的全面自由发展作为所追求的价值目标。在《哥达纲领批判》中，马克思指出集体的劳动所得就是社会总产品，[4]扣除用来补偿消费掉的生产资料部分以及扩大生产的追加部分，还应扣除一部分用于不幸事故、自然灾害等的后备基金或保险基金，为此我们应该建立公共安全体系，提高防灾减灾救灾能力。马克思还指出，还要从中扣除用来满足共同需要的部分和为丧失劳动能力的人设立的基金。[5]马克思恩格斯著作中还从国家与社会的关系来论述社会治理的思想，他们认为任何国家都是从现实社会中孕育发展而来，人民有权利决定政府机关；但国家也对社会具有反作用，国家

---

[1]　参见《马克思恩格斯文集》（第二卷），人民出版社 2009 年版，第 52 页。

[2]　参见吴霞：《习近平社会治理理论的渊源研究》，载《湖北经济学院学报（人文社会科学版）》2019 年第 3 期。

[3]　《马克思恩格斯全集》（第一卷），人民出版社 1995 年版，第 275 页。

[4]　参见《马克思恩格斯全集》（第三卷），人民出版社 1999 年版，第 196 页。

[5]　参见《马克思恩格斯全集》（第三卷），人民出版社 1999 年版，第 234 页。

权力在一定程度上能够调和阶级矛盾和冲突，维护社会的稳定。他们认为随着社会的发展，国家最终会消亡并回归社会。新时代社会治理理论中"加强党委领导，以社区为重心"以及扩大公民参与治理、完善社会保障体系等思想，基本上坚持了马克思主义关于社会治理思想的本质，又对其有所创新。

在马克思主义理论创立时期，与社会治理相关的思想和理论就在马克思主义经典作家的实践中加以运用并发挥作用。在马克思和恩格斯看来，公共事务是全体社会成员的事情，是由全体社会成员共同参与、共同治理，其主体思想是以国家、市民社会和人民为治理主体，以唯物史观为建构的哲学基础，代表广大人民根本利益，论述了未来的理想社会特征是每个人自由而全面的发展。从理论维度上来看，马克思和恩格斯关于社会治理的思想集中在社会治理主体的广泛性、内容的多样性、目标的多重性三个维度。同时阐述了社会主义国家进行社会治理是国家统治的必要基础，也是一个动态发展的过程，其根本任务是对社会目标的复归。在马克思和恩格斯之后，列宁对马克思主义社会治理思想进行了进一步的阐发，形成了列宁关于社会治理的理论体系。习近平总书记在马克思主义经典作家所设想和构建的社会治理理论基础上，继承并发展了关于社会治理的理论、内容和体系，由此构成、丰富和发展了习近平总书记关于社会治理重要论述的理论之源。[1]

三、发扬光大：中国共产党人社会管理思想

中国共产党人吸收了马克思和恩格斯关于社会治理思想的世界观和方法论，总结了列宁的以民主集中制为主要内容的社会主义治理的实践经验，并在我们革命、建设和改革的过程积极将马克思主义经典作家的治理理论精华与我国实际相结合，走出了一条具有中国特色的社会主义治理道路。

中国共产党自成立以来就开始了在马克思主义指导下所进行的社会治理探索。新民主主义革命时期，我们党在局部地区进行的治理实践，为国家在建设和改革阶段提供了经验借鉴和实践准备。新中国成立之后，新政权的建立要求党和国家根据革命斗争和社会建设的目标变化而对社会治理的层面与内容进行针对性调整。从1949年以来中国社会治理的发展格局与变迁轨迹来

---

〔1〕 参见杨舒然：《当代中国马克思主义治理理论的新发展——学习习近平关于社会治理的重要论述》，载《西安财经大学学报》2021年第1期。

看，以毛泽东、邓小平、江泽民、胡锦涛、习近平为代表的党和国家领导核心集体，在不同历史阶段都以新理念、新思路建构起了中国社会治理的发展模式。[1]

新中国成立之后，以毛泽东为代表的中国共产党人继承和发展了马克思主义的社会治理观念。毛泽东立足于新中国的基本国情，理清各社会关系，调动一切积极因素为社会主义事业服务。毛泽东十分重视人民主体的重要性并指出，我们应当进一步组织起来，应当将全中国绝大多数人组织在政治、军事、经济、文化及其他各种组织里，克服旧中国散漫无组织的状态。[2]毛泽东在《关于正确处理人民内部矛盾的问题》和《论十大关系》中都有涉及社会治理的一些重要论述。毛泽东关于正确处理好国家、生产单位和生产者个人的关系的论述与稳定我国国家政治环境和社会环境有着密切的联系，是社会治理的应有之义。社会治理的一个重要目的就是促进社会和谐。而促进社会和谐的关键问题之一，便是处理好人民内部的矛盾。《关于正确处理人民内部矛盾的问题》强调，正确处理人民内部矛盾的问题是党和国家政治生活的主题。毛泽东的社会治理思想已经有了顶层的设计目标，而且目标思路清晰，是新时代社会治理理论的重要渊源。

党的十一届三中全会以后，邓小平作为中国共产党第二代领导集体的核心力量，在中国社会主义改革开放和现代化建设的过程中就如何打造团结稳定的社会环境，改革社会管理体制等方面作出了符合时代需要的回答。进入改革开放新时期后，邓小平更加重视管理效率，明确把社会管理作为我国现代化建设的重要内容。邓小平关于社会管理的内容主要有：第一，民主法制是社会管理的治本之策。把民主政治提高到了社会主义本质的高度，要用法律法制来促进民主。第二，"两手抓，两手都要硬"，发展经济建设的同时，不能忽略精神文明建设。第三，保持社会稳定是社会管理的基本任务。邓小平指出中国人口多，底子薄，如果没有安定团结的政治环境，没有稳定的社会秩序，就一事无成。因此，他一直强调"稳定压倒一切"。第四，公平正义是社会管理的根本原则。邓小平强调，社会主义的根本目标是人民的共同富

---

〔1〕　参见杨舒然：《当代中国马克思主义治理理论的新发展——学习习近平关于社会治理的重要论述》，载《西安财经大学学报》2021年第1期。

〔2〕　参见《毛泽东选集》（第五卷），人民出版社1977年版，第348页。

裕，这既是社会主义根本原则之一，也是社会主义的本质要求，体现了社会主义的优越性。以邓小平为代表的中国第二代领导集体倡导民主法制，强调"物质文明和精神文明一起抓"等，形成了一系列具有中国特色的社会管理理论。

以江泽民为代表的党的第三代领导集体，在推进社会主义现代化建设和改革开放中不断丰富和发展社会主义管理理论。首先注意把握改革、发展与稳定三者之间的关系，着力进行社会主义精神文明建设，营造良好社会风气。其次，经济基础决定上层建筑，在经济建设上确定多种所有制经济共同发展的基本经济制度和多种分配方式并存的分配制度，注重社会公平和社会保障问题，扩大中等收入者收入，努力把发展教育以及扩大就业放在社会主义事业的发展前列。最后江泽民对于社会管理也提出了一系列的重要论断。其主要内容概括为：第一，确立物质文明、精神文明、政治文明三位一体的总体布局和人的全面发展原则。第二，处理好人民内部矛盾，创造和保持一个有利于发展稳定的社会环境。第三，支持和动员广大人民群众依照法律管理国家和管理社会事务。第四，要抓好社会管理和建设，首先要抓好党的管理和建设。

以胡锦涛为代表的党的第四代领导集体的社会管理思想有了创新和提高，创造性地提出了建设科学的社会管理格局，首次把民生问题纳入体制机制改革的大局中，坚持以人为本，全面、协调、可持续的科学发展观。在党的十七大报告中提出了"关于公众参与的社会管理格局"，随后在庆祝我党成立90周年大会上胡锦涛明确指出，要加强和创新社会管理，完善党委领导、政府负责、社会协同、公众参与的社会管理格局。[1]这是我国在社会治理理论上的重大突破，为我国社会治理理论的发展打开了更加广阔的视野，是新时代社会治理理论的重要渊源。

党的十八大以来，面对新时代、新任务、新挑战，以习近平同志为核心的党中央根据世情、国情、党情的实际，立足于党和国家发展全局，吸取历史教训，深刻思考"怎样治理社会主义社会这样全新的社会"，提出了一系列新思想、新观点、新论断，创新了社会治理理论体系，成为习近平新时代中

---

[1] 参见胡锦涛：《在庆祝中国共产党成立90周年大会上的讲话》，人民出版社2011年版，第26页。

国特色社会主义思想的重要组成部分,[1]不断丰富和发展中国社会治理理论,使中国社会治理实践在不同层面取得了重大进展。[2]因此,新时代中国社会治理理论是中国共产党集体智慧的结晶,是中国共产党社会建设理论与实践长期积累的结果。

四、他山之石：西方治理理论

"治理"是20世纪后期西方学者基于市场经济和福利国家政策相继失灵,社会主体日益多元化而提出的一种公共管理新理念。经过长期的社会治理实践,到20世纪90年代,西方国家逐步形成了比较成熟的、又颇具特色的社会治理体系,总结出了一些社会治理的特点、规律和经验,对当前我国社会治理实践提供了借鉴和参照。我们可以将西方国家的治理经验与我国具体国情相结合,为我国社会治理创新添砖加瓦。

治理是相对统治而言的,二者的区别表现为权威的主体不同,统治的主体单一,治理的主体多元;权威的性质不同,统治是强制性的,治理可以是强制性的,但更多的是协商性的;权威的来源不同,统治的权威来源于国家法律,而治理除法律外,还有各种非强制性的契约;权力运行的向度不同,统治是自上而下,治理更多是平行的;二者作用所及的范围不同,统治是以政府权力所及领域为边界,治理则是以公共领域为边界,比前者更宽泛。

（一）从"统治"到"治理"

传统意义上的"治理"即为"统治"的意思。[3]但二者之间也有一定的区别。统治是指国家及其执行机构基于社会统治和管理需要而实施的具有权威性的专门的公共管理活动,其突出特征是过分强调和依赖政府。而治理秉承了"新公共管理运动"的精华,是新公共管理的高级形态。[4]治理是社会

---

〔1〕　参见沈荣华、刘洋：《习近平社会治理思想创新与贡献》,载《理论探讨》2019年第3期。

〔2〕　参见杨舒然：《当代中国马克思主义治理理论的新发展——学习习近平关于社会治理的重要论述》,载《西安财经大学学报》2021年第1期。

〔3〕　参见蓝志勇、魏明：《现代国家治理体系：顶层设计、实践经验与复杂性》,载《公共管理学报》2014年第1期。

〔4〕　参见何兰萍等：《公共服务供给与居民获得感：社会治理精细化的视角》,中国社会科学出版社2019年版,第26页。

政治体系中所有被涉及的行为者互动式参与的共同结果，可以被看作一种社会政治体系模式。在这种模式下，无论公共行动者或私人行动者都没有能力独自解决复杂多样、不断变动的社会问题，因为他们都不可能单方面获得所有的资源。治理结构因此体现为政府和社会组织间在资源结构中的相互依赖。治理不完全依赖政府的传统权威和权力，也不依赖市场的价格协调机制，而倾向多元主体之间的信任与合作。治理所依赖的制度资源可以是正式的，也可以是非正式的。[1]

在按照治理模式进行公共事务管理时，各参与者体现的是自觉自愿的主动行为，而不是受胁迫强制的被动行为。参与者体现的更多是参与社会管理的责任感，而非追求自我利益的市场行为。治理主体间的界限是模糊的，为实现共同目标，治理往往体现为主体间多样化的行动、干预和控制，可以是契约性合作，也可以是国家让渡部分管理权给社会其他组织。总之，治理强调多元主体之间由各自资源的不完全性而产生的理性考虑，形成彼此之间可持续的互动与合作。可见，"治理"与"统治"作为公共管理的过程，虽然都需要权威和权力，都以维持正常社会秩序为目的，但两者至少有两个基本的区别：首先，治理虽然需要权威，但这个权威不一定是政府，而统治的权威则必定是政府。治理的主体可以是公共机构，也可以是私人机构，还可以是公共机构与私人机构的合作，而统治的主体一定是社会的公共机构。其次，政府统治的权力运行方向总是自上而下地对社会公共事务实行单一向度的管理；治理则是一个通过合作、协商、伙伴关系、确立认同和共同目标等方式实施公共事务管理的上下互动的过程，其实质是建立在市场原则、公共利益和价值认同之上的合作。从"统治"走向"治理"应当是人类政治发展的普遍趋势。治理概念在不同社会环境中有不同的意蕴，但核心是政府与社会关系，目的是有效解决社会问题。

（二）从"治理"到"善治"

西方的"治理"（Governance）概念原为控制、引导和操纵之意。20 世纪末，西方学者赋予"治理"以新的含义，主张政府放权和向社会授权，实现多主体、多中心治理等政治和治理多元化，强调弱化政治权力，甚至去除政

---

[1] 参见马西恒：《社区治理创新》，学林出版社 2011 年版，第 38 页。

治权威，企望实现政府与社会多元共治、社会多元自我治理。发展至今，西方治理理论已经形成多个流派，尽管如此，立足于社会中心主义，主张去除或者弱化政府权威，取向于多中心社会自我治理，但是其基本政治主张和倾向。西方学者主张用治理代替统治，是试图以此弥补社会资源配置中市场失效和政府失灵。但治理也不是万能的，它不能代替国家而享有政治强制力，也不能代替市场而对大多数资源进行自发有效配置。[1]于是一些学者和国际组织又提出"善治"的概念。所谓善治就是使公共利益最大化的社会管理过程。善治的本质特征在于，它是政府与公民对公共生活的合作管理，是政治国家与公民社会的一种新颖关系，是两者的最佳状态，是国家权力回归社会的还政于民过程。善治的基本要素包含：合法性、透明性、责任性、法治、回应、效益。[2]

善治体现国家与社会或者政府与公民之间的良好合作。从全社会范围看，善治离不开政府，但更离不开公民。从某个小范围的社群看，可以没有政府统治，却不能没有公共管理。善治有赖于公民自愿的合作和对权威的自觉认同，没有公民的积极参与和合作，至多只有善政，而不会有善治。所以，善治的基础与其说是在政府或国家，不如说是在公民或公民社会。在这个意义上，公民社会是善治的现实基础，没有一个健全和发达的公民社会，就不可能有真正的善治。反过来说，20世纪90年代以来善治的理论与实践之所以能够得以产生和发展，其现实原因就是公民社会的日益壮大。

总的来看，治理是指在人们生活的共同体中，为着共同目的和公共利益，各方主体通过运用权力去引导、控制和规范各种活动，从而最大限度地促进公共利益。[3]治理的特征是强调国家、社会、市场之间的新组合，这种组合构成一个试图克服不可治理的网络，使得国家、社会、市场以新方式互动，以应付日益增长的社会及其政策议题或问题的复杂性、多样性和多态性。治理理论就是政府转变传统管理至上的思想，以社会公正和服务至上为执政思想，将政府从包揽一切的重负中解脱出来的理论原则。

---

〔1〕　参见马西恒：《社区治理创新》，学林出版社2011年版，第39-40页。

〔2〕　参见俞可平等：《中国公民社会的兴起与治理的变迁》，社会科学文献出版社2002年版，第195页。

〔3〕　陈家刚：《基层治理：转型发展的逻辑与路径》，载《学习与探索》2015年第2期。

(三) 治理理论的传播与应用

治理理论自 20 世纪末被引入中国政治学和公共管理领域，随后进入企业管理、公共社会事务、基层治理之中。我国社会治理概念的前身是"社会管理"，经过数代领导人的探索与实践，在十八大首次使用了"国家治理"的概念，提出要"更加注重发挥法治在国家治理和社会管理中的重要作用"，[1]党的十八届三中全会把"推进国家治理体系和治理能力现代化"作为全面深化改革的总目标，提出改进社会治理方式，创新社会治理体制的新命题。[2]这是中国共产党成立以来在党的正式文件中第一次提出"社会治理"概念，可见推进我国社会治理体系和治理能力现代化是我们顶层设计的一项重要任务。

总之，新时代社会治理理论极具文化传承和历史底蕴。它寄托了中华民族千百年来对于国家事业兴盛、人民幸福安康、社会稳定和谐、国家长治久安的情感追求。正如习近平总书记所说，一个国家治理体系的选择，是由这个国家的历史传承、文化传统、经济社会发展水平决定的，是由这个国家的人民决定的。

(四) 多中心治理理论

多中心治理理论是研究公共管理的理论。对于公共事务或公共问题的治理，传统理论非常重视市场的调节作用和政府的干预作用。但是，市场失灵或政府失败都有可能发生。由于市场结构的不完全竞争性、公共物品的存在以及外部性经济效果，市场机制不能完全实现帕累托最优，于是市场失灵便出现了。为了克服市场失灵，恢复市场的功能，实现社会福利最大化，就需要政府进行干预。但是，在弥补市场失灵的过程中，政府干预也会出现一些问题，譬如在提供公共物品时浪费和滥用资源，导致公共支出规模过大或者效率低下或者因为政府干预不足或干预过度导致经济效率和社会福利损失，此即政府失灵。[3]在市场失灵和政府失灵都可能出现的情况下，是否存在其

---

〔1〕 参见本书编写组编著：《十八大报告辅导百问》，党建读物出版社、学习出版社 2012 年版，第 23 页。

〔2〕 参见本书编写组编著：《党的十八届三中全会〈决定〉学习辅导百问》，党建读物出版社、学习出版社 2013 年版，第 31-32 页。

〔3〕 参见王大鹏编：《推进市域社会治理现代化》，红旗出版社 2020 年版，第 18 页。

他的治理主体能够在公共事务或公共问题的治理方面发挥更好的作用呢？20世纪 70 年代，多中心治理理论在美国应运而生。

多中心治理以自主治理为基础，提出了在政府与市场之外以自主组织为中心进行公共事务治理的方案。该理论认为个人是具有独立决策能力、能够计算成本收益的理性人，但又不是传统经济学上的完全的理性人或经济人，而是能够自主决策，受环境影响易犯错误和改正错误，受社群的非正式规范约束的社会人、复杂人。该理论的提出者美国学者埃莉诺·奥斯特罗姆（Elinor Ostrom）与文森特·奥斯特罗姆（Vincent Ostrom）夫妇为核心的学者觉得强化层级节制、权责界限清晰、同一件事情交由一个部门完成的、集权的政府单中心统治未必能够保证或提高效率。具体地说，单中心意味着政府作为唯一的主体对社会公共事务进行排他性管理，多中心则意味着在社会公共事务的管理过程中，并非只有政府一个主体，而是存在着包括中央政府单位、地方政府单位、政府派生实体、非政府组织、私人机构以及公民个人在内的许多决策中心，它们在一定的规则约束下，以多种形式共同行使主体性权力。这种主体多元、方式多样的公共事务管理体制就是多中心体制。多中心的治理结构要求在公共事务领域中国家和社会、政府和市场、政府和公民共同参与，结成合作、协商和伙伴关系，形成一个上下互动，至少是双向度的，也可能是多维度的管理过程。就其体现的改革和创新而言，这是适应全球化、市场化和民主化发展趋势的要求，在社会公共事务甚至政府部门内部事务的管理上，借助于多方力量共同承担责任。同时，多中心还隐含着一种含义，即谈及治理，谈及多中心，虽然论及的是多元治理主体，但是侧重于强调社会力量在治理过程中的作用。协同即不同的治理主体发挥不同的作用，形成协同效应，从而促使治理过程达到有序与和谐，实现治理的目标。党在对社会治理体制的探索过程中，非常重视发挥不同治理主体的治理作用，而且非常重视界定不同治理主体在治理过程中的不同作用，并注重发挥各治理主体之间的协同作用，以实现治理效果的最优化。这与多中心协同治理的含义是高度吻合的。[1]

（五）"元治理"理论

元治理（meta-governance）是指对市场、政府、公民和社会等治理形式、

---

[1]　参见王大鹏编：《推进市域社会治理现代化》，红旗出版社 2020 年版，第 19-22 页。

力量或机制进行一种宏观安排，重新组合的治理机制。20 世纪 80 年代，西方学者在对政府失灵和市场失灵的反思中，提出了"治理"理论，要求政府、市场和公民社会三者的共同治理。这一新的治理理论对于缓和社会矛盾、协调经济发展、实现社会稳定产生了积极的影响。但是，无论是市场，还是社会，它们都无法完全独立地进行治理，于是学界开始对"治理"理论中去政府化进行思考，认为政府的建构比社会治理、市场治理更有效，尤其是对于那些失败软弱、政局不稳定的国家。美国著名的社会理论家福山指出，国家（政府）建构也许比治理更重要，一个强有力的国家也许比自组织治理更重要，尤其对于广大的第三世界国家而言。在这种背景下，英国学者鲍勃·杰索普提出了"元治理"，作为对治理理论的修正和完善。"元治理"与"治理"的最大区别在于"元治理"始终强调在治理活动中政府的重要地位和作用。原因在于各方主体在治理活动中会由于利益的不同而产生分歧，难以实现预期的治理目标。这时就需要一个主体来进行协调、平衡，这一主体必然只能是政府。政府作为"元治理"的唯一主体，原因在于只有政府能够制定路线、方针、政策，从而保证治理活动的总体方向，并具有较高的宏观组织能力，保证整个社会的一致性和完整性。

"元治理"理论中对于政府地位和权威性的强调与中国特色的社会治理中所强调的坚持中国共产党的领导在本质上是一致的。而"治理"理论中"去权威化"的思想显然不符合我国的国情。因为中国共产党的领导是中国特色社会主义最本质的特征。我国社会力量的发展尚不成熟，难以完全独自承担社会治理任务。我国的经济结构、政治制度与西方国家也存在本质的差异，"没有政府的治理"与我国的经济结构、基本政治制度相悖。"元治理"突出在治理中政府建构的重要性，而我国的现代化治理也始终强调要不断增强党的执政能力建设、政府执政能力的提高，建立"强国家""强政府""强社会"。[1]新时代社会治理理论批判地继承了"元治理"理论，将其作为重要的理论渊源之一。

---

〔1〕 参见王大鹏编：《推进市域社会治理现代化》，红旗出版社 2020 年版，第 23~24 页。

第三节　新时代社会治理理论的价值旨向

为什么人的问题是检验一个政党、一个政权性质的试金石。带领人民创造美好生活，是我们党始终不渝的奋斗目标。党始终把人民利益摆在至高无上的地位，让改革发展成果更多更公平惠及全体人民，朝着实现全体人民共同富裕的目标不断迈进。增进民生福祉是发展的根本目的，也是社会治理的根本目标。党始终抓住人民最关心最直接最现实的利益问题，多谋民生之利、多解民生之忧，在发展中补齐民生短板、促进社会公平正义。既尽力而为，又量力而行，在幼有所育、学有所教、劳有所得、病有所医、老有所养、住有所居、弱有所扶上不断取得新进展，不断满足人民日益增长的美好生活需要，形成有效的社会治理、良好的法治环境，使人民获得感、幸福感、安全感更加充实、更有保障、更可持续。因此，党的历史使命和宗旨决定了新时代社会治理理论的价值旨向只能是坚持以人民为中心、满足人民对美好生活的向往、促进社会公平正义和崇尚民主法治精神。

一、坚持以人民为中心

以人民为中心是新时代坚持和发展中国特色社会主义的根本立场，也是新时代社会治理理论的根本价值旨向。人民是党执政兴国的最大底气，人民群众是我们党的力量源泉，人民立场是中国共产党的根本政治立场。江山就是人民，人民就是江山，人心向背关系党的生死存亡。打江山、守江山，守的是人民的心。[1]习近平总书记指出，必须牢记我们的共和国是中华人民共和国，始终要把人民放在心中最高的位置，始终全心全意为人民服务，始终为人民利益和幸福而努力工作。深入领会和牢牢坚守以人民为中心的根本立场，对于准确把握和全面贯彻新时代社会治理理论，凝聚起实现"两个一百年"奋斗目标、实现中华民族伟大复兴中国梦的磅礴力量具有十分重要的意义。[2]

---

〔1〕　参见中共中央宣传部编：《习近平新时代中国特色社会主义思想学习纲要》，学习出版社、人民出版社 2023 年版，第 66 页。

〔2〕　参见中共中央宣传部编：《习近平新时代中国特色社会主义思想三十讲》，学习出版社 2018 年版，第 85 页。

社会治理说到底是为人服务，涉及广大人民群众切身利益，必须始终坚持以人为本、执政为民，切实贯彻党的全心全意为人民服务的根本宗旨，不断实现好、维护好、发展好最广大人民根本利益。社会治理为了人民。必须始终坚守人民立场，把体现人民利益、反映人民意愿、维护人民权益、增进人民福祉作为社会治理的出发点和落脚点，在社会治理的每个环节和各个方面都应回应人民最迫切的愿望、解决人民最急迫的问题、关心人民最切身的感受。社会治理必须坚持人民需求居首、人民利益为先的决策意识，坚持以人为本、治理为民的工作导向，推进人的全面发展、社会全面进步、人民美好生活三位一体联动实现。社会治理依靠人民。人民不仅是社会治理的目的，也是社会治理的主体，是推进社会治理现代化的根本力量。让人民群众通过各种途径和形式参与社会治理，是全过程人民民主的突出特征和显著优势。加强创新社会治理必须紧紧依靠群众，不断塑造、培养和凝聚社会治理，尤其是基层社会治理的内生动力，真正让人民群众成为基层社会治理的主体力量。社会治理成果由人民共享。社会治理为了人民、依靠人民，社会治理的成果必然由人民共享、由人民检验。让人民在社会治理中得到实实在在的好处。[1]从外向维度来说，以人为本要求党的社会治理科学化，必须营造良好的社会文化环境氛围。从内向维度来说，以人为本要求党的社会治理科学化，必须高度关注人民群众的现实利益实现。加强和创新社会治理，坚持以人民为中心，体现了党的全心全意为人民服务的根本宗旨。坚持以人民为中心的发展思想是中国特色社会主义的显著优势，加强和创新社会治理的关键也在于坚持以人民为中心。加强和创新社会治理，推进社会治理现代化，必须把"民生为本，服务为先"理念贯穿于社会治理全过程，把群众需要作为第一选择，把群众满意作为第一标准，通过构建联系服务群众机制、切实解决群众难题、畅通实现群众利益渠道、增进人民福祉，使人民的获得感、幸福感、安全感更加充实。

坚持以人民为中心的价值追求，必须始终坚持发展为了人民、发展依靠人民、发展成果让全体人民共享的根本遵循，不忘初心、牢记使命，千方百计为人民群众办好事、办实事、解难事，使改革发展成果惠及全体人民，不

---

〔1〕 参见张文显：《新时代中国社会治理的理论、制度和实践创新》，载《法商研究》2020 年第2 期。

断增强人民群众的获得感、幸福感、安全感；必须始终坚持社会治理的成效由人民的实践来检验的唯一标准，脚踏实地、撸起袖子加油干，以人民同意不同意、人民高兴不高兴、人民满意不满意，作为我们一切工作的出发点和落脚点。

坚持以人民为中心要坚持以人为本原则，高度重视民生事业。孙中山先生曾经从社会经济生活中寻求社会进化的动因，用人类的物质生活状况说明历史发展的意向，指出了历史发展的必然性，并进一步提出了"民生史观"。他解释"民生"的含义是，"人民的生活、社会的生存、国民的生计、群众的生命"，[1]包括了社会经济生活和人们对生存、生活的欲求。他认为人类谋求解决生存问题，才是社会进化的定律，才是历史的重心，民生问题才可说是社会进化的原动力。[2]孙中山先生强调"人类则以互助为原则"，[3]把国家看成是人类的"互助之体"或"人之积"，把政治叫作"管理众人之事"，把政权称为"管理众人之事的力量"。这些民生理念都值得我们高度重视。当前我们做好社会治理工作，必须要切实贯彻党的全心全意为人民服务的根本宗旨，要坚持贯彻党的群众路线，坚持人民主体地位，发挥人民首创精神，紧紧依靠人民群众开创新形势下社会治理新局面。要以人民群众利益为重，以人民群众期盼为念，要坚持思想上尊重群众、感情上贴近群众、工作上依靠群众，把群众满意不满意作为加强和创新社会治理的出发点和落脚点。

坚持以人民为中心还必须树立正确的权力观。我国宪法明确规定，中华人民共和国的一切权力属于人民。毛泽东同志说过，我们的权力是谁给的？是人民给的。邓小平同志指出，领导就是服务。江泽民同志说，领导干部手中的权力说到底都是人民赋予的，执政为民是各级政府的崇高使命。胡锦涛同志强调，我们手中的权力是党和人民赋予的，只能用来为广大人民谋利益，只有坚持一切属于人民，一切为了人民，一切依靠人民，一切归功于人民，我们的各项事业才能获得最广泛、最可靠的群众基础和力量源泉。习近平同志在中央党校 2010 年秋季学期开学典礼上强调，马克思主义权力观概括起来是两句话：权为民所赋，权为民所用。领导干部不论在什么岗位，都只有为

---

〔1〕　参见《孙中山全集》（第九卷），中华书局 1986 年版，第 355 页。

〔2〕　参见《孙中山全集》（第九卷），中华书局 1986 年版，第 365、371 页。

〔3〕　参见《孙中山全集》（第九卷），中华书局 1986 年版，第 195 页。

人民服务的义务，都要把人民群众利益放在行使权力的最高位置，把人民群众满意度作为行使权力的根本标准，做到公道用人、公正处事。这些论断深刻揭示了无产阶级政党权力观的本质，即一切权力来自人民，必须无条件地服务于人民。[1]加强和创新社会治理更是如此。

二、满足人民对美好生活的向往

习近平总书记强调，为中国人民谋幸福，为中华民族谋复兴是中国共产党人的初心和使命。我们要时刻不忘这个初心，永远把人民对美好生活的向往作为奋斗目标。坚持一切为了人民，带领全国人民不断创造美好生活，生动诠释了中国共产党人的根本立场，生动诠释了全心全意为人民服务的根本宗旨，生动诠释了新时代中国特色社会主义的根本追求，[2]也是新时代社会治理理论的重要价值追求。

进入新时代，我国社会主要矛盾发生变化，人民对美好生活的向往更加强烈。人民群众期盼有更好的教育、更稳定的工作、更满意的收入、更可靠的社会保障、更高水平的医疗卫生服务、更舒适的居住条件、更优美的环境、更丰富的精神文化生活。期盼孩子们能成长得更好、工作得更好、生活得更好。我们要永远保持共产党人的奋斗精神，永远保持对人民的赤子之心，始终把人民利益摆在至高无上的地位，始终同人民想在一起、干在一起，有盐同咸、无盐同淡，努力为人民创造更美好、更幸福的生活。[3]

民生问题是民众所遇到的与衣食住行、生老病死等日常生活相关的切身利益问题，是一个社会成员如何从政府、市场和社会中获得自己生存和发展的社会资源和社会机会来支撑自己的物质生活和精神生活的问题。民生问题的改善，使人民的切身利益得到了充分的实现，改善人民生活水平的过程实际上就是一步步实现最广大人民利益的过程，这个过程让人民群众有了沉甸甸的获得感，人民群众建设社会主义的积极性也大大提高。只有尽力让所有

---

[1] 参见殷昭举：《社会治理学—第一卷．社会治理导论》，广东高等教育出版社 2014 年版，第 188—189 页。

[2] 参见中共中央宣传部编：《习近平新时代中国特色社会主义思想三十讲》，学习出版社 2018 年版，第 85—86 页。

[3] 参见中共中央宣传部编：《习近平新时代中国特色社会主义思想学习纲要》，学习出版社、人民出版社 2023 年版，第 69 页。

人都感受到改革发展带给我们的有利条件，才能提高群众的满意度，才能真正实现中华民族伟大复兴的中国梦。

在我国社会转型期，随着工业化、城市化、信息化和市场化的不断推进，社会分化加剧，逐渐出现了新的贫困问题，即生活困难的社会弱势群体。这些群体为我国经济发展和社会进步作出了重要贡献，但是他们的生活却改善幅度不大，他们是上学难、看病难和住房难的民生困难的主要承受者。民生问题不仅是个人安全和整个社会安全的连接点，而且是社会和谐、社会治理最基础的必要条件，是社会矛盾多发凸显最基本的根源，是对共产党执政能力的考验。这一现象如果不能得到及时解决，可能会严重影响社会成员安全感，降低社会安全指数。能否大力改善弱势群体的民生问题是中国社会发展和社会转型最切实而严峻的挑战。社会治理是亿万人民的事业。只有"依水行舟"，才能源源不断地从人民群众中汲取智慧和力量，使社会治理永葆生机活力。满足人民的需求是社会治理的目标，做好民生工作，满足人民对美好生活的向往是社会治理的基础。

习近平指出，人民对美好生活的向往就是我们的奋斗目标。必须始终把人民利益摆在至高无上的地位，让改革发展成果更多更公平惠及全体人民，朝着实现全体人民共同富裕不断迈进。作为能够合理配置社会资源和社会机会的社会治理，与民众的日常生活和民生问题密切相关。譬如，作为社会治理重要内容的公共服务，越来越成为民众生活中不可或缺、难以脱离的东西。作为正确处理社会矛盾、社会问题和社会风险的新机制，社会治理能够更好更有效地处理民生问题以及与其相关的问题。因此，社会治理与人民幸福安康息息相关。党的十八大以来，我们党提出社会治理的一系列具体任务，如努力办好人民满意的教育，推动实现更高质量的就业，千方百计增加居民收入，统筹推进城乡社会保障体系建设，提高人民健康水平，建设健康中国，等等。这些任务涵盖了合理配置社会资源和社会机会必须关注的领域，同时，这也是大力改善民生的关键领域。在作为保障人民生活、调节社会分配的一项基本制度的社会保障领域，要实现社会资源和社会机会的合理配置，就应坚持全覆盖、保基本、多层次、可持续的方针，以增强公平性、适应流动性、保证可持续性为重点，全面建成覆盖城乡居民的社会保障体系。努力扩大社会保障基金筹资渠道，建立社会保障基金投资运营制度，确保基金安全和保值增值。加强保障性住房建设和管理，满足困难家庭基本需求。在作为促进人的全面发展的必然要求和健康领域，要实现社会资源和社会机会的合理配置，就要坚持为人民健康服务的方向，坚持预防为主，以农村为重点，中西医并重，按照保基本、强基层、建机制的要求，重点推进医疗保障、医疗服务、公共卫生、药品供应、监管体制综合改革，完善国民健康政策，为群众提供安全、有效、方便、廉洁的公共卫生和基本医疗服务。离开这些关键领域的社会资源和社会机会的合理配置，加强社会治理、满足人民对美好生活的向往就会成为一句空话。[1]

把人民对美好生活的向往作为奋斗目标，最终要落实到实现好、维护好、发展好最广大人民的根本利益上。"治国有常，而利民为本。"习近平总书记指出，党的一切工作必须以最广大人民根本利益为最高标准，努力让人民过上更好生活。以习近平为核心的党中央始终坚持以造福人民为最大政绩，从群众最关心的现实问题入手，把民生疾苦放在心头，把改革发展责任扛在肩上，把一大批惠民举措落地实施，推动发展成果更多更公平惠及全体人民；始终把人民利益摆在至高无上的地位，顺应我国社会主要矛盾已经发生历史性变化的实践要求，着力解决我国发展不平衡不充分的问题，在更高水平上不断满足人民群众日益增长的美好生活需要。[2]因此，必须坚持从社会实际出发，既尽力而为，又量力而行，一件事情接着一件事情办，一年接着一年干。坚持人人尽责、人人享有，坚守底线、突出重点、完善制度、引导预期，完善公共服务体系，保障群众基本生活，不断满足人民日益增长的美好生活需要，使人民安全感、幸福感、获得感更加充实、更有保障、更可持续。

我国经济发展、社会转型和城市化进程的加快，对城市公共服务发展提出了严峻的挑战。目前我国城市公共服务规模、质量和水平已经远远不能满足当前人民的实际需求。因此，要加大公共服务投入力度，把保障和改善公共服务作为全部工作的出发点和落脚点。政府只有不断满足人民群众对社会公共服务日益增长的需求，建立完善的社会保障制度，解决就业、教育医疗、养老等与群众切身利益相关的突出问题，解决广大民众的后顾之忧，才能有效地化解社会矛盾，保持社会稳定，进而促进经济社会的进一步发展。

---

〔1〕 参见周红云主编：《社会治理》，中央编译出版社 2015 年版，第6-7页。

〔2〕 参见中共中央宣传部编：《习近平新时代中国特色社会主义思想三十讲》，学习出版社 2018 年版，第 87 页。

三、促进社会公平正义

"治天下也，必先公，公则天下平矣。"公平正义是中国特色社会主义的内在要求，实现社会公平正义是我们党的一贯主张。习近平总书记多次强调，全面深化改革的出发点和落脚点在于不断促进公平正义和增进人民福祉。"理国要道，在于公平正直。"老百姓讲一碗水端平，如果不端平、端不平，老百姓就会有意见、就会有怨气，久而久之，社会和谐稳定就难以实现。[1]随着我国改革开放的不断深入，民生各领域矛盾不断凸显，社会公平问题成为我们面临的最严重挑战之一。在收入、养老、就业、医疗、教育、住房等诸多领域都存在巨大差异，司法不公更是直接挑战社会的道德底线，严重影响人民的幸福安定。因此，新时代坚持和发展中国特色社会主义，加强和创新社会治理，必须以公平正义为准绳，在经济社会发展的基础上，通过全面深化改革与制度安排，逐步建立公平的保障体系，努力营造公平的社会环境，统筹兼顾各方利益，依法保证全体人民平等参与、平等发展的合法权益，积极回应人民的期盼和诉求。

社会治理的核心价值在于促进社会公平正义，保证人民平等参与、平等发展的权利，更好地实现、维护和发展最广大人民的根本利益，从根本上体现了以人民为中心的发展思想。所谓社会正义是指社会资源和社会机会配置的公平性和平等性。实际上，公平和平等都能表达正义，但二者又是不同程度的正义。社会公平首先指的是一种客观的制度安排的合理性问题。作为制度安排合理性的社会公平主要体现在社会资源分配和获得的差别应该是合理的，社会机会对每一个成员都是自由开放的、可竞争的。这种制度安排下，社会上层会永不松懈，社会中层会永不满足，社会下层会永不绝望。其次，社会公平在主观上体现为百姓的共同认可和认同，这就是社会的公平度、公平感的高低问题。而社会治理，尤其社会善治是促进社会公平正义的重要途径和手段，它在推进社会资源和社会机会合理配置的同时，也就在具体推进和落实社会公平正义，也就是把公平正义落实到国家微观社会制度和宏观社

---

[1]　参见中共中央宣传部编：《习近平新时代中国特色社会主义思想三十讲》，学习出版社 2018 年版，第 232-233 页。

会制度的方方面面。[1]

社会治理并非通过管控社会，来抑制人的创新性和创造力，限制人的自由选择与发展，恰恰是通过制度设计激发社会活力，让一切劳动、知识、技术、管理、资本的活力竞相迸发，让一切创造社会财富的源泉充分涌流。[2]尤其是在目前社会阶层分化、社会关系复杂、利益诉求多元的背景下，社会治理既要确保公共利益的最大化，坚守社会主义核心价值体系，确保主流道德价值不受侵害，又要鼓励社会包容，尊重诉求差异，理解多样化和个性化的需求。只有构建公平正义的社会利益分配机制和公共资源平等共享机制，才能有效协调各种社会关系，化解社会矛盾，让发展成果更多更公平地惠及全体人民，保障普通公民平等参与现代化进程，构建起点公平、机会公平、结果公平的社会治理体制。[3]

社会治理既是实现社会公平正义的有效途径和重要力量，又是检验社会公平正义成效高低、成功与否的衡量器与试金石。这是因为社会治理的过程就是制度创新的过程。这个制度创新的过程既包括宏观的社会制度创新，也包括微观的社区制度创新。通过制度创新促进和实现公平正义，是社会治理的应有之义和重要性所在，而制度创新落实的程度和效果，反过来成为对社会治理成效的实际检验。[4]党的十八大、十九大和二十大报告多次提到维护社会公平正义的问题，反复强调公平正义是中国特色社会主义的内在要求。加紧建立和完善对促进公平正义具有重大作用的体制机制，逐步建立起以权利公平、机会公平、规则公平为主要内容的社会公平保障体系，努力营造公平的社会环境，保证人民平等参与、平等发展权利等，这是新时代加强和创新社会治理的必然之举。

四、崇尚民主法治精神

民主是社会主义国家基本政治制度的根本内容，是社会治理的应有之义。法治是实现民主治理的根本保障。民主与法治相辅相成，相得益彰。没有民

---

〔1〕 参见周红云主编：《社会治理》，中央编译出版社 2015 年版，第 7 页。

〔2〕 本书编写组编著：《党的十八届三中全会〈决定〉学习辅导百问》，党建读物出版社、学习出版社 2013 年版，第 2 页。

〔3〕 参见周红云主编：《社会治理》，中央编译出版社 2015 年版，第 27 页。

〔4〕 参见周红云主编：《社会治理》，中央编译出版社 2015 年版，第 7 页。

主的法治容易走向集权与专制，而缺乏法治的民主则容易导致混乱和无序。在社会治理过程中，必须坚持人民主体地位和发展社会主义民主政治。同时又要坚定不移地坚持依法治理，推进社会治理法治化。

习近平总书记指出，我国社会主义民主是维护人民根本利益的最广泛，最真实，最管用的民主。发展社会主义民主就是要体现人民意志，保障人民权益，激发人民创造活力。新中国成立以后，我们党领导人民建立了人民当家作主的国家政权，进行了广泛的民主实践，实现了我国从几千年封建专制政治走向人民民主的伟大实践，开辟了人民当家作主的历史新纪元。改革开放特别是党的十八大以来，中国特色社会主义民主政治道路越走越宽，社会主义民主的优越性更加充分地展现出来。中国共产党领导人民实行人民民主，不是一句空话，不是一句口号，必须落实到国家政治生活和社会生活之中，必须具体地现实地体现到党和国家各方面治理活动和工作上来，体现到人民对美好生活的向往和自身利益的实现和发展上来。[1]

民主既是一种价值追求，更是一种治理实践。一个国家的民主制度构成国家治理体系的基础，而民主的原则和程序则是国家治理实践操作机制的重要组成部分。所以，治理越是发展，民主的成熟度也应越高，治理的民主化程度也会越高。民主与治理作为制度体系相互关联和交织的组成部分，统一于政治发展的逻辑进程，构成了衡量一个制度体系质量和效能的重要因素。治理作为一种运作性很强的机制，必然与国家的民主制度体系相一致，否则，有可能导致治理的失效，或者带来民主的困境，造成制度体系的不协调与混乱。西方治理理论的兴起本身就是以应对社会危机为逻辑起点，解决社会冲突，维护政治体系的稳定。当代中国国家治理体系和治理能力现代化的提出，一个重要的目的就是在国家治理的不断推进中，更加有效彰显我国的制度优势和效能，事实上也是一种制度困境下的形势倒逼与危机驱动。党的十九届四中全会明确指出，我国国家治理一切工作和活动都依照中国特色社会主义制度展开，我国国家治理体系和治理能力是中国特色社会主义制度及其执行能力的集中体现。因此，以国家治理现代化不断释放中国民主制度的优势和效能成为一种逻辑必然，开启了以治理民主和治理现代化推动社会主义民主

---

〔1〕 参见中共中央宣传部编：《习近平新时代中国特色社会主义思想三十讲》，学习出版社2018年版，第150-160页。

发展的新进程，从而使社会主义民主的优势更加彰显，呈现出新时代的民主新形态。

社会治理的核心是调和利益冲突，社会治理的基本方式是法治。社会治理是社会各方协同参与，必须以法治为保障，以良法促善治。这就要求社会治理各类主体在遵守法律规定、尊重法治精神、遵循法治逻辑的前提下，坚持以法治精神来引领社会治理，以法治思维来谋划社会治理，以法治规范来实施社会治理，以法治标准来评价社会治理，以法治秩序的实现作为社会治理的目标，最终在法治轨道上实现社会善治。在此意义上说，法治化程度越高，社会治理越接近善治。[1]因此，加强和创新社会治理必须坚持以法治思维和法治方式协调利益关系，化解矛盾纠纷，完善社会治安防控体系，强化法治宣传教育，大力培养群众办事依法、遇事找法、解决问题用法、化解矛盾靠法的良好习惯，尤其是基层党和行政机关以及领导干部要带头尊法学法守法用法，进一步提高社会治理的法治化水平。

党的十八届三中全会决定，把加快推进社会主义民主政治制度化、规范化、程序化，建设社会主义法治国家，发展更加广泛、更加充分、更加健全的人民民主，作为实现国家治理体系和治理能力现代化的重要任务。党的十九大报告提出了构建党委领导、政府负责、社会协同、公众参与、法治保障的社会治理体制，主张树立公民权利本位、政府义务本位的治理理念，一切以维护人民的利益为根本，变为民做主为让民做主，最终走向由民自主，依法维护公民的社会福利权，依法保障公民参与社会事务的权利，促进群众在城乡社区治理、基层公共事务和公益事业中依法自我管理、自我服务、自我教育、自我监督。[2]

法治是构成社会治理的基础。随着社会主义市场经济的发展，作为法治经济的市场经济对中国法制的健全和法治观念形成起到了重要的推动作用，依法治国已成为我国的一项基本治国方略。到2010年我国已基本建立了比较完备的中国特色社会主义法律体系，为中国特色社会主义社会治理提供了坚

---

[1] 参见全永波等：《社会治理法治化研究 基于舟山市社会基层治理的调查》，光明日报出版社2016年版，第1页。
[2] 参见周红云主编：《社会治理》，中央编译出版社2015年版，第26-27页。

实的法律法规支持。全面依法治国作为"国家治理的一场深刻革命"[1]是实现国家治理体系和治理能力现代化的基本保障。因此，未来我国社会治理的基本方向必然是以法治的权威保障社会治理的有效，以法治的精神保障社会治理的民主，不断推进中国特色社会主义社会治理现代化。

---

〔1〕　参见习近平：《决胜全面建成小康社会　夺取新时代中国特色社会主义伟大胜利——在中国共产党第十九次全国代表大会上的报告》，人民出版社 2017 年版，第 38 页。

战略目标：实现社会治理现代化

社会治理是国家治理的重要领域，是国家治理总体规划的重要内容与环节，是实现国家治理的重要支撑。党的十八届三中全会把完善和发展中国特色社会主义制度、推进国家治理体系和治理能力现代化确立为全面深化改革的总目标。社会治理现代化是国家治理体系和治理能力现代化的题中应有之义，也是国家治理体系和治理能力现代化的重要支柱和坚实基础。社会治理现代化是指社会领域的所有要素从传统到现代的动态发展过程，即运用法治化、科学化、规范化、精细化、智能化的方法和手段进行社会治理，以达到提高人民福祉的目的。"加强和创新社会治理，逐步实现社会治理结构的合理化、治理方式的科学化、治理过程的民主化，将有力推进国家治理现代化的进程。"[1]党的十九届四中全会明确提出，加强社会治理制度建设，完善党委领导、政府负责、民主协商、社会协同、公众参与、法治保障的社会治理体制，提高社会治理社会化、法治化、智能化、专业化水平，为新时代推进社会治理现代化提供了行动指南。本章着重从社会治理精细化、智能化、法治化和专业化几个方面，深入探讨社会治理现代化的主要内容和实现路径。

第一节　实现社会治理精细化

党的十八届五中全会首次提出了推进社会治理精细化命题。用精细化治理理念超越传统的粗放式的管理思维，是我国社会治理领域的又一次重大理

---

〔1〕 中共中央宣传部编：《习近平新时代中国特色社会主义思想三十讲》，学习出版社 2018 年版，第 234 页。

论创新。所谓社会治理精细化大致是在社会治理实践中，引入精细化管理理念和机制，发扬精益求精的工作精神，注重管理过程的规范化，管理流程的标准化，管理步骤的细节化以及服务导向的人性化，[1]推行多元协同共治，进而实现社会治理现代化的一种管理理念、管理模式和管理过程。推进社会治理精细化是经济发展和社会进步的必然结果，是现实社会治理现代化的客观要求。

一、社会治理精细化的基本含义

"精细化管理"理念发端于 20 世纪 50 年代发达国家企业管理中精益求精的工作态度、创新务实的工作精神和科学高效的管理思想。精细化管理事实上经历了泰勒的科学管理、戴明的为质量而管理和丰田精细生产方式（TPS）三个发展阶段，[2]科学与效率是精细化管理的灵魂。精细化管理注重规则的系统化、具体化，运用程序化、标准化和数据化的手段，使管理精确、高效、协作和持续。经过不断地发展与演变，精细化理论逐渐成熟，迅速延展至社会治理领域。社会治理领域中的精细化一方面继承了追求过程细节化、手段专业化、效果精益化、成本精算化等工具理性层面的精细化思想；另一方面又高度重视价值理性层面人本主义理念，关注人的情感，注重人的主观能动性的发挥。社会治理本质上是一种人文关怀，通过供给优质高效的公共服务，来满足公众对多元利益的不同层次的、个性化的需求，这也正是坚持人民主体性地位的真实反映。[3]

目前，学术界对于社会治理精细化的内涵尚未做出统一界定。有学者认为，社会治理精细化是对以往社会管理模糊化的反思和超越。[4]也有人持不一样的观点，社会治理精细化是在社会治理活动中引入精细化概念与原则，坚

---

〔1〕 参见马友乐：《社会治理精细化：科学内涵、基本特征与现实依据》，载《领导科学》2016年第 35 期。

〔2〕 参见陈光金主编：《社会治理现代化：社会体制改革与法治社会》，中国社会科学出版社2016 年版，第 141 页。

〔3〕 参见何兰萍等：《公共服务供给与居民获得感：社会治理精细化的视角》，中国社会科学出版社 2019 年版，第 39 页。

〔4〕 参见胡颖廉、罗俊锋：《如何推进社会治理精细化——学习十八届五中全会关于推动社会治理精细化研讨会综述》，载《学习时报》2015 年 12 月 17 日，第 5 版。

持以人为本、合作治理、动态创新和公开透明原则,[1]利用较少的资源、专业化的治理手段,实现更优质、更关注细节、更加人性的治理效果,实现社会治理理念、制度、手段和技术的精细化,实现社会治理活动的全方位监管、高效能运作。[2]总的看来,精细化治理既是一种文化理念,也是一种技术手段,它是在社会治理活动中引入精细化理念与原则,利用更低的成本、更专业的治理手段,实现更优质、更关注细节和更加人性化的治理效果。换言之,它坚持"精益、精确、细致、严格"原则,以标准化、科学化、规范化、人性化的思路,实现社会治理理念、制度、手段和技术的精细化,[3]实现社会治理活动的全方位协同、全过程监管、高效能运作。

二、社会治理精细化的主要特征

根据以上对社会治理精细化内涵的分析,精细化的社会治理至少包含治理理念人本化、治理主体多元化、治理方式法治化、治理流程精密化、治理手段专业化以及治理效果最优化等几个主要特征。

(一)治理理念人本化

人本化管理是在社会组织活动中,以人性为中心,以人的需求为出发点和落脚点,注重人的情感与尊严,根据人性的基本状况来决策的一种管理理念和管理方式。精细化治理的核心理念便是人本化。社会治理的主要目标在于增进社会公众的福祉,使广大民众共享改革发展的成果。精细化的社会治理坚持以人为本,以便民、利民、为民为原则,以群众需求为出发点和落脚点,更自觉地关注民生、发展民利、维护民权、保障民安。[4]努力解决与群众利益息息相关的急难愁盼问题,时刻将民生问题摆在关键位置,真正为民办好事、办实事,为民众提供全方位、精细化、个性化的服务,满足广大群

---

〔1〕 参见高玉贵:《经济新常态下推进社会治理精细化的动因与路径》,载《商业经济研究》2016年第17期。

〔2〕 参见陆志孟、于立平:《提升社会治理精细化水平的目标导向与路径分析》,载《领导科学》2014年第13期。

〔3〕 参见陈光金主编:《社会治理现代化:社会体制改革与法治社会》,中国社会科学出版社2016年版,第141页。

〔4〕 参见陈光金主编:《社会治理现代化:社会体制改革与法治社会》,中国社会科学出版社2016年版,第141页。

众的多层次、个性化的现实需求，满足百姓对美好生活的追求和向往。

（二）治理主体多元化

社会治理精细化要求政府治理模式实现彻底转型，从无限政府转变为有限政府，从经济建设型政府转变为服务型政府，从暗箱政府转变为阳光政府或透明政府，从人治政府转变为法治政府，淡化经济建设职能，强化社会管理职能、环境保护职能等，将"不该管""不应管""管不了"也"管不好"的事务统统交由社会和市场，调整规范公共权力、培育自治力量和民权民生法治保障，为此必须坚持完善党委领导、政府主导、民主协商、社会协同、公众参与、法治保障、科技支撑的体制机制。因此，社会治理主体不再是政府一家独大，而是党政机关、社会组织、市场力量、公民个人的多元参与。协作（协商和合作）是多元化主体推进社会治理精细化的基本途径和权力运作模式。协商是各利益相关者依法依规对社会公共事务在商讨和对话基础上，达成公共利益最大化最优化的过程，是新时代社会治理特别是基层社会治理的时代诉求和民主方式。合作是各利益相关者以法律和规范为依据，在协商和互信基础上，对社会公共事务进行共同治理的活动。协作化治理模式昭示着社会公共权力的运作，已不是自上而下的单一模式，而是多向互动的多元模式。[1]

（三）治理方式法治化

法治化是社会治理精细化的基本属性和重要保障。法治是与人治相对立的治理模式。人治是以少数人的意志治理国家和社会，体现在少数人拥有特殊的权益，而多数人处于被赋予权利与权益的地位。法治则是依照法律和规范来治理国家和社会，法律和规范体现了一定社会区域内大多数人的利益和意志。因此，公共权力运行必须得到制约和规范，公民权利行使必须得到保障和维护。社会治理精细化是法治化与规范化的治理过程，其治理依据是各种法律法规和社会规范，这些规范是人们不可以随意变更的。在实施和执行上具有强制性和惩戒性。同时，社会治理精细化也是标准化和程序化的治理过程，它在成本计算、绩效考核、信息技术、运作程序、岗位设置和专业素

---

〔1〕 马友乐：《社会治理精细化：科学内涵、基本特征与现实依据》，载《领导科学》2016 年第 35 期。

质等方面，必须严格按照既定标准设计和运行，真正做到又精又细、又准又严，[1]不能人为地任意加戏和复杂化，而必须以法治化作为根本保障。背离法治化的精细化或许是凭空增添繁文缛节。

（四）治理流程精密化

社会治理精细化十分重视社会治理每一个环节的最优设计与安排，做到全程监管，确保各环节各流程无论是信息互通共享，还是资源流通运用都能步调一致，无缝对接，统筹联动无短板，人财物皆到位，避免推诿扯皮的无效治理现象。[2]社会治理精细化尤其注重公共服务的精准化。随着人们的利益诉求日益复杂化、多样化、个性化，政府虽然不可能在社会治理过程中兼顾每一个个体的需求，但是可以根据公众需求的差异性来细分服务对象，为群众提供更具针对性的精准服务，实现"普惠+特惠"的目标。例如，政府将服务对象进行细分，在民生事业中考虑到残疾人、妇女儿童、贫困人口等少数群体，制定一系列的政策来保障弱势群体的合法权益，带领广大人民群众实现美好生活的憧憬。各种社会组织和社会团体，也会针对特定人群提供专门的社会服务。[3]

（五）治理手段专业化

新时代信息技术的迅猛发展为社会治理精细化提供了强大的技术支撑。各级政府可以构建基础通用数据库，实现信息平台的互联互通、资源共享。同时也为人民群众的多样化、便利化、人性化利益诉求提供了表达渠道与手段，拓宽了群众参与社会治理的渠道。政府利用大数据、云计算、人工智能、"互联网+"等方式在社会治理领域大力发展电子政务，通过微博、微信公众号、政府网站等平台及时发布信息，使公众获取最新的政务消息。同时社会治理精细化还注重构筑智慧民生服务平台，将教育、医疗、社保、文化、交通、环境、就业等与民生相关的公共服务都纳入其中，真正以智能化、信息化实现科技增效、服务升级、效率提升、资源优化。信息技术的发展大大拓

---

〔1〕 参见马友乐：《社会治理精细化：科学内涵、基本特征与现实依据》，载《领导科学》2016年第35期。

〔2〕 参见周晓丽：《论社会治理精细化的逻辑及其实现》，载《理论月刊》2016年第9期。

〔3〕 参见何兰萍等：《公共服务供给与居民获得感：社会治理精细化的视角》，中国社会科学出版社2019年版，第41页。

展了公共服务的范围，有效实现了群众与政府的无缝对接。因此，社会治理精细化注重运用现代科技手段，尤其是信息化手段，积极提高社会治理信息化水平，形成全面覆盖、联通共享、动态跟踪、功能齐全的社会治理信息系统，提高社会治理系统效能。首先，要不断加强和创新网络虚拟社会治理，坚持建设与规范并重、发展与管理同步，推进法律规范、行业自律、技术保障、公众监督、社会教育相结合的信息网络治理体系建设。其次，要建设下一代信息基础设施，健全信息安全保障体系，推进信息技术广泛运用。坚持以信息化为牵引，推进公共服务信息化建设，按照上下对接、互联互通、信息共享的要求，建立统一的社会治理综合信息系统。整合行业主管部门、司法机关、行政执法部门和公共服务机构、行业组织的相关信息，完善公共基础信息资源库建设。加强对各类社会治理要素的动态监管，提高社会治理的精细化、动态化水平。[1]

（六）治理效果最优化

社会治理的效果是检验治理成败的关键因素。相对于传统的社会治理而言，社会治理精细化具有最优的治理效果，即在相同的时间内完成更多的治理任务或完成相同的治理任务消耗更少的时间成本，而且保质保量。社会治理精细化所追求的治理效果是人人满意的社会治理，是社会治理成果惠及全民的治理。社会治理的相关制度和政策的制定都要经过社会公众的统一认可，符合群众的心愿和要求，最大限度减少政府"利维坦"式治理行为的出现，最大程度避免和减少负效治理、无效治理和低效治理。[2]社会治理精细化背景下，人们会获得快捷、便利、温馨、规范的切身体验，其获得感、幸福感、安全感、归宿感和满意度不断得到满足和提升。

三、社会治理精细化的现实意义

精细化管理是通过规则的系统化、具体化，运用程序化、标准化以及数据化手段，使组织管理各单元精确、高效、协作和持续运行的管理方式。社

---

〔1〕　参见殷昭举：《社会治理学—第一卷．社会治理导论》，广东高等教育出版社 2014 年版，第 9-10 页。

〔2〕　参见马友乐：《社会治理精细化：科学内涵、基本特征与现实依据》，载《领导科学》2016 年第 35 期。

会治理精细化命题既是党和国家对提高社会治理水平提出的新要求，也为社会治理创新指明了方向。这对推动社会治理水平再上新台阶，对推进整个社会治理体制创新乃至实现整个社会的稳定和持续发展都具有重要意义。

（一）应对转型期社会矛盾与问题的必然选择

目前我国正处于社会转型期、改革深水区、发展攻坚期和矛盾凸显期，各种矛盾与问题高发频发且错综复杂，对经济社会发展产生不利影响。譬如，利益冲突、干群矛盾、劳资矛盾、邻里纠纷、贫富差距、地区发展不平衡等矛盾不容回避，教育公平、医疗卫生、社会保障、收入分配、食品安全、就业住房、环境污染、网络舆情、流动人口等问题不容忽视。广大群众对这些社会矛盾与问题越发敏感，热切希望这些矛盾与问题得到及时有效的解决。但是鉴于目前的社会治理体制机制原因，虽然国家对社会治理投入大量人力、物力、财力资源，但群众工作依然不到位，社会治理标准化程度仍旧偏低，社会服务表面化以及"最后一公里"等问题依旧突出。[1]要破解社会领域的诸多难题，除了器物层面的必要投入外，还需要精细的制度设计和政策执行。因此，推行标准规范、协作高效的社会治理精细化势在必行，是破解社会矛盾与难题的客观选择。

（二）变革粗放型管理模式，释放活力的客观要求

随着全面改革的不断深入，我国社会环境变得愈发复杂，一些难以预测的新情况新问题新矛盾时有出现，但是，"大概是""差不多""估摸着"等思维方式在社会治理现实中屡见不鲜。传统的经验化、粗放型、随意性、不规范的社会治理模式越来越捉襟见肘，手足失措，已经难以适应国家治理现代化的时代需求。譬如，为了保障经济的持续有序发展，政府不得不把维稳作为其主要职能，甚至将维稳诉求凌驾于维权诉求之上，这不仅抑制了社会活力，也会衍生出其他社会问题，会造成社会治理的价值理性迷失，淡化了民众的生活体验与社会诉求，导致社会治理人性化的丧失，给社会稳定埋下隐患。再譬如，面对日益繁重的社会事务，本应承担参与社会治理责任的广大群众，却对此漠不关心，置身事外，成了旁观者甚至是抱怨者，单靠政府

---

〔1〕 参见胡颖廉、李楠：《社会治理精细化：背景、内涵和路径——党的十八届五中全会学习研讨会观点综述》，载《行政管理改革》2016年第2期。

做救火队长，哪里有险情，就到哪里去救险。又会造成社会治理的死角和短板，为生成社会矛盾提供了温床。实现社会治理精细化是推进经济发展和社会进步的必然要求，是变革传统粗放型管理模式，释放社会活力的客观要求。

（三）　国家治理现代化的延展传承

社会治理精细化是社会治理现代化的应有之义和重要组成部分。在新时代，科学、民主、自由、公正、法治、平等、人本、自治、善治等是社会治理的现代要素和构成要件，是社会治理现代性特征的基本标识。社会治理精细化强调社会治理的精准性、高效性和个性化，是对社会治理现代化的传承与深化，二者一脉相承。党的十八届三中全会提出推进国家治理体系和治理能力现代化的战略构想，而社会治理是国家治理体系的基本构成、重要环节和社会基础，因此，社会治理现代化是国家治理体系和治理能力现代化的必然要求和重要内容。而推进社会治理精细化自然是我国国家治理现代化战略的细化、延展与传承。[1]

总的来看，从社会管理发展到社会治理，再上升至社会治理精细化，一方面是我们党从根本上转变了治国理政观念，另一方面是我们党清晰认识、准确把握、科学运用社会治理规律的表现。社会治理精细化是我国在社会治理理念上的一次创新与升华，对推进社会治理现代化具有重要的理论和现实意义。

四、推进社会治理精细化的重要理路

社会治理从粗放式管理到精细化治理是社会治理现代化的必然趋势。要推进社会治理精细化必须从理念、方式、制度、体系、标准等诸多层面进行锻造，使精细化的取向与理念渗透到社会治理的各个领域和具体环节，促进社会治理无缝隙、无死角，实现社会治理高质量发展。

（一）　树立以人为本的社会治理理念

社会治理精细化是社会治理现代化的内在要求与必然逻辑，推进社会治理现代化应坚持以人为本。我国官本位文化根深蒂固，在社会治理过程中，大

---

[1]　参见马友乐：《社会治理精细化：科学内涵、基本特征与现实依据》，载《领导科学》2016年第35期。

都会倾向于从管理者与部门利益以及便利性出发，忽略了民众的感受与诉求，不能提供和满足公众多样化、差异化、个性化的社会需求。[1]因此，新时代推进社会治理的精细化必须转变官本位治理理念，牢固树立人本位治理思想，彻底将"以人为本"作为社会治理的出发点和落脚点。政府在制定和实施公共政策时，要把实现人的生存权和发展权作为最重要的价值取向和预期目标，将"人"的需求作为政府公共服务和政策制定的出发点和落脚点，将"人"的感受和体验作为检验社会治理创新实践成败的重要标准，不能只看到"物"，而看不到"人"。各级党政机关工作人员只有真正把自己看作人民的服务员，而非高高在上的管理者，真正做到不忘初心、牢记使命、为民解忧、为民谋利、为民造福，才能树立并践行以民为本、关心人民、帮助人民、服务人民的执政理念，秉持"人民的事无小事"信条，胸怀"国之大者"，脚踏实地解决群众遇到的急难愁盼的问题，获得广大群众的拥护与支持。

（二）各行为主体权责一致，协同共治

推进社会治理精细化必须使政府、社会和市场等多元治理主体在权责一致的基础之上实现协同共治。协同共治有利于充分调动政府以外的其他治理力量对复杂的社会公共事务进行有效治理。[2]随着全面改革的不断深入，社会公共事务日益复杂多样，单靠某个政府部门不可能轻而易举从容应对，这使得政府部门之间的协调合作、政府部门与其他治理主体的协同共治成为必然之举，多元主体协同共治已是未来政府治理的主要方向。[3]多元主体协同共治的基本目标是"政府管理好，市场运作良，社会功能活"。所谓"政府管理好"是指各级政府要明确自身的职责定位，深度推进"放管服"改革，推行权力清单制度和职权法定等原则，减少对市场和社会不必要的过度干预，做到管理不越位，服务不缺位。"市场运作良"即政府应不断完善市场经济运行的有关法律法规，通过结构性减税和产业结构优化等多种方式，优化营商环境，实现有效的市场与有为的政府相结合。"社会功能活"即指政府注重发

---

〔1〕 参见杨雅厦：《以全新维度提升社会治理精细化水平》，载《光明日报》2016 年 1 月 4 日，第 11 版。

〔2〕 参见赖先进：《论政府跨部门协同治理》，北京大学出版社 2015 年版，第 31 页。

〔3〕 参见薛泽林、胡洁人：《权责与绩效脱钩：社会治理精细化机制重构——以赋权改革推进多层次社会治理》，载《华东理工大学学报（社会科学版）》2017 年第 1 期。

挥社会力量应有的功能，正确引导和积极鼓励社会组织健康生长，全面参与社会公共事务治理，减少不当干预，减轻过度控制，完善社会组织的自我修复机制，用健全的社会组织运行机制弥补"政府失灵"与"市场失灵"的双重困境，实现多方主体的良性互动，最终实现社会结构和功能的重塑，这是社会治理精细化的必由之路。[1]

（三）加强社会治理的制度化建设

成熟健全的制度是一个国家和社会发展的核心竞争力。一个国家的文明取决于制度文明；一个社会的进步取决于制度进步。可以说，制度现代化与制度文明是国家和社会可持续发展的根本保障和关键基石。社会治理精细化本质上是社会治理制度的现代化。推进社会治理精细化离不开相应的制度保障和规范约束，社会治理过程中各项工作、各项环节、各项流程，都需要建立健全一套切实可行、行之有效的社会治理制度和规则，这是社会治理精细化的核心要件和必由之路。因此，实现社会治理精细化，必须提高社会治理制度化水平，实现社会治理制度现代化。具体而言，必须在以下制度安排与供给方面着力。譬如，社会治理的法律体系、治理体制设计、多元化主体协同机制、社会治理财税与金融支持机制、社会风险应急处理机制、社会资源合理化配置机制、立体化的考评激励制度、社会组织参与治理机制、社会治理运行程序规范、社区自治章程以及政府间、部门间、地区间的跨界治理机制等方面，为社会无缝隙治理、精细化治理提供强有力的制度保障。[2]此外，制度的生命力在于执行。制度执行是否到位直接影响社会治理精细化的程度与效度。应通过不断创新和严格执行社会治理领域的各项制度，提升社会治理的制度化、规范化与程序化水准。[3]

（四）建立完善社会治理评估指标体系

推进社会治理精细化需要建立健全科学、准确、全面的社会治理评估指标体系。社会治理评估指标体系是实现社会治理精细化的前提与基础，为推

〔1〕　参见孙荣、薛泽林：《新常态下的社会治理精细化与赋权改革——以 F 省 S 市便民服务中心为例》，载《福建论坛（人文社会科学版）》2016 年第 4 期。

〔2〕　参见陶希东：《实现社会治理精细化》，载《学习时报》2016 年 1 月 7 日，第 5 版。

〔3〕　参见高玉贵：《经济新常态下推进社会治理精细化的动因与路径》，载《商业经济研究》2016 年第 17 期。

进社会治理精细化指明了方向。社会治理评估指标以大量详实可靠的信息数据作为基础，每项指标都反映一个具体的治理量化工作，对每项指标按照标准进行优化改进，都能准确评估社会治理工作的高下优劣。以科学的评估指标来考核社会治理精细化工作，能有效避免过去主观判断、定性分析和随机抽样的传统做法的弊端，提高社会治理正规化、科学化管理水平。建立社会治理评估指标体系，应以科学研究作为基础，从客观实际出发，实事求是，确保各项评估指标具有明确的实际价值。各项评估指标的选取要体现社会治理精细化涉及的社会、政治、经济、文化、生态等各个方面的内容，尤其要将公众满意度作为检验社会治理成效的根本标准，将抽象模糊的评估指标变为可以度量、计算和比较的数字，而且选取的评估指标应相互联系、相互作用，能按一定层次结构构成有机体系，并体现评估指标的合理性、有效性、持续性和可操作性。[1]

（五）建立符合实际的公共服务标准化体系

推进社会治理精细化，制定公共服务标准和操作规范颇为关键。社会治理精细化的出发点和落脚点是满足社会需求，增强公众对公共服务的满意度。而让公众满意的关键在于要有一套清晰的、可测量的公共服务标准以及合理规范的操作流程，以保证公共服务细节的精准完美到位，满足社会公众的合理期望。而目前我们的社会治理之所以难以达到精准化、精细化，其中一个重要原因在于在多样化的公共服务领域中，缺乏相对统一的服务标准和操作流程。这不仅不能为公共服务提供标准化路径指引，难以规范相关服务行为，无助于提高服务水平，而且不利于实现基本公共服务均等化，难以产生良好的经济效益和社会效益。因此，政府相关部门应以负责任的态度，制定符合实际的相对统一的服务规则和服务标准体系。这一标准体系不仅涵盖服务效率，而且包括服务质量，要求训练有素的社会服务工作者严格按照服务标准和操作规范，提供专业化的公共服务，切实解决群众在日常生活中的服务难题。同时，在严格遵守服务标准的基础上，更加注重人文关怀，针对多元化、差异化、个性化的服务需求，提供更加人性化的公共服务。[2]

---

〔1〕 参见高玉贵：《经济新常态下推进社会治理精细化的动因与路径》，载《商业经济研究》2016 年第 17 期。

〔2〕 参见陶希东：《实现社会治理精细化》，载《学习时报》2016 年 1 月 7 日，第 5 版。

第二节　实现社会治理智能化

进入新世纪以来，互联网、物联网、大数据、云计算、人工智能等新兴技术突飞猛进，以数据信息为主要资源的大数据技术进入公众的视野，并在工作、生活和思维等领域掀起一场新的巨大变革。大数据时代的来临，为我国推进社会治理现代化、智能化提供了千载难逢的大好机遇。习近平总书记指出，要更加注重科技创新，提高社会治理智能化水平。社会治理智能化就是在网络化和网络平台基础上，运用大数据、云计算、物联网等信息技术，使我们的社会治理能够更加精准分析、精准服务、精准治理、精准监督、精准反馈，能更好地服务不同社会群体，更有效地管理好国家和社会的公共事务，在社会治理方式上实现革命性的变革。将大数据技术运用至社会治理领域，不断提高社会治理智能化水平，不仅是我国经济社会转型的必然趋势，也是不断推进社会治理现代化进程的内在要求。

一、社会治理智能化兴起的时代背景

随着大数据时代的到来，社会生活的智能化使人们的行为无时无刻不被大数据记录、存留和分析，如人们使用智能手机便可进行移动支付、位置定位，浏览银行卡的交易记录、京东淘宝等购物软件中的消费记录等各类网页的留痕记录。人们的日常行为因此日益变得数据化、智能化。通过对这些数据记录进行技术处理分析，治理主体可以快速实现对治理对象的细化和分类，并为社会治理政策的制定提供丰富的数据信息支持。与此同时，随着我国城市化进程不断深入，社会转型不断深化，产业结构不断调整以及人口流动性不断增强，过去那种"小社会，大政府"的传统治理方式已捉襟见肘，不合时宜，难以避免执行不力、运转低效、资源内耗以及贪腐丛生等问题。因此，实现以数据分析为基础的科学决策模式，全面推行智能化治理是我国实现社会治理现代化的必然要求。当前，大数据技术在我国社会治理的许多领域已得到推广和应用，[1]许多城市和地区已开始依托大数据分析和预测进行智慧

---

〔1〕　参见张凤荣：《大数据社会治理精细化：政策分析与推进策略》，社会科学文献出版社 2022 年版，第 203 页。

城市建设和智能化治理。

2015 年 8 月，国务院印发的《促进大数据发展行动纲要》明确指出，大数据为有效处理复杂社会问题提供新的手段，要通过促进大数据发展和应用，打造精准治理、多方协作的社会治理新模式，推动政府治理精准化。[1]上海市于 2018 年 3 月就发布了《全面推进"一网通办"加快建设智慧政府工作方案》，该方案的总体设想为：凡是企业和个人的所有服务事项，政府承诺一网受理、只跑一回、一次办成，逐步实现协同服务、一网通办、全市通办，网上办理事项全覆盖，实现全市网上政务服务统一入口和出口。智慧政府方案降低了政府治理的盲目与泛化，节约了行政资源，不仅提高了政府的社会风险防控能力与问题化解能力，也有助于强化政府在经济社会发展中的主导地位。2018 年北京市提出建设世界级智慧城市的方案。该方案以通州区为试点，在智慧交通的基础上，推出融合多种服务内容的"北京通"——虚拟卡。该卡融合交通出行、社会保障、日常消费、景点游览等多种服务功能于一身，不仅给居民日常生活带来很大便利，也为基层治理增添了科技引擎。贵州省也在 2018 年 4 月推出了"云上贵州"大数据服务平台，形成了以大数据为依托，政府、企业、社会、个人等多主体共同参与的大数据社会治理架构，[2]为实现内涵丰富、覆盖全面的社会治理智能化奠定了坚实基础。

智慧政府与智慧城市建设是大数据在社会治理领域的全方位呈现，其实质是社会治理智能化，实现社会治理方式的革命性变革，提升社会治理的层次和水平，使社会治理过程更加优化、更加科学、更加智慧。[3]社会治理智能化是一种城乡可持续发展的创新实践，是改革城乡管理体制，完善城乡治理机制，实现社会治理现代化的新路子。

二、推进社会治理智能化的重要作用

面对治理信息碎片化、条块化，人力资源和运行成本居高不下以及快速

---

〔1〕 参见《国务院关于印发促进大数据发展行动纲要的通知》，载 https://www.gov.cn/zhengce/content/2015-09/05/content_10137.htm，最后访问日期：2015 年 9 月 5 日。

〔2〕 参见张凤荣：《大数据社会治理精细化：政策分析与推进策略》，社会科学文献出版社 2022 年版，第 11-12 页。

〔3〕 参见广东省社会科学院编：《长治久安：在营造共建共治共享社会治理格局上走在全国前列》，广东人民出版社 2018 年版，第 43 页。

反应能力低下等社会治理问题，社会治理智能化模式应运而生，正日益成为社会治理现代化的核心驱动力。将大数据、人工智能等现代信息技术运用到社会治理的全过程、全环节、全领域，不仅能够提高社会治理的精准度，有的放矢地为不同社会群体提供优质高效服务，而且能更有效治理社会公共事务，促进社会治理更优化、更科学、更智慧。[1]

（一）优化社会治理的科学性

社会治理智能化基于海量数据分析，可以从明确决策根据、调整决策流程、追踪决策成效处着手，提升决策的精准性、完善性和合理性。社会治理智能化的核心内涵就是将社会各组成部分所拥有的数据信息整合起来，发挥互联网的桥梁纽带作用，以各终端为数据营造和反馈的节点，将社会治理内容信息化、网络化和智能化，使社会决策行为有理有据、有的放矢、对症下药，产生切实可行、行之有效的结果。因此，大数据智能化改变了以往公共决策时"拍脑袋"、"想当然"和"闭门造车"的情形，便于政策执行状况的快速传达反馈和进一步做出适时调整，降低了不当决策带来社会风险的可能性，提高了治理决策的合理性、精准性、科学性。

（二）增进社会治理的公信力

大数据技术的应用畅通了政府部门与社会公众之间的沟通渠道，促进了政府与公众的互动交流。通过政府与社会多方沟通交流，整合意见，加深感情，达成共识，增加政府职能部门与社会公众的相互理解，尤其是可以提高公众对政府治理运行逻辑的认知，降低政策运行过程中与民众产生误会的可能性，增强了政策执行力。大数据技术也可以为公众参与社会治理创造机会，搭建平台，开辟渠道。通过公众参与社会治理过程，增强了公共决策的民主化，扩大了政府工作的民意基础，提高了政府的公信力，进而提升政府对于社会事务的处理能力和社会问题的化解能力，进一步推动治理难题的解决和矛盾纠纷的化解，实现社会安定有序。

（三）提升社会治理的高效性

随着数据来源的快速增加，各种数据的应用数量也在大幅增加。作为一

---

〔1〕 参见孙丽：《市域社会治理现代化的推进路径——以淄博市为例》，载《现代交际》2020年第 22 期。

种重要战略资源,大数据蕴藏着社会个体的生活需求、消费行为习惯、市场变化走势等海量历史记录,这些关键数据对于政府治理、企业管理和社会发展都意义深远。运用科学方法对数据进行智能分类整理、挖掘分析、加工应用,打通各部门间的"信息孤岛",实现多部门信息互联互通共享,可以为社会治理决策提供数据依据和保障。智能化治理可以把政府职能部门的工作信息化、数字化,通过"一网通办""一网统管""跨省通办""全市通办""全区通办"等,以"线上"审批替代"跑步"审批,开展"不见面服务",缩短企业获批时长,降低企业运营成本,压缩权力寻租的空间。或者让群众"一件事一次办""只进一扇门""顶多跑一次",杜绝"跑断腿"的现象,大大提高行政效率,缩短了其他社会主体处理日常事务的时间,改善百姓与政府打交道的体验,让居民的工作和生活更加便捷、高效、舒心。

(四)改进社会治理的服务性

向社会和公民提供优质、便捷、高效的公共服务,是社会治理的重要内容和努力方向。从互联网应用技术发展趋势和国内外社会治理的实践探索来看,政府门户网站"互联网+"成为普遍奉行的政府治理新模式,而"互联网+政务服务"是提升政府治理水平的现代化核心平台,是政府治理和服务创新的重要落脚点。[1]在对社会成员公共服务需求的分析发现,在需求评估和需求满足的过程中,各级政府运用大数据技术对教育、医疗、卫生、社保、就业、住房、交通、环境等社会治理内容进行深入挖掘和综合分析,可以精准掌握社会公众对不同公共服务的具体需求数据,进而便于政府职能部门和其他社会力量调动各种资源,平衡各方利益,定制最优公共服务方案,提升公共决策的科学性与前瞻性,有效满足各社会主体的服务需求,提高社会服务的精细化程度和质效。

(五)增强社会治理的快速反应性

处于深度转型期的中国,人们的思维方式、行为方式、生活方式以及价值理念都发生了巨大改变,利益矛盾错综复杂,公共突发事件时有发生,网络舆情频频出现。当社会上出现公共危机和网络舆情事件时,政府职能部门

---

〔1〕 参见张凤荣:《大数据社会治理精细化:政策分析与推进策略》,社会科学文献出版社2022年版,第16页。

可以充分利用大数据技术，在短时间内对相关舆情数据进行全面采集、系统整理和透彻分析，精准发现存在的突出问题及成因，及时做出快速处置反应并对一些潜在问题进行预防性规制。[1]总的看来，智能化社会治理系统的社会覆盖面广泛，具有全方位舆情监测能力，能够准确把握社会公众的思想变化动态，增进社会主体的理解与信任，稀释影响社会稳定与健康发展的"负能量"，有效防范和化解社会风险。

三、推进社会治理智能化的基本举措

智能化对社会治理引起了前所未见的变革，使社会治理的内涵与要求发生了新的变化。在机遇与挑战并存的新时代背景下，创新社会治理智能化模式，推进社会治理现代化必须全面推进大数据治理战略。

（一）转变传统治理理念，增强大数据治理意识

目前，大数据技术已广泛渗透于社会生产和生活的各个领域，引起了治理理念的重大变化。传统的以政府为中心，简单粗放的社会治理模式、治理方式和治理手段已远远不能适应新时代社会治理变革的需要。大数据技术为社会治理智能化提供了先进的数据动态采集，实时存储，即时分析与应用的方式与途径，为社会治理主体开展正确决策与合理部署提供了重要科学依据。因此，全社会必须从思想上意识到，树立大数据思维方式的重要性和紧迫性，采取得力举措整合与建设社会治理大数据体系，从根本上消除社会治理领域"信息不对称"的情形。

（二）建设统一的共享型社会治理数据库

数量庞大，来源广泛，形式多样的大数据，虽然对社会治理带来一定挑战，但更主要的是为社会治理智能化带来新机遇，创造了技术条件。各地应根据全国统一的技术标准，对所辖范围内人、财、物、事、组织、信息等各项基础数据资源进行规范整理，实时对接各部门信息系统和小区门禁、标准地址、实有人口、实有房屋等基本数据，搭建跨地区、跨部门、跨行业、跨单位的数据共享"信息高速公路"，实现各种数据共建共享，互联互通，确保

---

〔1〕　参见张凤荣：《大数据社会治理精细化：政策分析与推进策略》，社会科学文献出版社 2022 年版，第 15 页。

数据动态及时滚动更新，鲜活准确丰富，[1]逐步建立起数据汇集整合，开放共享的大数据库，利用数据库对数据进行集中控制和管理，确保数据的安全性和可靠性，并通过数据模型揭示各种数据的组织及数据间的联系，实现数据共享，彻底解决长期以来多部门之间纵向分割、横向不通的信息化孤岛现象。[2]通过对数据资源的充分开发和利用，助力社会治理智能化、现代化水平的提高。

（三）积极打造交互式的社会治理平台

按照大共享、大融合、大应用的建设思路，紧紧围绕社会治理"靠什么"这个中心，充分利用现代数字技术搭建信息互联、数据共享、高效运转、网格化治理、精细化服务、信息化支撑、社会化参与的社会治理新平台，实现数据互联一体化、系统应用实战化和服务功能便民化。以社会服务管理信息系统为基础，整合政务网、市长专线、城市留言板、数字城管等平台，实现各地数据互联互通。优化问题发现、流转交办、协调联动、研判预警、督办考核等社会治理运行机制，提高统一指挥效能。充分利用手机 APP 设置自下而上报事模块，全面收集群众诉求，对接政务一张网，实现高频民生服务掌上办和网格员代办。[3]同时大力打造公共需求采集平台、电子政务云平台等，实现公共服务由传统的"面对面"向智能"键对键"转变，实现公共服务的"精准投放"与"优质使用"统一并存。[4]

（四）培养数据技术人才，强化社会治理智力支持

社会治理要处理的相关数据庞大繁杂，离不开业务精良的相关技术人员。但是，大数据时代社会治理面临的一个重要短板便是数据技术人才的匮乏。由于大数据技术刚刚兴起，发展迅猛，涉及领域众多，而相关专业人才的培

---

〔1〕参见李伟华：《努力打造平安文明和谐的精品城市》，载《人民公安报》2019 年 12 月 5 日，第 3 版。

〔2〕参见姜晓萍、董家鸣：《市域社会治理现代化的理论认知与实现途径》，载《社会政策研究》2019 年第 4 期。

〔3〕参见曹裕江：《红色引领推进市域社会治理》，载《人民公安报》2019 年 12 月 5 日，第 3 版。

〔4〕参见姜晓萍、董家鸣：《市域社会治理现代化的理论认知与实现途径》，载《社会政策研究》2019 年第 4 期。

养较为滞后，造成大数据人才的不小缺口。因此，在社会治理智能化过程中，必须加大对数字技术人才培育的力度，为大数据治理的健康发展做好充足人才储备。譬如，要在条件成熟的高等院校开设大数据相关专业。再譬如，一些大数据理论研究机构可以和大数据运行实务部门开展人才联合培养，解决大数据人才理论素养和实践能力欠缺问题。[1]此外，还应从国内外积极引进大数据专业人才，通过外引内培合力打破目前大数据人才储备不足的僵局。

（五）完善法律法规，推进大数据社会治理规范化

互联网绝非法外之地，智能化社会治理必须有坚实的法治保障。信息社会条件下，数据安全是社会安全和国家安全的重要组成部分，维护数据安全已迫在眉睫，刻不容缓。政府、企业、社会组织和公民个人等社会主体都是通过大数据信息平台获得相关数据的，数据开放、存储和传输过程均隐含着不容忽视的数据安全隐患，如政府敏感数据和企业商业机密、公民个人的隐私面临泄露风险等。因此，必须建立健全数据安全体系，出台相应法律法规，依法维护数据安全，依法保护居民隐私权，依法规范大数据技术处理流程，以大数据社会治理规范化助推社会治理智能化。

第三节 实现社会治理法治化

社会治理与法治密切相关。党的十八大以来，国家治理现代化理念日益得到彰显。十八届四中全会提出实现基层社会治理法治化，党的十九大报告再次强调，加强社会治理制度建设，完善党委领导、政府负责、社会协同、公众参与、法治保障的社会治理体制。[2]可见，以法治保障推进社会治理在新的历史起点上实现新的跨越，不仅是建设社会主义法治国家的应有之义，也是推进社会治理现代化的必然之举。

一、社会治理法治化的主要内涵

2012年末党的十八届三中全会提出"坚持依法治国、依法执政、依法行

---

〔1〕 参见张凤荣：《大数据社会治理精细化：政策分析与推进策略》，社会科学文献出版社2022年版，第207页。

〔2〕 参见本书编写组编著：《党的十九大报告辅导读本》，人民出版社2017年版，第48页。

政共同推进，法治国家、法治政府、法治社会一体建设"，其实质是对法治建设的全方位展开。2014 年党的十八届四中全会作出《中共中央关于全面推进依法治国若干重大问题的决定》，这为社会治理法治化的全面推进确立了坚实的政策基础。所谓社会治理法治化是指通过强化政府作为规则和程序制定者以及矛盾调节和仲裁者的角色，强化和完善解决社会矛盾、公共危机的法治机制，使法治成为解决社会矛盾和公共危机的长效化、制度化手段。在中国特色社会主义法律体系已经形成，全党全国致力于全面落实依法治国基本方略、加快建设社会主义法治国家的新形势下，加强和创新社会治理，必须牢固树立依法治理的理念，加强社会治理领域立法、执法工作，使各项社会管理工作有法可依、有法必依。坚持依法行政、公正司法，真正依法调整社会关系、规范社会行为、查处违法犯罪活动、维护群众合法权益、维护社会和谐稳定。在全社会树立依法办事、守法光荣的风尚，引导群众理性合法表达利益诉求。[1]

　　社会治理必先"用法治理"。法治的发展与进化是一个漫长的过程。不同国家在不同的历史时期具有不同的历史任务与建设重心。从一般意义上说，社会治理法治化相对于法治国家具有更为根本的性质。从现实意义看，法治国家不能独存，它必须以社会的法治化状态作为其基础性支撑，否则，可能使法治国家沦为立法国家，法律无法得到信赖、运用和贯彻实施。当然，法治建设的道路应依国情和社会状况而有所区别。从应然层面看，转型国家的核心问题在于公权力是主导转型的核心力量，而转型本质上又是公权力的退缩与回归。在法治建设初期，首要的就是建立国家法治，第一位的是基于法的控制从而更好地运用公权。因此，建设法治国家必然是建设法治社会的前提性要求。从实然层面看，在中国，"依法治国"的推行从一开始便表现出"依规治国"的强劲势头。执政党以"法治国家"作为国家"政治文明"建设的目标，更多地强调一种执政方式的转变。国家成为建构法治国家的核心主体和主要推动力量。当前我国正基于法治国家框架基本确立从而将法治建设重心向社会转移。一方面，国家将继续保持在法治国家阶段所形成的品格；另一方面，社会的全面法治化将成为新的时代任务。这一转变的实质是对法

---

　　〔1〕　参见殷昭举：《社会治理学—第一卷．社会治理导论》，广东高等教育出版社 2014 年版，第258 页。

治国家的根本的培育和巩固，更是回归到事物发展的一般规律，将法治推向
实质化的高级法治阶段。[1]

二、推进社会治理法治化的必要性

进入新时代以后，我国社会的主要矛盾已经转化为人民日益增长的美好
生活需要和不平衡不充分的发展之间的矛盾。这一矛盾的化解，较之先前解
决"落后社会生产力和人民群众日益增长的物质文化需要"之间的矛盾难度
加大，也充满了更大挑战性和不确定性。随着互联网的飞速发展和智能手机
的普及，整个社会进入自媒体时代，人们在个性化表达自己诉求的同时，也
会提升对社会热点问题的关注度，甚至引发网络舆情，影响社会稳定。只有
以法治统领社会治理，才能把握新时代社会治理的正确发展方向，才能使社
会治理走向规范化之路。

（一）法治是弥合转型中国社会系统的核心共识

社会转型是社会发展理念和价值变迁、社会发展主导力量和决定因素转
移、社会结构的质变、社会运作方式和机制根本转变以及社会特征显著变化
的历史过程。进入新世纪以后，世界各个国家和地区，个人与社会、社会与
政府之间普遍呈现出日益强烈的互斥关系，社会生活日趋多元化、碎片化和
无中心化，个体主义几乎成为一种最具广泛共识的信仰。改革开放以来，我
国工作重心逐渐从以阶级斗争为纲转向以经济建设为中心的轨道上来。社会
主义市场经济的勃兴一方面充分释放了生产力发展活力，另一方面也带来市
场经济背景下个体工具主义的快速扩张。"工具主义的个人主义"把个人在经
济利益、权力、权威和自我实现方面的成功作为人的价值的核心乃至全部内
容，导致对公共生活的不当挤压，社会资本不当流失，社会信任危机频现，
以"有机团结"为基本要素的社会既遭受着横向的成员间的碎裂，亦面临着
纵向的与历史传统的断裂。在宗教、伦理消减而意识形态又不断弱化的情形
下，仅仅仰赖民族血脉和地域上的国家概念来弥合社会碎片化势必难以周全。
法律并不是统治者强加给弱者的意志，而是社会共存的保证。在一切权威均

---

[1] 参见全永波等：《社会治理法治化研究 基于舟山市社会基层治理的调查》，光明日报出版
社 2016 年版，第 7-8 页。

面临质疑的情形下，公平正义是公约数最大的共识性价值，以之为基本内容和运行目标的法治有助于在这一层面重新凝聚共识，于是法治成为促成转型中国"社会团结"的重要机制，成为弥合社会碎片化与重铸信任的核心抓手，能够担当迈向和谐社会的路径保障之责。[1]

（二）法治社会是现代社会的基本特质

改革开放以来，中国社会经历了错综复杂的社会变迁。从宏观层面来看，这是一个从传统社会加速迈向现代社会的历程。应将社会法治化的建设置于社会全系统和演进大格局中进行观察。法治社会建设是对人情社会的反思重构。中国社会是一个典型的人情社会。社会中存在亲情关系、友情关系、同乡关系、同学关系、同事关系、师生关系等错综复杂的人情关系网，这些关系网渗透到社会治理的各个领域。千百年来浸润在人情世故、差序伦理中的中国社会，对法律有着本能的排斥。对于人情尤其是代与代之间的血缘亲情关系的高度重视，深刻影响着社会运行的方方面面。当前，办事找关系、遇事托人情，已成为一些人的基本行动逻辑。法治社会就是要改变以人情为核心的人治社会，改变"人情""关系"以及权力等非制度因素对社会生活的支配。需要指出的是，这种变迁不是对社会伦理人情的否定与破坏，而是对传统中国社会反思后的重建。传统伦理具有重秩序、重自律等特质，为社会自治规则的提炼提供了重要的本土资源。人情社会曾对经济体制从计划经济向市场经济的转型发挥过重要作用。"人情"在一定意义上有利于社会秩序和社会交往。我们要探寻的法治社会是将情与理寓于广义的规则系统之中，形成有秩序的利益追求、个体发展和诉求表达机制。[2]

社会治理法治化是对公共理性的培育与提升。理性精神是现代性社会的一个重要特征。理性精神包括了试验验证的求实精神、探索本质的求知精神、批判创新的进取精神、互助共进的协作精神以及强调客观化、标准化、精确化、量化、程序化、制度化和规范化的科学精神。公共理性是关于现代社会公共生活的价值引导与行为规约，包含自由、平等、民主、法治、公正、效

---

〔1〕 参见全永波等：《社会治理法治化研究　基于舟山市社会基层治理的调查》，光明日报出版社 2016 年版，第 10-11 页。

〔2〕 参见全永波等：《社会治理法治化研究　基于舟山市社会基层治理的调查》，光明日报出版社 2016 年版，第 9 页。

率等一系列价值取向以及沟通、协调、妥协、宽容、参与、自主、责任等一系列行为规范。公共理性为政治活动主体和公共领域提供一个基本合理的价值尺度和行为标准，是现代社会良性运行不可或缺的精神要素。社会治理法治化与公共理性相辅相成。法本身就是规则化、形式化、客观化的公共理性。法治作为一种规则之治本身就包含了确定性、明确性、合理性和稳定性等特征，这些内容均与理性的内核要义相契合。社会治理法治化不仅要求透过权利的设定来进行资源利益的分配，用程序规划行为运作的轨道，也要求按照规则追求利益和表达诉求。当前，国家法治在立法、行政、司法各方面进步显著，公权力整体上在程序框架内有序运行，但个体诉求表达越来越呈现为非理性样态，极端化事件、群体性事件仍有发生。这种现象对公权力形成强大的压力，导致国家法治资源被大量耗费，并从根本上弱化法治权威。这固然有社会转型期矛盾多发、法治建设期制度不完善等客观原因，但公共理性缺失、法治信仰薄弱也是不可忽视的一个症结。社会治理法治化要求社会个体对自身利益进行理性判断和正当表达。[1]

（三）法治化是破解社会治理难点痛点堵点的重要选择

中国法治建设在取得巨大成就的同时，也曾陷入瓶颈期所暴露的诸多困境。譬如，公权力控制乏力。虽然法治历经了长足的发展，但公权力滥用的情形屡禁不绝，腐败久治不愈。特别是在自媒体时代，各种负面信息得以迅速传播，造成了极其恶劣的社会影响，直接消解了法治的权威性和人民的信赖感。权力具有天然的滥用风险，而国家法律本身也必然存在着缺失和漏洞。法治社会的建设有助于从系统和环境的角度影响权力行使者的思维和态度，并透过公民与社会组织及其自治形成有效监督与制约，对公权力依法运行形成"倒逼"机制，从而克服公权失范的法治建设困局。再譬如，立法侵害法治。以依法行政为法治运行的基本要求，这就使得法治国家建设须以立法为先。然而，即使公权力本身能够得到较好运用，立法同样可能对法治造成侵害。第一，从一般意义上来说，立法对法治的侵害根源于立法者理性的有限性。此种现象会在转型期的社会复杂格局下表现得更为突出。克服立法局限的重要途径之一就是透过社会法治的积极建构和有效运行，弥补国家法律的

---

[1] 参见全永波等：《社会治理法治化研究 基于舟山市社会基层治理的调查》，光明日报出版社 2016 年版，第 9-10 页。

各种不足，并形成完善国家法制的给养。第二，立法过度复杂。由于最近十余年国家着重于对制度体系的建设，加之摸着石头过河，导致在立法健全的同时也出现了过度立法与合理立法缺乏并存的困境。一方面法律规范爆棚式增长以致成为法律负累；另一方面许多社会关系的调整还存在法律缺位的情形。如果说后者是法律滞后性和保守性的特质使然，以致无法迅速应对快速变化的社会生活，前者其实暴露出法治单极化增长的后果。社会成员对法的了解、理解、认知有限，消化能力、运用能力有限。繁杂的多层次的法律体系成为社会普通成员的法律负荷，其复杂性难使一般公民掌握，更难以使其依法而为或依法维权。因此，法治社会的积极建设，推动自治规则和非正式制度支撑社会的良性运行，有助于弥补立法的上述局限与困境。[1]

三、法治化对社会治理的重要作用

在加强和创新社会治理过程中，政府和社会的边界如何划分、社会自治与行政管理的各自范围如何界定、行政与司法如何衔接、行政与司法的冲突如何规避等问题，都需要用法律加以规范和厘清。因此，无论是从何种角度审视社会治理，都必须在法治的轨道上进行，只有以法治统领社会治理，才能顺应新时代的发展方向，才能有效化解社会矛盾。

（一）法治使社会治理具有前瞻性

社会治理系统中各组成部分是分工与协作的关系，它们只有共同协作，相互配合，才能有效发挥治理功能。所谓社会治理的前瞻性是指社会成员对于未来社会现象、社会过程与社会事件发生的概率具有一种预期研判。如何对社会治理职能进行全面的审视与预测是社会治理的首要任务，而法治则可以使社会治理具有前瞻性。法治的运行可以准确反映出人们的社会心态和未来社会发展的大致趋向。因而，法治对于制定社会政策、调整社会心态、防范社会风险、增强主动性都具有积极意义。虽然社会发展具有客观规律性，但从某种程度上讲，社会发展具有不可预测性，人们对社会发展规律的认识不可能轻而易举。但是，法治在社会治理中却发挥着一定的科学预测作用，

［1］ 参见全永波等：《社会治理法治化研究 基于舟山市社会基层治理的调查》，光明日报出版社 2016 年版，第 8 页。

譬如，法治为实现和谐社会指明了方向，给予了信心，为社会治理体制创新提供保证，为社会治理决策提供基础，为社会治理规划提供前提，为提高社会治理能力提供保证，等等。[1]

（二）法治使社会治理具有公平性

维护最广大人民群众的根本利益是我国构建法治社会的根本目标。建设法治社会，健全法治保障，才能更好地维护人民群众的根本利益，促进社会和谐发展。法治是实现社会公平正义的重要保障，促进发展与安全，促进社会和谐稳定，离不开社会规范和法律制度。法治社会建设要求参与社会治理的各种行为主体都要按照法律规定的方式和程序，公平地行使权利和履行义务。无论党政机关，还是社会组织或者公民团体甚至群众个体，在对社会事务进行管理和协调的过程中，都必须遵照宪法和法律的规定进行社会治理。同时，应清楚地认识到违反法律规范的后果，勇于敢于承担违法的相应责任。社会治理坚持法治原则确保了社会主体之间的权利公平、机会公平、规则公平以及分配公平，法治建设为社会治理营造了公平正义的社会环境，也使社会治理更体现了公平正义原则。[2]

（三）法治使社会治理具有规范性

社会治理是一个复杂的社会系统工程，要经历一个漫长的过程。它需要严格的可操作的法律规范和法治要求作为约束和保障，否则，社会治理就会变得杂乱无章。作为具有强制性特点的社会规范，法治可以调整社会治理过程中各行为主体之间的权利义务关系，明确告知政府部门及其他参与社会治理的主体有关法律范围内及其之外的权力范畴，通过学习及运用相关法律法规，按照法律规则去治理社会，才能够形成良好有序的社会治理模式，从而确保社会的和谐安定。社会治理创新有赖于法治的实现。法治赋予社会治理规范性，不仅有利于社会治理方式的多元化，而且能够使政府与社会群体、社会组织的关系变得更为融洽，进而形成人与人、人与社会、人与自然和谐

---

[1] 参见全永波等：《社会治理法治化研究 基于舟山市社会基层治理的调查》，光明日报出版社 2016 年版，第 12 页。

[2] 参见全永波等：《社会治理法治化研究 基于舟山市社会基层治理的调查》，光明日报出版社 2016 年版，第 12—13 页。

相处的良好局面。因此，法治是社会治理创新规范有序的必要保障，是调整社会治理主体之间关系的重要手段，是促进整个社会治理井井有条的客观要求。[1]

四、推进社会治理法治化的路径选择

党的十八届四中全会提出依法治理、加强法治保障、运用法治思维和法治方式来化解社会矛盾。从法律的角度来看，社会治理创新要求在形式法治上彰显法律的权威与作用，在程序法治上规范社会治理各项事务，在实质法治上完善社会治理体制，在民生法治上尊重民众根本权益。社会治理的法治化是一个系统化、复杂化、全面化的工程，需要思想认识上的引导，也需要进行相关制度上的创新。

（一）转变社会治理理念，强化法律文化价值

社会治理创新是在党的领导下，由政府机关、社会组织、社区力量等社会治理主体，依据政治、经济、社会和生态的发展状况，遵循社会发展与运行的客观规律，运用社会治理的相关理论、知识、手段和经验，对社会治理理念、体制机制、运行方式等进行更新，以期激发社会活力、实现社会和谐的活动与过程。而社会治理法治化是要求政府、社会组织、社会力量等社会治理主体利用法治的思维、手段和方式，建立健全社会治理体制和机制，有效地实施并推动社会治理创新的各项举措，营造符合时代与社会发展的社会治理法治环境。法律文化则是社会治理法治环境的重要组成部分，是建设法治社会的核心要求和内在驱动。社会治理体系法治化建设的关键是挖掘地域社会的法律文化，构建具有地域特色的法治文化，并依此在文化多元化环境下积极引导社会建设与社会治理创新的开展，从而实现社会建设水平的提升和社会治理法治化的推进。

在众多的治理思维和治理模式中，法治思维和依法治理应成为首选。这是由我国当前所处的社会转型期和矛盾多发期的特殊状况决定的，社会治理中存在的某些乱象虽与社会整体环境和人的道德水准有关，但人治思维作祟

---

[1] 参见全永波等：《社会治理法治化研究 基于舟山市社会基层治理的调查》，光明日报出版社 2016 年版，第 11-12 页。

导致法治不彰应是根本原因，一方面应通过加大法治思维、规则意识教育提升全民的守法观念；另一方面则应切实理顺各种公权力运作的范围和界限，使公权力在社会治理过程中既不缺位，又不越位。[1]目前，尽管我国的法律体系已经初步形成，但仍需要进一步加以完善。在全国社会治理创新综合试点工作有序开展，社会治理亟须推动法治化水平提升的背景下，传统法律文化的内容所折射出的法律价值理念主要表现于"权力本位"和"义务本位"，体现的往往是法律对权力的平衡。而在创新社会治理方式和手段的道路上，只有创新法律文化的发展理念，凸显以满足居民需求和利益为主导的特色法治文化，才能充分适应当前法治建设的水平和要求。如今，社会主义法治理念对中国传统法律文化的继承与发展，要求崇尚法律至上、公平正义、人人平等、诚实守信等价值取向。而在我们进行创新社会治理方式和手段的具体工作层面上，仍需结合本地的实际经验和现实问题，进一步细化法律文化建设的工作，推动法律文化与法治建设、法律实施的良性互动，为实现构建以人为本的法治化建设目标奠定坚实的社会文化基础。[2]

（二）将道德法治教育纳入国民教育体系

党的十八届四中全会提出，要坚持系统治理、依法治理、综合治理、源头治理，提高社会治理法治化水平。十八届五中全会进一步提出要加强和创新社会治理。从"管理"到"治理"，一方面是治理主体从一元到多元转变；另一方面是治理方式从管制向服务转变。此处"治理"的题中之义是"善治"，善治不仅要求有一个好的政府，要实现善政，而且要求有好的公民，要求在没有政府介入的情况下社会也有良好的治理。[3]社会治理强调的是全体社会成员的共同参与，强调调动每个公民政治参与的积极性。如果说19世纪与20世纪之交的改革家们倡导建立最大限度的中央控制和高效率组织结构的话，那么21世纪的改革家们则将当下的创新视为一个创建以公民为中心的治

---

[1] 参见辛全龙主编：《市域社会治理现代化的理论与实践》，中国人民公安大学出版社2020年版，第105页。

[2] 参见全永波等：《社会治理法治化研究　基于舟山市社会基层治理的调查》，光明日报出版社2016年版，第22-23页。

[3] 参见俞可平：《偏爱学问》，上海交通大学出版社2016年版，第114页。

理结构的复兴过程。[1]在这样的背景下，公民的道德教育、法治教育、规则教育显得尤为重要。目前，我国人民的精神面貌整体来看是积极健康向上的，但也不容否认，一些地方仍然存在着"底层民众有戾气、基层官员有匪气"的状况。要从根本上改变这种态势，必须坚持道德教育和法治教育两手抓，两手都要硬。坚持以德为先，立德树人，德法兼修，仅靠道德或仅靠法律都难以从根本上解决问题。[2]

虽然我国历来重视对公民的思想道德教育，为之投入了大量的人力物力，但结果却并不尽如人意。主要是由于道德说教过于"空"和"虚"，华而不实，空洞无物。可见，要使道德教育言之有物，言之有理，不落俗套是一门大学问。思想道德教育不能脱离社会现实，要抓住现实生活中的热点问题展开，使道德教育接地气，不空洞。同时，避免简单灌输，力求形式生动活泼，趣味横生，杜绝枯燥乏味。还要加大对群众进行法制、规则教育的力度，将遵纪守法、遵规守矩教育纳入国民教育体系，成为中小学生的必修课。只有从小树立规则意识，抓早抓小抓实，才能使人民成为懂规则、守规矩的合格公民。党的十八届四中全会明确提出"把法治教育纳入国民教育体系"，足见我们党对法治教育的高度重视。"法治教育不只是传授知识，更在于教导一套值得身体力行的价值观，使其成为学生的生活方式、思维方式，成为学生每天呼吸的空气、举手投足的修养、个人回转的空间。"[3]我们看到不少人不讲规则，我行我素，引发诸多社会问题，如广场舞扰民、"中国式过马路"等，根源在于规则意识培养的薄弱。一个群体如果在最应该接受规则教育的年龄缺少了这个重要的环节，成年后无论如何对其"补课"，也会收效甚微。

在所有社会群体中，官员这一特殊群体的道德水准和规则意识更应引起全社会的足够重视。官员作为人民公仆，其言行举止本应成为社会的标杆和典范，为普通民众所称道，从而引领社会风尚，正所谓"以吏为师"。但是，现实生活中一些官员玩忽职守、滥用职权、贪污腐败、生活堕落、任人唯亲。有的知法犯法，为所欲为。有的官员法律知识欠缺，根本就不知法、不懂法，

---

〔1〕 参见［美］理查德·博克斯：《公民治理：引领21世纪的美国社区》，孙柏瑛等译，中国人民大学出版社2005年版，第10页。

〔2〕 参见辛全龙主编：《市域社会治理现代化的理论与实践》，中国人民公安大学出版社2020年版，第101-102页。

〔3〕 周天楠：《把法治教育纳入国民教育体系》，载《光明日报》2015年7月27日，第10版。

甚至一些官员成为民众仇视的对象。因此，提高官员的道德素质、规则意识和法律素养刻不容缓。近年来，从中央到地方都在积极探索，取得一定成效。早在 2011 年 10 月，国家公务员局就公布了《公务员职业道德培训大纲》，展开系统培训提升公务员的职业道德素养。公务员思想道德教育和职业培训固然重要，但也必须依法加大对违法违纪违规公务员的惩戒力度。对于那些违反职业道德的公务员，应及早将其清除出公务员队伍，以防微杜渐，以免小蛀成大贪。同时，也可净化官场，避免传染其他官员，还可以对同僚产生警示和威慑作用。更重要的是官员队伍整体素质的提升将会引领社会风气向好发展，从而使得整个社会的道德素养和规则意识得以提升。[1]

（三）加强民主协商，积极引导民众参与社会治理

随着法治理念的不断发展与进步，法律对民众生产、生活、工作方面的作用力度不断增强，社会公众依据法律管理各项事务的权利意识也在不断增强。政府的公共治理必须体现多数人的意志，保障并致力于实现公共利益。而社会治理法治化核心价值就在于，保障公民权利的实现和约束公共权力的行使，其基础则在于构建广泛而深入的公民参与机制。公民参与机制的构建应当从三个方面入手。其一，增进政府与民众之间的信任程度。而增进政府与民众信任的核心环节是社会治理决策的制度和实施公开化、透明化，赋予人民合理的表达权、参与权与监督权。尤其是对于关乎经济社会发展、人民群众切身利益的重大决策，必须严格按照公众参与、专家论证、风险评估、合法性审查、集体讨论的程序进行。其二，拓宽公众参与渠道。社会治理决策必须采用诸如问卷调查、座谈讨论、网络商议、科学论证等多种形式进行，让不同利益群体充分表达意见、集思广益，通过顶层设计与基层探索寻求最佳制度设计。其三，拓展公民参与社会治理的监督领域。应广泛听取人民群众的呼声，把人民群众的参与度和满意度作为评判社会服务工作的根本标准，进一步量化细化社会治理机制的评价指标。[2]

---

〔1〕　参见辛全龙主编：《市域社会治理现代化的理论与实践》，中国人民公安大学出版社 2020 年版，第 103 页。

〔2〕　参见全永波等：《社会治理法治化研究　基于舟山市社会基层治理的调查》，光明日报出版社 2016 年版，第 22 页。

（四）增强社会组织活力，健全多元社会治理模式

在一个成熟的法治社会中，社会组织一般都较为发达，在社会治理过程中发挥着重要作用。社会组织具有完善市场机制、保障改善民生、繁荣发展文化、促进公众参与等重要功能。强化社会组织活力，对于完善我国多元治理模式，充分发挥社会组织对社会治理的作用意义非凡。可以有效避免一元化治理模式的弊端，为多元化政策制定与执行提供效率保证。通过整合基层各类组织资源，将社区结构进行划分和重组建立新的社会组织关系的方式统筹管理，充分发挥资源整合的优势，实现利用速率的提升，将社会组织对优化管理环境的效用充分应用到社会治理中，从而建立稳定、和谐、高效的社会形态。作为社会治理的重要主体，社会组织的存在和发展不仅有利于创新公共服务的供给方式，提高公共服务供给效率和质量，而且能起到政府部门无法替代的重要作用，如准确反映群众诉求、及时化解社会矛盾等。尤其可以在一些特殊领域发挥积极作用，避免某些群体因自身需求得不到满足而引发矛盾。

因此，必须在法律许可的范围内积极培育社会组织。但是，鉴于我国特殊的国情，社会组织的成长还处于起步阶段，应加大培育力度。当然，在鼓励社会组织成长的过程中，应注意处理好政府和社会组织之间的关系，使其形成良性互动，而非成为各自对立面。[1]党委和政府的重视和政策的扶持是社会组织得以健康发展和有效参与社会治理的重要保障，但充分发挥社会组织对社会治理的高效作用还需要进一步完善社会组织建设的法治环境。具体而言，只有确定社会组织的法律地位、主体资格以及监督管理等法律要素，社会组织才能得以显示出其特有的规范和调节作用。因此，加快地方经济的发展，增强社会与政府的有效沟通与积极合作，实现民众的现实诉求和各方利益，都需要社会组织充分发挥其特有的社会服务与社会治理的价值。[2]

综上所述，社会治理法治化是我国依法治国战略的重要组成部分，实现社会治理法治化是一个漫长和艰巨的任务。十八届四中全会确立了社会治理

---

〔1〕 参见辛全龙主编：《市域社会治理现代化的理论与实践》，中国人民公安大学出版社 2020 年版，第 104 页。

〔2〕 参见全永波等：《社会治理法治化研究 基于舟山市社会基层治理的调查》，光明日报出版社 2016 年版，第 23 页。

法治化的政策导向，法治在未来社会治理上将发挥更为重要的作用，法治思维与方式将贯穿国家与社会发展的整个进程，追求"变管理为治理，靠法治聚共识，还以力于法治，向公平要正义，以为民树公信"〔1〕，中国走向社会治理法治化的步伐将更加坚实，更加行稳致远。

第四节　实现社会治理专业化

随着信息社会的来临，人类面临的社会问题越来越复杂，越来越专业，必须进行专业化分工，让专门人才来解决专业问题。专业化是社会分工的必然产物，是社会进步的标志，也是提高社会治理水平的必然要求。社会治理专业化程度是衡量一个国家或地区社会治理水平的重要标志，也是实现社会治理社会化、法治化、智能化的坚实基础和重要保障。〔2〕依靠专业技术力量，充分发挥社会工作、社会组织等专业优势，发挥人才队伍专业优势，实现专业化的社会治理，既是社会治理现代化的重要保证，又是人类社会发展的必然要求。

一、社会治理专业化的现实意义

"无专精则不能成"。社会治理专业化是当前我国提高社会治理效能的基本要求和重要途径。在加强和创新社会治理的过程中，专业化为社会化、法治化以及智能化提供了源源动力与不竭支撑，社会化、法治化以及智能化能够通过专业化这一途径，实现积极的认知价值和实践效用。〔3〕

（一）社会治理专业化的基本含义

社会治理专业化是指在社会治理过程中，具备专业知识与专业技能的专业人员和专业力量，根据社会治理的内在规律，按照专业化的标准，运用现代治理工具，来提升社会治理的效率和水平，实现公共利益的最大化，提升

---

〔1〕　参见全永波等：《社会治理创新　基于浙江舟山群岛新区的研究》，中国社会科学出版社2014年版，第86页。

〔2〕　参见广东省社会科学院编：《长治久安：在营造共建共治共享社会治理格局上走在全国前列》，广东人民出版社2018年版，第45页。

〔3〕　参见周舟：《新时代社会治理的"四化"问题》，载《理论与当代》2018年第1期。

广大群众的满意度与获得感的治理范式与要求。[1]社会治理的专业化主要体现在社会治理理念的专业化、社会治理人才队伍的专业化、社会治理体制机制的专业化和社会治理方式手段的专业化等方面。社会治理的社会化侧重的是扩宽社会治理主体范围，培育和引入社会组织，扩大公民参与等，以实现社会协同共治。社会治理任务艰巨复杂，并非轻而易举就可完成的事情。专业的事必须由专业的人，专业的组织来实施。因此，完成社会治理重任必须要依靠专业社会组织、专业人才队伍、专业技术方式等。[2]如果社会治理专业化程度不高，那么社会治理的社会化、智能化也无法得到基本保障。可见，社会治理专业化的本质就是通过标准化、科学化、规范化、人性化的治理理念和方式手段，更好地为广大群众服务，让人民群众心满意足。只有不断提高社会治理专业化水平，才能不断加强和创新社会治理，提升社会服务水平，惠及最广大基层群众。

（二）社会治理专业化的重要价值

随着经济社会的深入发展，社会分工越来越细，社会事务越发繁多，社会矛盾日益复杂，这势必要求社会治理走向专业化。要使社会矛盾得到妥善解决，社会事务得到更好更快发展，必须进行专业化分工，凝聚专业力量，设立专业机构，培养专业人才。激励社会治理专业人才运用专业知识，研究分析社会事务发展的新特点、新情况和新问题，以专业化力量把握治理规律、破解治理难题、提高治理效率。专业化是实现社会治理社会化、法治化、智能化的基础和保障，在加强和创新社会治理的过程中，专业化为社会化、法治化和智能化提供动力和支撑。专业化是标准，是规范，是目标，又是手段。因此，社会治理专业化对社会化、法治化和智能化具有不容忽视的支撑作用，不仅能够有效整合社会化、法治化和智能化中的积极因素，还能加快社会治理创新的步伐，进而促进形成"共建共治共享"的社会治理新格局。[3]

二、社会治理专业化的阻滞因素

当前，我国一些地方的社会治理专业化实践正处于起步探索阶段，治理

---

〔1〕 参见周舟：《新时代社会治理的"四化"问题》，载《理论与当代》2018年第1期。

〔2〕 参见郝国庆：《提高社会治理专业化水平》，载《党政干部论坛》2018年第11期。

〔3〕 参见周舟：《新时代社会治理的"四化"问题》，载《理论与当代》2018年第1期。

理念滞后，制度体系不完备，技术设备落后，专业人才数量不足，直接制约着社会治理专业化水平和治理效能的提升，应采取切实可行的举措予以化解。

（一）社会治理理念滞后

理念是行动的先导。只有建立起现代治理专业化理念，才能推动社会治理迈上专业化步伐。但现在一些级层政府的传统管理理念和思维方式根深蒂固，仍然停留在"政府主导社会服务"的传统认知阶段，"重管理，轻治理""重人治，轻法治""重建设，轻服务"的思想依旧存在。治理成本意识淡薄，注重资源投入，忽视治理成本核算，习惯于搞"人海战术"和"运动式"治理，忽略治理过程，治理环节的监督考核与审计，容易造成治理效率低下，治理成本居高不下等问题。此外，治理主体专业化敬业精神不够浓厚。[1]尤其一些地方政府的官僚主义和"慵懒散"行为司空见惯，脱离群众、脱离实际，对基层群众正当合理的利益诉求和急难愁盼问题漠不关心的现象时有发生，这不可避免地会制约社会治理专业化程度的发展与提升。

（二）专业化制度体系不健全

首先，我国目前尚缺乏统一完整的专业化社会治理制度体系，影响治理能力发挥和治理工作质效提升。社会治理的组织领导体系、综合治理体系、社会自治体系、公民权益保障体系、社会风险管控体系、社会保障援助体系以及为民服务体系等，大都是条块分割，各自为政，难以形成协同治理合力，严重影响治理体系效能的充分发挥。[2]其次，社会治理专业化的规范性标准缺失。在加强和创新社会治理过程中，我们尚缺乏建立在分类调查基础之上的针对各类社会事务的社会组织职责、权限、人员、机构等设置的规范性标准，各地各部门对社会工作专业岗位的设置标准不明确，执行不规范，措施不完善。对社会治理成效和社会工作者科学合理的考核评估标准体系尚不完善，亦无系统化、规范化的专业服务体系。[3]制度体系不健全自然会影响社会治理专业化水平的提升。

---

〔1〕　参见郝国庆：《提高社会治理专业化水平》，载《常政干部论坛》2018 年第 11 期。

〔2〕　参见张新兵等：《新时代提高社会治理"四化"水平研究》，载《社会治理法治前沿年刊》2018 年。

〔3〕　参见肖丹：《四维视角：社会治理现代化的困境和对策研究》，载《广西社会科学》2019 年第 2 期。

（三）专业技术设备不完备

推进社会治理专业化离不开完备的硬件设施和先进的技术手段，这是开展专业化社会治理的前提基础和重要保障。近年来，尽管各级政府大幅增加对社会治理资金资源的投入，社会治理基础硬件设施得到明显改善，软件技术手段也在不断更新，但这与社会治理专业化的要求相比，还存在不小差距。专业化社会治理的许多硬件和软件设施并不完善。尤其是城乡基层社会治理的装备设施和技术水平尚不能满足专业化智能化的发展要求。譬如，一些老旧小区的监控设备因老化严重、年久失修、技术落后而成为摆设。也有一些专业设施重复建设现象明显，加之一些社会治理资源不能实现共享，造成不小的资源浪费。此外，还有一些地方还没有实现"网格化"管理，等等。[1]技术设备设施不健全直接影响和制约社会治理专业化水平的提高。

（四）专业人才队伍匮乏

社会治理的专门人才队伍建设在我国起步较晚，其薪资水平较其他行业偏低，晋升通道和空间有限，不利于吸引高素质人才进入社会治理队伍，导致人才队伍专业化水平不高，[2]人才数量严重不足。有些地方政府对社会治理专业人才不甚重视，在专业人才政策制定，培养使用以及认定补充方面，离"专门人才解决专业问题""人岗相适"的要求尚有不小差距，尤其在街镇基层，各类社会组织数量偏少，且组织结构不合理，专业人才较为紧缺。[3]作为社会治理专门人才的社会工作者社会地位不高，薪资待遇较低，社会保障乏力，致使那些具备一定专业素养、专业技能的社工人员流失严重，这是社会治理专业人才短缺的重要瓶颈。《2022年民政事业发展统计公报》显示，截至2022年年底，全国持证社会工作者共计仅有93.1万人，其中社会工作师只有20.4万人，助理社会工作师约72.5万人，[4]社会治理专业人才队伍缺口巨大，远远不能满足社会治理专业化的需要。总之，专业人才队伍不足和

---

〔1〕 参见郝国庆：《提高社会治理专业化水平》，载《党政干部论坛》2018年第11期。

〔2〕 参见肖丹：《四维视角：社会治理现代化的困境和对策研究》，载《广西社会科学》2019年第2期。

〔3〕 参见郝国庆：《提高社会治理专业化水平》，载《党政干部论坛》2018年第11期。

〔4〕 参见《2022年民政事业发展统计公报》，载 https://www.mca.gov.cn/n156/n2679/c1662004999979995221/attr/306352.pdf，最后访问日期：2024年8月18日。

管理体制机制不健全，成为影响和制约社会治理专业化水平的关键因素。

三、社会治理专业化的改进措施

新时代提升社会治理专业化水平，必须实现治理理念的专业化，优化社会治理专业化的相关政策规范和制度标准，进一步加大专业人才队伍的培养力度，完善专业化的社会治理软件和硬件设备设施建设以及专业科学的流程打造，全方位提升社会治理专业化能力。

（一）实现社会治理理念专业化

首先，多元主体要牢固树立"共建共治共享"治理理念。政府应自觉放弃传统治理格局中的权力本位观念，积极引领、支持各方主体，尤其专业化力量主动参与社会治理，平等对待各类社会主体。不仅要转变政府角色和职能，还要转变政府行为模式，由以往的管治管理行为，转变为引领、鼓励多元主体协同共治。发扬专业化精神和工匠态度，培育人性化、精细化服务理念，以更低成本、更专业的治理手段，自觉维护群众切身利益，以更优质高效的治理成果，实现共建共治共享的治理格局。其次，遵循民意诉求的政策导向。政府应自觉抛弃陈旧的官本位思维方式，大力拓展民意诉求表达渠道，积极主动倾听和尊重各种民意诉求，发挥民意诉求在治理决策中的导向作用。[1]充分利用民意调查、立法听证等方式推动社会治理朝专业化方向发展。

（二）加强专业化制度规范建设

制度规范是专业化社会治理的重要标尺和根本保障。必须加快研究制定科学合理的治理标准体系和制度规范，以制度规范和标准体系保障社会治理专业化发展。围绕健全公共安全、社会治安防控、社会心理服务和社区治理体系，推进社会治理清单化、项目化、工程化，制定统一的社会治理专业化规范和标准，更好地引导社会治理专业化行为。[2]尽快推进社会治理、社会保障以及社会服务领域的标准体系建设，以严格的规范与标准引领社工服务不

---

[1] 参见郝国庆：《提高社会治理专业化水平》，载《党政干部论坛》2018年第11期。
[2] 参见郝国庆：《提高社会治理专业化水平》，载《党政干部论坛》2018年第11期。

断走向专业化，全面提高社会服务和社会治理的质量和效益。[1]尽快制定和完善支持社会治理专门化、职业化、规范化队伍建设的政策法规体系，建立健全社会治理专门人才的培养、考评和激励机制，制定科学合理的薪酬政策。[2]从国家层面建立健全社区工作者职业序列制度，实行规范的薪酬体系，从收入待遇、就业岗位、社会保障等方面为社会工作者在社会建设、创新社会治理大潮中追求自己的人生梦想创造良好的社会环境。[3]

（三）加大专业人才队伍培养力度

人力资源是第一资源。社工人才队伍是推进社会专业化治理的重要力量源泉，是持续提高专业化治理水平的坚实人才基础。必须加大社会治理专业人才培养力度，大力推进社工人才队伍建设，以职业化拉升社会治理专业化水平。对社会治理专业人才进行深入调查摸底，准确把脉其岗位需求、未来趋势等，为将来社会治理专业人才队伍建设提供决策参考。将社会治理专业化人才建设纳入人才强国战略总体部署，研究制订社会治理中长期人才培养规划，统筹制订人才培养和引进计划，出台指导性纲要文件，确定社会治理人才队伍建设的目标、任务和实施方案等。[4]开展多层次、多门类的专业培训和继续教育，提升社会治理人才专业服务能力和水平。大力创新订单式、应用型社会治理人才培养模式，根据社会治理岗位的需要，培养社会治理急需的各类人才，将其充实到合适的社会治理岗位上去。加大财政投入，提高拥有社工资格证人员薪资水平，促进社工人才队伍职业发展，拓展社工人员晋升渠道和空间，完善社工人才职业化体系。[5]

（四）加强专业化技术设施建设

专业化的技术装备、技术设施是推进现代社会治理专业化的重要基础和

---

〔1〕 参见何丽：《当前我国社会治理现代化的特征与路径探讨》，载《地方治理研究》2018年第4期。

〔2〕 参见王大鹏编：《推进市域社会治理现代化》，红旗出版社2020年版，第43-44页。

〔3〕 参见何丽：《当前我国社会治理现代化的特征与路径探讨》，载《地方治理研究》2018年第4期。

〔4〕 参见陈光金主编：《社会治理现代化：社会体制改革与法治社会》，中国社会科学出版社2016年版，第159-160页。

〔5〕 参见肖丹：《四维视角：社会治理现代化的困境和对策研究》，载《广西社会科学》2019年第2期。

平台，直接决定社会治理专业化水平和程度。因此，推进社会治理专业化必须要加强社会治理领域专业化的技术力量、技术装备和技术软硬件建设，融合社会治理领域各方面的技术，综合运用数字技术、跨界技术，加强社会治理综合平台建设和核心技术建设，研发社会治理各类新型技术装备，坚持自主创新和开放包容，实行专业化技术方面的上下贯通、左右联通、互联互通和信息共享，不断提升社会治理专业化质量和效能，努力为打造共建共治共享的社会治理格局提供专业化的技术支撑。[1]在此基础上，大力推进社会治理方式方法专业化，丰富并提高风险预警防范、突发事件应对、社会矛盾调解处理、利益疏导协同等多种治理方式方法及其专业化能力。

---

〔1〕 参见张新兵等：《新时代提高社会治理"四化"水平研究》，载《社会治理法治前沿年刊》2018年。

总体布局：健全共建共治共享的
社会治理制度

党的十九大报告从统筹推进"五位一体"总体布局和协调推进"四个全面"战略布局的高度，明确提出加强社会治理制度建设，完善党委领导、政府负责、社会协同、公众参与、法治保障的社会治理体制，打造共建共治共享的社会治理格局。[1]党的十九届四中全会进一步提出，坚持和完善共建共治共享的社会治理制度。党的二十大再次强调，"健全共建共治共享的社会治理制度，提升社会治理效能"。[2]在推进国家治理体系和治理能力现代化背景下，健全共建共治共享的社会治理制度，是党和国家关于社会治理的顶层设计和行动框架，是新时代社会治理的总体战略布局，是一种新型社会治理图景，是解决新时代我国社会主要矛盾的有效工具，为在新的历史条件下加强和创新社会治理指明了方向，颇具时代意义和重要价值。健全共建共治共享的社会治理制度，是一项艰巨复杂的系统工程，需转变理念、创新机制、优化工具。这一过程的核心在于整合社会价值、建立以政府为中心的社会治理网络，通过共识化规则体系的建立和推进，调和矛盾分化与利益冲突，进而实现社会治理的多主体参与、多途径推进以及全社会共享。

第一节　共建共治共享社会治理制度的内涵审视

共建共治共享是社会治理现代化的基本特征。健全共建共治共享社会治理制度的实质，是建立在新时代国家利益、人民利益相一致，国家与社会共

---

[1] 参见本书编写组编著：《党的十九大报告辅导读本》，人民出版社 2017 年版，第 364 页。
[2] 参见本书编写组编著：《党的二十大报告辅导读本》，人民出版社 2022 年版，第 122 页。

生、共商、共创、共治、共享基础之上的社会治理新境界。[1]党的十九大报告指出，中国特色社会主义进入新时代，我国社会主要矛盾已经转化为人民日益增长的美好生活需要和不平衡不充分的发展之间的矛盾。社会主要矛盾的变化是关系全局的历史性变化，是加强社会治理创新，打造共建共治共享社会治理格局，健全共建共治共享社会治理制度的现实依据。经过改革开放46年的发展，我国社会生产力水平总体上显著提高，但行业间、地区间发展不平衡不充分的问题依然明显。社会领域存在不少问题，如城乡区域发展和收入分配差距依然较大，社会矛盾和问题交织叠加等。人民对美好生活需要提出了更高要求，在民主、法治、公平、正义、安全、环境等方面的要求日益增长，客观上需要加强和创新社会治理，努力打造共建共治共享的社会治理格局，健全共建共治共享的社会治理制度。[2]

一、共建共治共享社会治理制度的实践探索

新中国成立以来，尤其是改革开放以来，我国社会治理工作走过不寻常的历程。在观念上我们经历了从社会管控到社会管理、再到社会治理的历史性飞跃。在体制机制上经历了从推进社会管理体制到创新社会治理体制、再到完善社会治理制度的逐步深化。1993年党的十四届三中全会提出加强政府的社会管理职能；2003年党的十六届三中全会提出完善政府社会管理和公共服务职能；2004年党的十六届四中全会提出加强社会建设和管理，推进社会管理体制创新，建立健全党委领导、政府负责、社会协同、公众参与的社会管理格局；2012年党的十八大提出加快形成党委领导、政府负责、社会协同、公众参与、法治保障的社会管理体制；2013年党的十八届三中全会基于推进国家治理体系和治理能力现代化的战略构想，首次提出推进社会治理体制创新；2015年党的十八届五中全会提出构建全民共建共享的社会治理格局；2017年党的十九大提出打造共建共治共享的社会治理格局；2019年党的十九届四中全会又提出完善党委领导、政府负责、民主协商、社会协同、公众参与、法治保障、科技支撑的社会治理体系；2022年党的二十大进一步指出，

---

〔1〕　参见陈晓春、陈文婕：《习近平国家治理思想下"三共"社会治理格局：概念框架与运作机制》，载《湖南大学学报（社会科学版）》2018年第3期。

〔2〕　参见王大鹏编：《推进市域社会治理现代化》，红旗出版社2020年版，第40页。

健全共建共治共享的社会治理制度，提升社会治理效能。[1]所有这些经过不断探索实践、不断改革创新，为构建符合当代中国国情的共建共治共享社会治理制度打下了坚实基础。

二、共建共治共享社会治理制度的基本内涵

共建共治共享本质上是利益相关主体基于共同目标建立交互网络，经由合法合理程序形成制度体系并在该制度体系内进行资源交换，最终实现共同利益的过程。[2]共建强调的是社会治理资源的投入，要以制度建设为基础。共治强调社会治理过程的协同参与，共同发力，共治要以体制创新为关键。共享强调的是社会治理成果应该为全体人民共有，共享则要以公平正义为保障。共建共治共享，三者之间相互交融、相互促进。这样，社会治理从投入到过程再到成果，真正形成了完整闭环，多元共治的社会治理格局才趋于完整。

（一）共建：利益相关者的网络聚合

共建，即社会公众共同参与社会建设，它注重社会治理主体多元化，充分认识到政府、市场、社会和公民在社会治理过程中的不同角色和作用。社会治理不只是党委和政府的独角戏，也是市场主体和社会各方的共同责任；社会各方主体不再是简单的管理与被管理、控制与被控制的关系，而是平等协商、合作互动的关系。它重在突出制度和体系建设在社会治理格局中的基础性、战略性地位。共建是基础，它是多元治理主体共同打造的社会事业平台，其本质就是要从制度、体制和机制上保障市场和社会力量可以共同参与社会建设，而非单纯由政府决定，从而激发社会力量活力，提升社会治理能力。共建包含三个方面的内容，即社会事业建设、社会法治建设以及社会力量建设。社会事业建设方面，本着政府主导和政社合作的原则，通过社会政策安排，为包括社会组织在内的各种社会力量和各类市场主体，在教育、就业、医疗、卫生、社保等社会服务中发挥作用而创造条件与空间。社会法治建设方面，人们的幸福感、获得感、安全感离不开法律制度的保护。因此，

---

〔1〕 参见习近平：《二十大报告辅助读本》，人民出版社 2022 年版，第 49 页。

〔2〕 参见雷晓康等：《中国社会治理十讲》，中国社会科学出版社 2019 年版，第 204 页。

在相关法律法规乃至政策的制定中，在权利制度、财政制度、分配制度、社保制度的建设中，党和国家政府在担当领导角色的同时，必须真正建立和完善社会各界和广大人民群众的民主参与机制。社会力量建设方面，不仅要求社会组织自身要具有更大的主动性，具有更多的社会建设和社会治理责任意识，而且政府应给予更多的信任、支持、助力，才能够使社会力量得到壮大和发展。[1]

在共建过程中，必须创新社会治理思路，扩大公共服务市场开放，通过政府购买服务、健全激励补偿机制等办法，鼓励和引导企事业单位、社会组织、社会团体、公民个人等积极参与社会建设。在教育、医疗、卫生、就业、社保以及社会服务等相关领域，在坚持党委领导、政府负责的前提下，为市场主体和社会力量发挥作用创造更多机会，增强社会力量参与社会建设的能力和活力。[2]共同参与社会建设，必须以体制机制创新为突破口，要在治理机制改革过程中，充分吸纳不同治理主体的诉求，形成共商的治理机制，人民的获得感、幸福感和安全感需要得到制度保护。因此，在涉及公共财政制度、收入分配制度、社会保障制度、社会安全制度等重要社会制度的构建过程中，党在发挥领导作用的同时，也必须确立不同治理主体有序参与制度建设的落实机制。[3]广泛动员公众参与，强化人民的主人翁意识，畅通公众参与渠道，提高公众参与水平，充分调动公众的积极性和主动性，依法有序参与社会事务，努力形成社会治理人人参与、社会建设成果人人共享的良好局面。

（二）共治：利益相关者"协商—合作"

共治，即社会公众共同参与社会治理。它充分发挥各级党委的领导核心作用，强化各级政府的主体责任，强调多元治理主体统一采取联合行动，协调利益均衡，共同管理公共事务，形成政府与社会治理力量结合的社会治理

---

〔1〕　参见马庆钰：《共建共治共享社会治理格局的意涵解读》，载《行政管理改革》2018年第 3 期。

〔2〕　参见王大鹏编：《推进市域社会治理现代化》，红旗出版社 2020 年版，第 40 页。

〔3〕　参见广东省社会科学院编：《长治久安：在营造共建共治共享社会治理格局上走在全国前列》，广东人民出版社 2018 年版，第 51 页。

体系。[1]共治是核心，它重在突出多元治理主体在社会治理中的地位与作用。共治是关键，其本质就是要求树立大社会观、大治理观，将党总揽全局、协调各方的政治优势同政府的资源整合优势、企业的市场竞争优势、社会组织的群众动员优势有机结合起来，打造全民参与的开放式社会治理体系。[2]物质匮乏的社会阶段，人们参与公共事务的冲动尚不突出。但是面对今天新的社会主要矛盾，马斯洛需求规律开始应验，人民对于民主、法治、公平、正义和个人价值实现的愿望日益凸显。因此，党和政府要为人民参与创造条件，[3]强化各级政府抓好社会治理的责任制，以保障人民群众在社会治理事务中依法实现自我管理、自我服务、自我教育、自我监督，努力形成社会治理人人参与、人人尽责的良好局面。[4]

进一步完善多元共治的治理结构，明晰"政府—市场—社会"的权利边界，形成三者各司其职、各负其责、互补互助、相互制衡的治理结构。强化社会的自我服务和自我管理，调动社会资源，逐步增强社会的自主性、自立性和自治性。重点厘清政府与社会之间的关系，适应市场经济条件下社会多元化和流动性强的特点，改变计划经济条件下政府包揽社会治理的传统模式，积极培育社会治理主体，形成以社会组织为载体、城乡社区为平台、人民群众为主体的社会服务体系，不断完善以社会主体多元共治、政府社会协同善治为核心的与社会主义市场经济相适应的治理模式。[5]

（三）共享：利益相关者差序"满足"

共享是指共同享有治理成果，它重在突出治理成果的归属与性质。共享不仅指的是物质成果的共享，还包括公共利益、精神、价值以及社会治理成果的共享。[6]加强和创新社会治理，归根到底是为了保障人民群众的合法权

---

〔1〕 参见陈晓春、陈文婕：《习近平国家治理思想下"三共"社会治理格局：概念框架与运作机制》，载《湖南大学学报（社会科学版）》2018 年第 3 期。

〔2〕 参见李菁怡：《准确把握新时代"打造共建共治共享的社会治理格局"内涵》，载《中共南京市委党校学报》2017 年第 6 期。

〔3〕 参见马庆钰：《共建共治共享社会治理格局的意涵解读》，载《行政管理改革》2018 年第 3 期。

〔4〕 参见王大鹏编：《推进市域社会治理现代化》，红旗出版社 2020 年版，第 40—41 页。

〔5〕 参见广东省社会科学院编：《长治久安：在营造共建共治共享社会治理格局上走在全国前列》，广东人民出版社 2018 年版，第 53 页。

〔6〕 参见陈晓春、陈文婕：《习近平国家治理思想下"三共"社会治理格局：概念框架与运作机制》，载《湖南大学学报（社会科学版）》2018 年第 3 期。

益，不断满足人民日益增长的美好生活需要。共享是目标，它的本质就是指经济社会建设的目标不是为了少数人的利益，而是为全体人民的共同利益。经济社会建设的发展成果要让全体人民共同享有，使社会治理的成效更多、更好、更公平地惠及全体人民，不断增加人民的获得感、幸福感、安全感。习近平总书记强调，我们追求的发展是造福人民的发展，我们追求的富裕是全体人民共同富裕。改革发展成功不成功，最终的判断标准是人民是不是共同享受到了改革发展成果。因此，共享治理成果，首先，党有决心。只要还有一家一户乃至一个人没有解决基本生活问题，我们就不能安之若素；只要群众对幸福生活的憧憬还没有变成现实，我们就要毫不懈怠团结带领群众一起奋斗。其次，政府有思路。应按照"守住底线、突出重点"的原则，保障低收入群体和弱势群体的基本生活。最后，国家要具备共享的制度保障。唯有良好和可操作的制度是一切决心和理念的依靠，只有建立在民主和法治基础上的制度，才能为全体人民提供安全预期，在幼有所育、学有所教、劳有所得、病有所医、老有所养、住有所居、弱有所扶上不断取得进展。治理的成果除了经济成果之外，还包括生态成果、文化成果、政治成果等，这些也是人民群众有权共享的必需消费品。这些重要成果，都需要在党领导下由社会各方主体充分参与、共同努力才能实现共享梦想。[1]为此，必须从以下几个方面着手。

1. 健全基本公共服务体系。所谓基本公共服务体系是指以满足社会成员基本生存发展需求为目标，向社会成员提供就业、社会保障、基础教育、公共卫生、公共文化、环境安全等基本公共物品的一系列制度安排，旨在根据公共需求优化配置公共资源，最大限度地解决民生问题，化解社会矛盾，促进社会公平。享有基本公共服务是公民权中社会权利的实现。为此，要不断提升基本公共服务体系的法治化水平，加快就业、社会保障、公共财政等方面的专项立法，规范政府公共服务供给过程，控制公共服务领域的自由裁量权，防止权力寻租。创新基本公共服务供给方式，构建多元主体协同供给机制，打破公共服务领域的政府垄断，适度引进市场化和社会化的运作方式，逐渐形成政府引导、多元协同、多元主体、协同互动的公共服务治理

---

[1] 参见马庆钰：《共建共治共享社会治理格局的意涵解读》，载《行政管理改革》2018年第3期。

格局。[1]坚持普惠性、保基本、均等化、可持续方向，围绕保障基本民生，优化服务资源布局，增强公共服务能力，让人民群众共享更多更好的民生福祉。从解决人民群众最关心最直接最现实的利益问题入手，继续把重点民生项目纳入政府为民办实事工程。进一步加强和改进义务教育、就业服务、社会保障、基本医疗、公共卫生、公共文化、体育、养老助残、环境保护等工作，加快形成政府主导、覆盖城乡、可持续的基本公共服务体系。加强统筹协调，促进资源整合及合理配置，引导优质公共服务资源向城乡接合部和农村地区拓展延伸，推进优质公共服务资源设施向社会开放。创新社会服务供给，基本形成政府主导、社会参与、多元供给的社会服务模式。增强社区服务功能，实现社区服务体系全面覆盖。

2. 深入推进基本公共服务均等化。进一步创新体制机制，增强基本公共服务供给能力，加快建立健全符合国情民情的、可持续的基本公共服务体系，努力提升基本公共服务供给水平和均等化的程度。到 2035 年，全国彻底建成政府主导、覆盖城乡、功能完善、分布合理、管理有效、可持续的基本公共服务体系，实现城乡、区域和不同社会群体间基本公共服务制度的统一、标准的一致和水平的均衡，实现人人平等地享受基本公共服务。

3. 务必兜牢民生底线。健全社会救助体系，夯实民生保障底线，推进综合性社会救助体系建设，实现社会救助制度内部、社会救助与其他社会保障制度之间的整合与协调，提高社会救助合力。全力推进民生改善，加强相对贫困村医疗卫生服务体系建设，逐步提高城乡居民医疗保险保障能力和大病救助水平；加大社会救助力度，把特困人员供养对象、无劳动能力低保户、丧失劳动能力的残疾人、低收入家庭中的老年人和未成年人分别纳入社会救助体系和城乡居民基本医疗保险体系，享受最低生活保障和基本医疗保障。支持残疾人事业发展，健全扶残助残服务体系，保障和改善残疾人民生，加快推进残疾人小康进程。逐步完善场所设施条件，满足农村留守儿童临时监护照料需要。关注农村偏远地区留守老人的生存状况，全力解决其生活、就医方面的困难。[2]健全孤儿、弃婴、法定抚养人无力抚养儿童、低收入家庭

---

〔1〕 参见周红云主编：《社会治理》，中央编译出版社 2015 年版，第 31—32 页。

〔2〕 参见广东省社会科学院编：《长治久安：在营造共建共治共享社会治理格局上走在全国前列》，广东人民出版社 2018 年版，第 58—59 页。

重病重残等困境儿童的保障体系。

　　构建和完善共建共治共享的社会治理制度，意味着新时代的社会治理主体，从政府主导转向党委领导、政府负责下的社会多元共同治理；治理方式，从过去自上而下的单向管理转向多元良性互动；治理目标，由过去偏重经济增长转向更加重视推动人的全面发展和社会全面进步。这有利于形成多元主体利益共享、风险共担、协同共进的社会治理局面，有效推进社会治理体系和治理能力现代化。

　　总之，加强和创新社会治理，归根结底是为了不断满足人民日益增长的美好生活需要，让人民群众共同享有治理成果。这就要求创新利益协调机制，完善利益保护机制，切实维护和保障人民群众切身利益。构建共享服务体系，建立政府主导、覆盖城乡、可持续的公共服务体系。不断完善社会保障，满足人民群众生产生活基本需要。构建实现共享的体制机制，不断完善基本公共服务制度、民生保障制度和公共服务监管制度等，让人民群众有实实在在的安全感、幸福感、获得感。[1]

第二节　完善"七位一体"的社会治理体系

　　党的十九届四中全会指出，必须加强和创新社会治理，完善党委领导、政府负责、民主协商、社会协同、公众参与、法治保障、科技支撑的社会治理体系，其中，坚持党委领导是根本，政府负责是前提，开展民主协商是渠道，实行社会协同是依托，动员公众参与是基础，搞好法治保障是条件，提供科技支撑是手段，七位一体，有机联系，不可分割。党的二十届三中全会进一步强调，健全社会治理体系是推进国家治理体系和治理能力现代化的必然要求[2]。新时代新征程上，健全社会治理体系必须立足中国式现代化历史进程，提高系统性、整体性、协同性，坚持党管社会治理，坚持社会治理为人民，社会治理靠人民。因此，我们要适应新形势新要求，全面加强党的领导，充分发挥中国特色社会主义制度优势，通过健全相关制度体系，使党的

---

　　〔1〕　参见王大鹏编：《推进市域社会治理现代化》，红旗出版社 2020 年版，第 41 页。

　　〔2〕　参见本书编写组编著：《〈中共中央关于进一步全面深化改革、推进中国式现代化的决定〉辅导读本》，人民出版社 2024 年版，第 330 页。

领导真正成为新时代中国特色社会主义社会治理体系的鲜明特征和根本保证。要充分发挥各级党委在社会治理中总揽全局、协调各方的领导作用,强化各级政府抓好社会治理的责任制,发挥好各级政府公共服务、公共管理、公共安全等职责。同时,要引导和推动社会力量参与社会治理,努力形成社会治理人人参与、人人尽责的良好局面。进一步创新社会治理思路,鼓励和引导企事业单位、社会组织、人民群众积极参与社会治理。健全法治,充分发挥法治对社会治理的引领、规范和保障作用,[1]不断提高社会治理水平和效能。

一、发挥党委的领导核心作用,强化政府社会治理责任制

中国特色社会主义最本质的特征是中国共产党的领导,中国特色社会主义制度的最大优势是中国共产党的领导。党委发挥的是领导核心和政治保障作用,这个作用是政府、市场、社会、公众等其他治理主体所无法替代的。党对社会治理工作的领导,既体现在各级党委对社会治理的宏观决策和微观推动,也体现在党的基层组织在基层治理中发挥引领带动作用以及调节平衡作用。[2]因此,加强和创新社会治理,必须加强和改善各级党委对社会治理的统筹谋划和组织领导,提高党对社会治理的领导能力。同时积极发挥各级政府的社会治理职能,采取多种措施和途径,切实搞好公共服务、公共管理、公共安全,确保人民安居乐业、社会安定有序。要全面落实各级党委和政府社会治理主体责任,把加强和创新社会治理纳入各级党委和政府重要议事日程,纳入地方党政领导班子和领导干部政绩考核指标体系。要梳理和规范党政各部门社会治理职能,加强顶层设计、整体规划和统筹协调,建立健全社会治理领域权力清单制度和责任追究制度,形成权责明晰、奖惩分明、分工负责、齐抓共管的社会治理责任链条。[3]

二、发挥政府引领社会力量参与社会治理的作用

政府负责是国家履行社会治理职能的应有之义。政府应更加注重发挥在

---

〔1〕 参见王大鹏编:《推进市域社会治理现代化》,红旗出版社 2020 年版,第 41—42 页。

〔2〕 参见本书编写组编著:《党的十九届四中全会〈决定〉学习辅导百问》,党建读物出版社、学习出版社 2019 年版,第 128 页。

〔3〕 参见本书编写组编著:《党的十九大报告辅导读本》,人民出版社 2017 年版,第 365 页。

社会治理和公共事务中的职能作用，负责具体的组织管理，包括制定和健全社会建设和管理的政策法规，建立健全社会保障制度，建立健全公共突发事件的应急机制，推进社会事业管理体制机制改革创新等。民主协商即有事好商量，众人的事情由众人商量。要坚持和完善政党协商、人大协商、政府协商、政协协商、人民团体协商、基层协商以及社会组织协商的民主制度建设，完善协商于决策之前和决策实施之中的落实机制，丰富有事好商量、遇事多商量、做事先商量、众人的事情由众人商量的制度化实践，找到人民群众意愿和需求的最大公约数。社会协同是整合社会治理资源的重要依托和平台载体，就是要充分发挥群团组织、各类社会组织的作用，鼓励支持其参与社会治理、公共服务，加强政府与群团组织、社会组织的分工协作以及不同社会组织的相互配合。公众参与是引导和推动每一位公民、每一个家庭充分参与社会治理，有效实现人民当家作主，保障人民依法实行自我管理、自我服务、自我教育、自我监督，确保社会治理过程人民参与、治理成效人民评价、治理成果人民共享。[1]因此，要创新社会治理思路，扩大开放公共服务市场，通过政府购买服务、健全激励补偿机制等办法，鼓励和引导企事业单位、社会组织、人民群众积极参与社会治理。深化基层组织和部门、行业依法治理，支持各类社会主体自我约束、自我管理，发挥市民公约、乡规民约、行业规章、团体章程等社会规范在社会治理中的积极作用。要注重社会组织的培育和引导，改革社会组织管理制度，推动社会组织明确权责、规范自律、依法自治、发挥作用，积极参与社会治理全过程。

三、发挥法治对社会治理的规范和保障作用

法治是社会治理的最优模式。法治保障就是要把社会治理纳入法治化轨道，加强社会治理相关法律法规和有关政策制度的制定完善工作，善于运用法治思维和法治方式化解矛盾、破解难题、促进和谐，充分发挥法治对社会治理的引领规范和保障作用。[2]因此，要加强社会治理领域相关法律法规立

---

[1]　参见本书编写组编著：《党的十九届四中全会〈决定〉学习辅导百问》，党建读物出版社、学习出版社 2019 年版，第 128 页。

[2]　参见本书编写组编著：《党的十九届四中全会〈决定〉学习辅导百问》，党建读物出版社、学习出版社 2019 年版，第 128 页。

改废和相关政策制度制定完善工作，加快修订《中华人民共和国城市居民委员会组织法》《中华人民共和国村民委员会组织法》等法律法规，推动形成上下贯通的社会治理制度体系。通过社会治理的制度化、规范化、程序化明确预期、稳定信心、激发活力。坚持依法决策，严守法定程序和权限，保障公众参与，不断提高决策公信力和执行力。注重科学立法，找准立法切口，严守立法"红线"，制定接地气、有特色、真管用的法律法规。坚持严格规范公正文明执法司法，加大重点领域执法力度，健全完善执法司法制约监督体系和执法司法责任体系，让人民群众感受到公平正义就在身边。切实落实"谁执法谁普法"普法责任制，增强全民法治观念。[1]

四、发挥数字技术对社会治理的支撑作用

以数字技术为代表的新一轮产业革命和技术变革正全方位影响人们的生产生活方式，也深刻推动社会治理数字化转型。党的十九届四中全会把科技支撑作为完善社会治理体系的重要内容。科技支撑就是要充分运用现代科技和信息化手段，统筹推进大数据、云计算和物联网等各种信息数据的集成运用，为提升社会治理整体效能、不断提高现代治理水平提供有力支撑。从外部环境看，我们面临的不确定性与风险日益增加，在不确定中寻找确定性，需要借助数字技术提升社会治理能力。从组织形态看，从传统的单位制、街居制到社区制，新型组织形态下的利益协同难度有所加大。必须在复杂网络中寻找利益共同点，需要借助数字技术为社会治理主体赋能。从资源配置看，多方共同参与社会治理的基础条件发生了变化。除了人力、物力、财力外，数据已成为关键的资源要素。当前和今后一个时期，如何在有限的资源下提高运转效率，需要借助数字技术更好整合治理主体。[2]因此，在新一代信息技术蓬勃兴起的大势下，加强和创新社会治理，必须把握信息技术革命带来的机遇，充分发挥科技对社会治理的支撑作用，将数字技术全链条、全周期融入社会治理，提升不同场景需求下的社会治理能力，从而更好保持社会稳定、维护国家安全。

---

〔1〕 参见本书编写组编著：《党的二十大报告辅导读本》，人民出版社 2022 年版，第 488 页。

〔2〕 参见龙海波、王伟进：《更好发挥数字技术对社会治理的支撑作用》，载《智慧中国》2020 年第 8 期。

综上所述，随着改革开放和社会主义市场经济的发展，我国社会阶层分化、社会关系多样、社会利益多元，单靠某一种社会力量，难以处理好我国快速现代化进程中面临的诸多社会问题，难以治理好我国处在急剧变革中的巨型社会，难以解决好各种风险和挑战。过去由于政府包揽过多，社会处于附属被动位置，群众遇到事情大多会找政府，使政府不堪重负，成为我国社会治理中的一个最大难题。进入新时代，社会治理已不再是党委和政府的"独角戏"，而是在党的领导下，政府、市场、社会、公民以及各方良性互动的共同治理。只有激发社会活力，坚持党领导下的多方参与、共同治理，发挥政府、市场、社会、公民等多元主体在社会治理中的协同协作、互动互补、相辅相成作用，才能形成推动社会和谐发展、保障社会安定有序的社会治理合力。[1]

第三节 健全共建共治共享社会治理制度的基本思路

打造共建共治共享的社会治理格局，健全共建共治共享社会治理制度是一项复杂的系统工程，需要从多角度、多层面入手，综合施策，形成合力，才能取得事半功倍的治理效能。党的十八大以来，尤其党的十九大和二十大在深入分析和准确把握当前和今后一个时期我国社会治理面临的形势和环境的基础上，坚持问题导向、需求导向、发展导向有机结合，专项治理与系统治理、综合治理、依法治理、源头治理有机融合，围绕切实解决影响人民安居、社会安定、国家安全的重点难点问题，有针对性地提出了一系列新的重大政策措施，从而为我们打造共建共治共享的社会治理格局，健全共建共治共享社会治理制度提供了基本遵循。

一、完善社会矛盾预防化解机制，正确处理人民内部矛盾

正确处理人民内部矛盾，特别是涉及广大人民切身利益的矛盾，是保持社会安定团结良好局面的关键。要完善社会矛盾排查预警机制，努力做到早发现、早预防、早处置。要运用大数据技术、信息化手段，建立社会矛盾排

---

〔1〕 参见本书编写组编著：《党的十九届四中全会〈决定〉学习辅导百问》，党建读物出版社、学习出版社 2019 年版，第 127 页。

查预警指标体系，汇聚整合各领域矛盾信息，运用数据分析模型，关联发掘重大热点难点问题和矛盾隐患，提高对各类社会矛盾的发现预警能力，形成集信息共享、部门联动、综合研判、跟踪监督、应急处置于一体的工作体系，及时排除、预警、化解、处置各类矛盾风险。要完善重大决策社会稳定风险评估机制，从源头上预防和减少矛盾。对直接关系群众切身利益且涉及面广，容易引发社会稳定风险的重大决策事项，从法律制度上进一步将风险评估列为必经的前置程序和刚性门槛。要建立规范完善的公众参与规则程序，加强公众参与平台建设，畅通依法有序的信息公开和民意表达渠道，完善第三方评估机制，提高评估的广泛性、公正性、权威性，使评估过程真正成为协调利益、达成共识的过程。要完善矛盾纠纷多元化解机制，提高矛盾纠纷多元化解的整体效果和效力。要积极加强矛盾纠纷多元化解法治建设，督促和推动各地区各部门落实在矛盾纠纷多元化解中的法定责任。积极推动人民调解、行政调解、司法调解衔接联动，推进诉讼与调解、仲裁、行政裁决、行政复议等非诉讼方式有机衔接。大力加强基层综治中心、检调对接平台、专业性矛盾纠纷化解平台建设，有效整合各方面资源和力量，实现联调联动。[1]

二、树立安全发展理念，健全公共安全体系

各级党委和政府、各级领导干部要牢固树立安全发展理念，弘扬生命至上、安全第一的思想，时刻把人民群众生命安全放在第一位。各地区各部门、各类企业都要坚持安全生产高标准、严要求，招商引资、上项目要严把安全生产关，加大安全生产指标考核权重，实行安全生产和重大安全生产事故风险"一票否决"。要抓紧完善安全生产责任制，把安全责任落实到岗位、落实到人头。党政一把手必须亲力亲为、亲自动手抓，坚持管行业必须管安全、管业务必须管安全，加强督促检查、严格考核奖惩，全面推进安全生产工作。要坚决遏制重特大安全事故频发势头。要推动建立行业公共安全风险评估、化解和管控制度，明确行业主管部门、监管部门防控行业公共安全风险的主体责任，推动行业主管部门、监督部门定期排查分析所主管、监管行业出现的公共安全风险，完善相关法律制度，堵塞监管漏洞，督促生产经营单位严格落实管控化解措施，确保行业发展和保障安全同步推进。同时，要切实加

---

[1] 参见本书编写组编著：《党的十九大报告辅导读本》，人民出版社 2017 年版，第 367 页。

大投入，不断提升全社会的防灾减灾救灾能力。[1]

三、强化社会治安防控体系建设，保护人民人身权财产权人格权

社会治安防控体系是社会治安综合治理的主要依托。应着眼于提升整体效能，进一步加快建设社会治安防控体系，推进立体化、信息化，努力构建全方位的公共安全防控网络。要从统筹城市公共安全综合治理入手，建立政府主导下的实体运作、集约高效的城市安全综合治理指挥调度机构，整合社会治理和市政管理相关部门资源，确立其全方位监测预警风险、统一归口应对处置各类风险的主体地位，努力实现城市运行异常情况、隐患苗头的提前发现，及时预警，有效处置。由于公共安全视频监控系统在预防打击犯罪、维护公共安全等领域发挥着越来越重要的作用，应按照国家安全保障能力建设规划要求，以"全域覆盖、全网共享、全时可用、全程可控"为目标，深入推进公共安全视频监控联网应用建设，加快实现联网集约化、联网规范化、应用智能化。着力改革和加强城乡警务工作，依法打击和惩治黄赌毒黑拐骗等违法犯罪行为，切实保障广大人民群众的生命财产安全。[2]

四、加强社会心理服务体系建设，培育自尊自信、理性平和、积极向上的社会心态

人是社会的主体。历史和现实反复表明，一个社会是否文明进步、安定和谐，很大程度上取决于公民的思想道德素质。因此，打造共建共治共享的社会治理格局，离不开加强公民道德建设、塑造健康向上的社会心态。要加快建立健全社会心理服务体系，建立基层心理服务平台、建设心理科普室、心理咨询室等专业场所，搭建心理信息化平台，建设心理健康服务中心，为民众提供心理健康服务场所，夯实社会心理服务体系基础。实现多样化心理科普、心理预警筛查、心理热线援助、心理咨询干预流程指导等。大力推进心理科普培训、心理技能提升，强化心理专业人才队伍建设，做好社会心理

---

〔1〕　参见本书编写组编著：《党的十九大报告辅导读本》，人民出版社 2017 年版，第 367-368 页。

〔2〕　参见本书编写组编著：《党的十九大报告辅导读本》，人民出版社 2017 年版，第 368 页。

服务体系建设人才资源储备工作。进一步加强和改进思想政治工作，更加注重人文关怀和心理疏导，以切实有效的措施，着力促进公民道德素质的提升。要践行社会主义核心价值观，加强社会公德、职业道德、家庭美德、个人品德教育，深化群众性精神文明创建活动，推动学雷锋活动、学习宣传道德模范常态化，引导人们自觉履行法定义务、社会责任、家庭责任，培育知荣辱、讲正气、作奉献、促和谐的良好风尚。要认真汲取中华传统文化的思想精华和道德精髓，深入挖掘和阐发中华优秀传统文化讲仁爱、重民本、守诚信、崇正义、尚和合、求大同的时代价值，为社会治理厚植道德沃土。要完善惩恶扬善机制，大力宣传美德义行善举，加大对失信失德失范行为的曝光力度，以风清气正的社会氛围，加快推进自尊自信、理性平和、积极向上的社会心态的形成。[1]

---

〔1〕 参见本书编写组编著：《党的十九大报告辅导读本》，人民出版社 2017 年版，第 369 页。

重要抓手：建设人人有责、人人尽责、人人享有的社会治理共同体

在 2019 年年初召开的中央政法工作会议上，习近平总书记首次提出"社会治理共同体"概念，他指出社会治理涉及人民安居乐业，关乎国家长治久安，也需要群众共同出力。要完善基层群众自治机制，调动城乡群众、企事业单位、社会组织自治的积极性，打造人人有责、人人尽责的社会治理共同体。[1]随后，在党的十九届四中全会审议通过的《中共中央关于坚持和完善中国特色社会主义制度、推进国家治理体系和治理能力现代化若干重大问题的决定》中，进一步强调，社会治理是国家治理的重要方面。必须加强和创新社会治理，完善党委领导、政府负责、民主协商、社会协同、公众参与、法治保障、科技支撑的社会治理体系，建设人人有责、人人尽责、人人享有的社会治理共同体。[2]新时代构建充满活力、和谐有序的社会治理共同体是推进国家治理体系和治理能力现代化的重要内容，是创新社会治理的重要方式，是完善社会治理体系，提升国家治理能力的必由之路。

第一节　社会治理共同体的理论内涵

社会治理共同体的理论内涵十分丰富，既包括社会治理的行动取向，也蕴含共同体的价值取向。只有当共同体成员的行动取向与价值取向实现有机

---

〔1〕　参见朱盼玲：《社会治理创新：地方实践与共同体构建》，九州出版社 2021 年版，第 144 页。

〔2〕　参见本书编写组编著：《〈中共中央关于坚持和完善中国特色社会主义制度、推进国家治理体系和治理能力现代化若干重大问题的决定〉辅导读本》，人民出版社 2019 年版，第 30 页。

统一，才会形成合作共治的社会治理格局，建立共建共治共享的社会治理制度。社会治理是通过对多元主体利益的再调适，使各方能够在合作共治的框架下达成内部共识，推动社会走向"善治"。[1]共同体是由某种共同的纽带联结起来的生活有机体，[2]是在打破个体原子化，弥合多元利益冲突的基础上，不断创新社会治理方式、手段与途径，使社会各方在文化感召与情感纽带的作用下形成的"利益同盟"。[3]构建共同体的目的就是要达到社会"善治"共同目标。社会治理共同体是创新社会治理的重要途径，是党对社会治理规律认识的深化，是对社会治理理论的发展和完善，是对社会治理目标的进阶和升级，为新时代社会治理现代化指明了方向。

一、共同体的学理要义

"共同体"概念最早可追溯到古希腊时代。亚里士多德认为城邦就是最大的共同体，城邦的最高价值是"善"，而共同体就是实现善的手段。在"城邦"共同体中，个体不仅能满足经济上的自给自足，还能够过上理想的道德生活。[4]而西塞罗则将国家看成人们基于正义观的一致和利益上的伙伴关系而形成的共同体。阿奎那主张共同体是一切政治组织的生长中心，为伦理生活和达成共同善而设计。[5]而作为现代意义上的社会学"共同体"概念，则是由德国社会学家滕尼斯提出的。滕尼斯把这样一种社会生活形态称为共同体，即人们基于长期的共同生活，自然而然形成的，具有共同意识、相互信任、共同感情的较强同质性的社会生活形式。滕尼斯把共同体划分为"血缘共同体"、"地缘共同体"和"精神共同体"三种形式。[6]他认为

---

〔1〕 参见张国磊、马丽：《新时代构建社会治理共同体的内涵、目标与取向——基于党的十九届四中全会〈决定〉的解读》，载《宁夏社会科学》2020年第1期。

〔2〕 参见［英］雷蒙·威廉斯：《关键词：文化与社会的词汇》，刘建基译，生活·读书·新知三联书店2005年版，第79页。

〔3〕 参见张国磊、马丽：《新时代构建社会治理共同体的内涵、目标与取向——基于党的十九届四中全会〈决定〉的解读》，载《宁夏社会科学》2020年第1期。

〔4〕 参见张国磊、马丽：《新时代构建社会治理共同体的内涵、目标与取向——基于党的十九届四中全会〈决定〉的解读》，载《宁夏社会科学》2020年第1期。

〔5〕 参见黄晓星、林滨：《共同体的治理：社会管理创新的逻辑理路》，载《教学与研究》2013年第5期。

〔6〕 参见［德］斐迪南·滕尼斯：《共同体与社会：纯粹社会学的基本概念》，林荣远译，商务印书馆1999年版，第65页。

这三类共同体是相互联系，层层深入的。人类首先是血缘共同体，由彼此之间的血缘关系将人们凝聚在社会生活中。随着社会交往的不断深入，原有的血缘关系被打散，逐渐形成共同生活的小圈子，即地缘共同体。在长期的共同生活中，人们互帮互助，相互理解，相互支持，逐步在心理上形成共同情感和价值取向，即精神共同体。从本质上来看，滕尼斯所讲的"共同体"实际上是一种生活共同体，家族生活也好，地域生活也罢甚至精神生活都是在"同一个屋檐"下的生活。不过这种生活体现不同意义，譬如血缘之间的亲属关系、共同生活区域内的邻居关系、相同工作性质的同事关系等。[1]

马克思系统总结了以往的"共同体"理论，在吸取其合理成分的基础上，创造性地提出了关于共同体的新判断。他认为真正的共同体是自由人的联合体，人类只有通过"真正的共同体"，即自由人的联合体才能实现自身的解放，得到个人价值和自由全面的发展。马克思关于自由人联合体思想的前提，是承认个人价值和个体自由全面的发展。[2]这一思想发端于1841年马克思完成的博士论文，随后在《论犹太人问题》、《〈黑格尔法哲学批判〉导言》、《1844年经济学哲学手稿》以及《德意志意识形态》等著作中都有阐发论证，直至1848年在《共产党宣言》中，"自由人的联合体"概念横空出世。[3]马克思对"自由人的联合体"的理论内涵进行了科学诠释，即"每个人的自由发展是一切人的自由发展的条件"。这种充分尊重个体人并使其全面而自由的发展是马克思一生的理论追求，也是中国共产党人矢志不渝的奋斗目标，与推进国家治理体系和治理能力现代化要求，与打造"人人有责、人人尽责、人人享有"社会治理共同体的终极要求不谋而合。

二、社会治理共同体的基本内涵

由上述对共同体概念含义的综合分析可知，社会治理共同体是围绕社会

---

〔1〕　参见褚卫东：《"共同体"视域下的推进市域社会治理现代化》，载《安徽行政学院学报》2020年第3期。

〔2〕　参见褚卫东：《"共同体"视域下的推进市域社会治理现代化》，载《安徽行政学院学报》2020年第3期。

〔3〕　参见李玉轩、黄毅：《构建新时代社会治理共同体的价值维度思考》，载《新疆社科论坛》2020年第1期。

治理和为了进行社会治理而形成的共同体，是各治理主体基于某种信任和共同理念而形成的具有合作取向的治理群体样态。其治理主体由党政机构、社会组织、市场主体、公民个人等共同组成，各治理主体之间通过民主协商、良性互动、协同合作的方式，实现"善治"共同目标。它包括三层基本内涵：基于共同地域的地缘共同体、基于共同价值观的精神共同体和基于共同享有的利益共同体。

（一）基于共同地域的地缘共同体

共同的地理空间是共同体的天然属性。地缘共同体是血缘共同体的扩展，地域性是传统社会中共同体存在的主要形式。在共同的地域空间内，共同体成员具有共同的相似的利益诉求和生活环境，譬如衣食住行、医疗卫生、文化教育、就业养老、体育住房、社会保障、社会秩序等。不管是城市规划，还是城市建设，不论是新城建设，还是老城改造都要回应共同体成员的社会需求，合理安排共同体成员的生产生活、生存空间，创造宜居宜业、宜养宜乐的地域空间环境。当然，数字技术的飞速发展模糊了共同体赖以存在的物理空间，使其逐渐摆脱地域限制，共同体成员可以利用网络空间关注公共事务，突破了社会治理共同体的空间限制，也给社会治理带来了前所未有的风险和挑战。[1]

（二）基于共同价值观的精神共同体

新时代的社会治理共同体应当是以文化价值为核心、以社会交往为基础、以情感精神为纽带的有机共同体，而非原子化个体的机械组合，共同体成员的认同感、归属感是共同体的灵魂。社会治理是多元主体的治理活动，现代社会是价值多元的社会。两类多元现象的叠加极易造成多元治理主体价值观的对立与冲突，导致社会整合乏力与组织协调失能。社会治理共同体必须形成共同的价值观，使其在社会治理中发挥凝聚统合，掌舵领航作用。新时代社会治理共同体必须坚持习近平新时代中国特色社会主义思想的指导地位，坚持以社会主义核心价值体系引领社会思潮，整合多元价值，在尊重差异化、包容多样性的基础上形成共同的理想信念和价值认同，形成社会团结和谐和睦的精神纽带和奋发向上的精神力量。强化"人人有责、人人尽责、人人享

---

〔1〕 参见周进萍：《构建和谐有序的社会治理共同体》，载《唯实》2020 年第 3 期。

有"的共识，变原子化的"陌生人社会"为休戚与共，守望相助的"熟人社会"。[1]

（三）基于共同享有的利益共同体

党的十九届四中全会将社会治理共同体定性为人人有责、人人尽责、人人享有。其中人人享有是社会治理共同体的重要价值目标，是人人有责、人人尽责的内生动力。倘若难以为共同体成员带来看得见、摸得着的利益和实惠，老百姓没有实实在在的获得感幸福感安全感，社会治理共同体则难以建成，即便建成也不会持久存在。说到底，社会治理共同体是一种利益共享的共同体。从制度安排来说，它以实现社会公正为基本出发点，打破利益分配不公和阶层固化的藩篱，减少共同体成员的相对剥夺感，使其共享治理成果。当然，社会治理共同体也并非简单的物质成果共享，而是公平对待所有成员，对利益受损者予以合理补偿，实现物质层面的利益协调与精神层面的共识凝聚相衔接，"人人有责、人人尽责"的治理过程与"人人享有"的治理目标相统一。[2]

三、社会治理共同体的主要特征

社会治理共同体的主要特征在于对要处理的社会事务人人有责，在社会治理过程中人人尽责，对社会治理的结果人人享有。全体社会成员都有责任共同维护社会秩序，共同尽责处理社会事务，共同享有社会"善治"所带来的成果。

（一）人人有责：社会治理主体的多元化

人人有责的社会治理共同体意味着治理主体的多元化。社会治理是对社会管理的超越，侧重于吸纳多元主体力量、多维度激发社会发展的活力，使各主体充分参与到社会治理体系中。因此，社会治理不再是党政部门单一主体的责任，市场主体、社会组织与公民个人同样具有参与社会治理的责任，需要在党政部门主导下以及其他个体与群体的辅助下，实现共同治理社会的目标。人人有责中的"人"既包括个体化的公民个人，也包括组织化的党政

---

〔1〕参见周进萍：《构建和谐有序的社会治理共同体》，载《唯实》2020年第3期。
〔2〕参见周进萍：《构建和谐有序的社会治理共同体》，载《唯实》2020年第3期。

部门、市场主体与社会组织等群体。构建社会治理共同体需要多元主体在合法化的框架下达成内部共识，消除利益纷争，共同维护好社会秩序，共同担负起推动社会走向"善治"的责任，[1]并在此过程中实现自身的社会价值。

（二）人人尽责：社会治理方式的科学化

社会治理要多元主体在社会治理过程中清晰地厘定各自的治理责任，解决好具体的权责分工问题，各司其职，尽心尽力，避免因权责不清而带来相互推诿、相互扯皮现象。党的十九届四中全会从总体性的制度层面，要求不断完善社会治理体系，维护社会大局稳定，保持良好秩序，同时提出通过构建人人尽责的社会治理共同体以增进政社良性互动，激发社会活力。人人尽责的社会治理共同体要求作为社会治理主导者的党政机关，要尽到社会治理制度供给与政策制定的责任，要求市场主体、社会组织与公民个人履行回应与衔接社会治理任务的责任。各级党政机关既不宜机械地遵循科层制的运作逻辑，自上而下落实各项制度安排而忽略回应自下而上基层居民诉求，以防止弱化社会公众参与社会治理的积极性；也不宜片面要求社会公众只配合其工作而缺少相应的权利赋予，以防止虚化的、消极的"被动式参与"。因此，社会治理共同体要求在明确各主体责任的基础上赋予其相应的权利，使多元主体参与的有效性与互动性进一步提升，从而真正实现人人尽责。[2]

（三）人人享有：社会治理结果的公正性

人人享有是指全体社会成员在共同参与社会治理共同体建构的基础上，对社会治理成果共同进行公平分配的行为、政策或制度。它回答了"发展为了谁"这一根本问题，体现了人民的主体性地位。在"创新、协调、绿色、开放、共享"五大发展理念中，共享既是发展的出发点，也是落脚点，着力解决社会治理结果的公正性问题。[3]人人享有是社会合作者应得的正义。社会应得意味着公共资源或公共服务的共享性，它是分配正义的核心，强调每

---

〔1〕 参见张国磊、马丽：《新时代构建社会治理共同体的内涵、目标与取向——基于党的十九届四中全会〈决定〉的解读》，载《宁夏社会科学》2020 年第 1 期。

〔2〕 参见张国磊、马丽：《新时代构建社会治理共同体的内涵、目标与取向——基于党的十九届四中全会〈决定〉的解读》，载《宁夏社会科学》2020 年第 1 期。

〔3〕 参见张国磊、马丽：《新时代构建社会治理共同体的内涵、目标与取向——基于党的十九届四中全会〈决定〉的解读》，载《宁夏社会科学》2020 年第 1 期。

个社会成员都享有基于平等社会地位和政治身份所获得的社会权利和经济利益。〔1〕人人共享的治理理念强调社会的共治性与价值的共享性，〔2〕主张在构建社会治理共同体的基础上实现公共利益最大化，从而实现民众共享改革与发展的成果。因此，各级政府必须在人人享有的治理理念下，及时回应民众的合理诉求，提升社会治理主体意识，使社会公众的正当利益诉求得到充分表达，以此缓解社会矛盾与调适社会心态。〔3〕

第二节　社会治理共同体的价值意蕴

"建设人人有责、人人尽责、人人享有的社会治理共同体"这一命题的提出，是解决新时代社会主要矛盾的必然要求，是应对社会转型效应、平衡社会秩序与活力的重要举措，是实现社会治理现代化的必由之路，是"中国之治"的社会根基。建设人人有责、人人尽责、人人享有的社会治理共同体，将会进一步增强中国式现代化的道路自信、理论自信、制度自信和文化自信，具有丰富的价值意蕴。

一、彰显"以人民为中心"的思想遵循

中国特色社会主义进入新时代以后，我国社会主要矛盾转化为人民日益增长的美好生活需要与不平衡不充分的发展之间的矛盾。满足人民对美好生活的向往和追求成为新时代社会治理的重要目标和社会建设的核心动力。民生保障、社会事业发展等已成为社会治理和社会建设的优先方向。作为社会之基，民生问题是国家政治安定团结和经济持续发展的重要保障。改善民生是我国政府和社会的重要治理任务。只有社会矛盾得以解决，社会充分发展了，人民的物质文化生活水平才有可能水涨船高。新时代的民生问题内容十分广泛，既包括传统的民生议题，如医疗卫生、文化教育、住房就业、社会保障等，也包含新型的民生需求，如公平正义、责任义务、协商民主、共同

---

〔1〕　参见张国清：《分配正义与社会应得》，载《中国社会科学》2015 年第 5 期。

〔2〕　参见周红云：《全民共建共享的社会治理格局：理论基础与概念框架》，载《经济社会体制比较》2016 年第 2 期。

〔3〕　参见张国磊、马丽：《新时代构建社会治理共同体的内涵、目标与取向——基于党的十九届四中全会〈决定〉的解读》，载《宁夏社会科学》2020 年第 1 期。

参与等。这些新型的民生需求仅靠传统的以单线条任务为特征的自上而下的社会治理体制和治理能力难以得到满足，对自下而上的、复杂的多线程治理范式提出了新要求。

随着新时代社会主要矛盾的转变，我国社会建设和社会发展需要新的治理制度予以支撑。党和国家在宏观制度安排层面不断加强社会治理制度建设和创新，不断回应新情况、新问题和新矛盾对社会治理提出的新需求。[1]社会治理制度创新和社会治理共同体构建是满足人民不断增长的美好生活需要，是民生发展到一定阶段的必然需求。社会治理是为人民服务的，社会治理的最终目的是推进社会发展和社会建设。构建社会治理共同体的核心在于实现人的现代化，是对社会公众居住环境、消费水平、生态保护等各种需求的回应和满足。换言之，社会治理要从群众中来，到群众中去，坚持以人民为中心，以维护广大人民群众的根本利益为宗旨。党的十九大明确提出要打造共建共治共享的治理格局。这种治理格局已明确内含了共享之意，即人民群众一定是社会治理成果的享有者。因此，社会治理共同体的宗旨始终应是以人民为中心，为满足人民的美好生活而努力。[2]

二、应对社会转型效应的治本之策

我国的社会转型引起了一系列社会效应。随着经济转轨，社会转型的不断推进，社会流动性逐渐加剧，加之城市化进程快速推进，带来大规模人口流动和迁徙，户籍制度和住房制度也发生深刻变革，社会结构日趋复杂，利益格局不断调整，利益分化和利益关系更趋复杂，社会治理问题日益凸显，这对传统的属地化管理方式和政府中心主义一元化管理模式构成前所未有的挑战。面对如此复杂的社会治理局面，以往单一的权威治理模式已难以满足公民个性化和多样化的社会需求，也难以达到化解社会矛盾、调节利益冲突、实现公平正义、维持社会秩序的目的，亟需建立跨地区、跨部门、跨单位的全国统一的治理体系。只有彻底转变政府职能，切实为社会让渡空间，主动

---

〔1〕 参见李友梅、相凤：《我国社会治理共同体建设的实践意义与理论思考》，载《江苏行政学院学报》2020 年第 3 期。

〔2〕 参见朱盼玲：《社会治理创新：地方实践与共同体构建》，九州出版社 2021 年版，第 146 页。

还权于民，构建人人有责、人人尽责、人人享有的社会治理共同体，增强社会的自我管理和自治能力，保障公民参与公共事务的合法权利，实行政府与社会协同共治才是治本之策。[1]

改革开放以来，我国社会组织发展迅速，公民的整体政治素养不断提升，民主意识、权利意识和参与意识得到很大增强。社会组织的蓬勃发展和公民民主政治意识的增强，对传统的社会治理模式提出挑战，要求政府改变过去主要靠行政手段管理控制社会的做法，要求打造开放、平等、协商、包容的社会治理机制。[2]此外，随着单位制的彻底解体和社会成员的去组织化，大量城市居民从单位中游离出来，客观上需要一些社会组织将其吸纳。同时，城市化进程中也涌现出农民工这一庞大的社会群体，该群体缺乏健全的社会保障制度和管理机制。因此，破解这些治理难题，需要打造一个具有认同感和归宿感、公众自主参加、自我服务、自我约束的社会治理共同体。[3]

三、平衡"活力与秩序"难题的重要举措

活力与秩序的平衡问题一直是社会治理的核心议题。习近平总书记曾明确指出，社会治理是一门科学，管得太死，一潭死水不行；管得太松，波涛汹涌也不行。要讲究辩证法，处理好活力和秩序的关系，全面看待社会稳定形势。[4]新中国成立以后，我们就确立了一套与计划经济体制相适应的社会管理制度，人们的社会生活被有序组织起来，但也产生了社会活力与社会秩序不平衡的情况，秩序优先，活力不足现象明显。改革开放以来，我们正确处理改革发展与稳定的关系，社会活力不断得到释放，在注重激发社会活力的同时，保持社会整体平稳有序运行，[5]创造了经济快速发展，社会长期稳

---

〔1〕　参见公维友、刘云：《当代中国政府主导下的社会治理共同体建构理路探析》，载《山东大学学报（哲学社会科学版）》2014年第3期。

〔2〕　参见高斌：《构建社会治理共同体：背景、挑战与举措》，载《党政干部学刊》2020年第5期。

〔3〕　参见汪火根：《社会共同体的演进及其重构》，载《重庆社会科学》2011年第10期。

〔4〕　参见中共中央党史和文献研究院、中央学习贯彻习近平新时代中国特色社会主义思想主题教育领导小组办公室编：《习近平新时代中国特色社会主义思想专题摘编》，党建读物出版社、中央文献出版社2023年版，第426页。

〔5〕　参见李友梅：《秩序与活力：中国社会变迁的动态平衡》，载《探索与争鸣》2019年第6期。

定"两大奇迹",成为我们为全球治理贡献的"中国经验"与"中国智慧"。

但是,在新发展阶段,在推进中国式现代化的新征程中,我们仍未彻底摆脱"一管就死,一放就乱"的社会治理困境,社会生活如何再组织,社会秩序与社会活力如何再协调问题日益凸显。我们的改革开放将要面对更深层次的体制性和机制性问题,我们对改革顶层设计的要求更高,对改革的系统性、整体性、协同性要求更强,[1]通过社会治理共同体构建,可以实现社会秩序与社会活力关系的再平衡。在社会治理共同体的构建实践中,各方治理主体、多种社会力量协商对话,赋权增能,为改革发展和社会建设凝聚智慧、凝聚人心、凝聚力量,形成充满活力的治理局面。[2]同时,在多元主体的社会治理共同体中进行制度整合和价值认同,在党建引领下使社会治理现代化的航船行稳致远。

四、实现"中国之治"的社会之基

新中国成立75年来的稳步发展,改革开放以来的突飞猛进,尤其新时代以来发生的历史性变革和取得的历史性成就,使"中国之治"步入全球视野。"中国之治"是中国共产党领导中国人民治理国家的治理制度、治理道路和治理方略,是历史上从未有过的新型国家治理制度、治理道路和治理方略,[3]是中国国家治理体系和治理能力现代化的集中概括。"中国之治"以强大的治理能力有效应对了各种矛盾和风险,使经济社会发展实现"两大奇迹",避免了一些发展中国家现代化进程中出现的政治衰退问题,保持了中国式现代化的稳定性、发展性和可持续性,[4]在历史发展中实现国家治理体系和治理能力现代化,推进中国式现代化走向成熟。"中国之治"的鲜明特征充分体现了我国国家治理的制度优势和治理效能。[5]

---

〔1〕 参见李友梅、相凤:《我国社会治理共同体建设的实践意义与理论思考》,载《江苏行政学院学报》2020年第3期。

〔2〕 参见李友梅、相凤:《我国社会治理共同体建设的实践意义与理论思考》,载《江苏行政学院学报》2020年第3期。

〔3〕 参见叶娟丽、范晨岩:《"中国之治"概念考》,载《探索》2020年第1期。

〔4〕 参见王强、张隽婷:《"中国之治"的鲜明特征与世界意义》,载《党政干部学刊》2023年第2期。

〔5〕 参见王强、张隽婷:《"中国之治"的鲜明特征与世界意义》,载《党政干部学刊》2023年第2期。

"中国之治"是公众权益保障与发展之治，是民生福祉持续增进与优化之治，是循序渐进实现社会和谐稳定、经济持续发展、人民富裕富足、推进中国式现代化的人民之治。"中国之治"不是无源之水，无本之木，它的根基在社会，在于党和国家治理所深深扎根的中华大地。构建社会治理共同体，实现社会治理现代化是新时代"中国之治"的社会基础和实践依托。提出和实施社会治理共同体构建，是新时代促进社会繁荣稳定和国家长治久安的重要理论创新和实践创新，是以"理论之治"、"制度之治"和"社会之治"实现中国式现代化和中华民族伟大复兴中国梦的扎根之举与长效之策。[1]一句话，必须以社会治理共同体建设夯实"中国之治"的社会之基。

第三节　社会治理共同体的现实挑战

随着社会治理体制改革的不断深入，我们基本塑造了相对宽松有序的合作共治环境，治理权力生态显著改善，合作治理结构日渐优化，治理重心不断下沉，治理主体利益日趋聚合，为社会治理共同体构建奠定了一定基础。但是，构建社会治理共同体是一项纷繁复杂的社会系统工程，也是一个循序渐进的提升过程。这一历史进程会受到政府、社会、公民、文化等诸多因素的影响和制约，面临一系列的现实挑战。

一、政府中心主义治理模式仍有影响

新中国成立以后，我国借鉴苏联经验，实行政府中心主义治理模式。在这一模式下，政府一家独大，包揽一切社会事务，垄断所有社会资源，是社会管理的唯一主体和唯一的权力中心，社会与公民必须服从政府管制。政府通过单位制度管理社会事务，通过身份制解决资源分配问题，俨然是无所不包、无所不能的无限政府。改革开放以来，政府中心主义色彩不断淡化，但其影响依然存在。在这种背景下，一些地方政府习惯于用政治逻辑解决社会问题。对于社会领域的问题往往重"堵"轻"疏"，重"处置"轻"防范"，

---

〔1〕 参见黄建洪、高云天：《构筑"中国之治"的社会之基：新时代社会治理共同体建设》，载《新疆师范大学学报（哲学社会科学版）》2020 年第 3 期。

逐渐引起群众的不满。地方政府的正当性、合法性遭到质疑。[1]同时，这种政府中心主义治理模式还导致经济发展与社会建设的脱节。因此，只有从根本上改变政府中心主义治理模式，实现政府职能彻底转变，促进经济与社会协调发展，才能为构建社会治理共同体扫除障碍。

二、社会组织发育不足

社会组织是公民有序参与社会公共事务的重要载体，也是政府职能转变、简政放权的承接者以及公共服务的供给者，构建社会治理共同体离不开发育成熟、健全完善的社会组织。改革开放以来，尤其党的十八大以来，我国社会组织的生长空间不断拓展，社会组织的种类不断增多，在创新社会治理、繁荣社会事业等方面发挥了举足轻重的作用，已经成为推动经济社会发展的重要力量和构建社会治理共同体的重要主体。[2]但是，目前我国社会组织发育尚不成熟，其参与社会治理的潜力和作用还有进一步挖掘和提升的空间，社会治理责任还没得到充分发挥，与构建社会治理共同体的要求尚有一定差距。

首先，政社不分困境。政府与社会的界限还不够清晰，政府手中垄断着大量的社会资源，社会组织在政策支持、项目、经费等方面具有较强的行政依附性，其独立性和自主性偏弱，难以发挥联系社会的桥梁和纽带作用。其次，制度空间障碍。由于全国统一的制度安排和相关的专门基本法律还不健全，相关部门对社会组织的设立、地位、职能、财产属性、权利义务等方面的管理较为碎片化，社会组织应有的公平生长环境和发展空间有待优化和拓展。[3]最后，社会组织自身能力建设不足。多数社会组织发展水平有限，习惯于行政思维，缺乏市场化、社会化行动能力和资源调动、协调互动、公共服务能力。一些社会组织存在内部治理不规范的问题，譬如缺乏健全的组织机构、规章制度、监督约束机制、激励机制、绩效考核机制等。[4]这都会造

---

〔1〕 参见公维友、刘云：《当代中国政府主导下的社会治理共同体建构理路探析》，载《山东大学学报（哲学社会科学版）》2014 年第 3 期。

〔2〕 参见高斌：《构建社会治理共同体：背景、挑战与举措》，载《党政干部学刊》2020 年 5 第期。

〔3〕 参见费广胜：《治理共同体：城市社会治理创新的路向选择——以碎片化治理为视角》，载《内蒙古大学学报（哲学社会科学版）》2018 年第 6 期。

〔4〕 参见高斌：《构建社会治理共同体：背景、挑战与举措》，载《党政干部学刊》2020 年第 5 期。

成社会组织专业能力低下，参与社会治理的能力不高，在构建社会治理共同体中难以发挥应有的作用。

三、公民参与能力薄弱

公民参与社会治理的意识和能力是社会治理共同体的基本构成要件。随着经济社会快速发展和民主法治建设的不断进步，我国公民参与社会治理的环境逐渐优化，参与意识不断增强，参与范围逐渐拓展，参与行为愈发活跃。但我们也要清醒地认识到，我国公民政治参与的总体水平不高，公民参与意识不强，参与能力较为薄弱。首先，社会参与意识淡薄，参与热情不高，政治冷漠倾向明显。公民对自身在社会治理中的角色定位不清，意识不到自己是社会治理的重要主体，因此其参与愿望不强、参与率不高、参与度不深、认同感不强，社会治理往往成为政府的"独角戏"，社会参与陷入"集体行动困境"。即便有所参与，但参与的价值取向也较为明显，大多参与带有维权性质。其次，参与的非理性化和非制度化。从公众参与的形式来看，多数参与行为带有非理性成分，参与行为的无序化、非制度化倾向较为突出，参与中的网络暴政、无政府主义等会直接影响社会治理的水平。[1]最后，公民参与能力较弱。公民参与是一项技术含量较高的社会活动，需要公民具备较高的政治素质和参与能力。但是，目前我国公民受教育程度参差不齐，整体政治素质有待提高，公共认同有待养成，[2]政治参与能力有待提升，这无疑会影响公民参与在构建社会治理共同体中的作用。

四、公民公共精神稀薄

公共精神是社会治理共同体的灵魂。一般而言，公共精神可划分为两种基本类型，即社会公共精神和政府公共精神。社会公共精神就是普通公民的公共精神，它是指作为独立主体和平等权利义务的公民，关心公共事务，对政治生活和社会生活具有参与的意愿、热情以及积极行动的能力。这种公共

---

〔1〕　参见公维友、刘云：《当代中国政府主导下的社会治理共同体建构理路探析》，载《山东大学学报（哲学社会科学版）》2014年第3期。

〔2〕　参见高斌：《构建社会治理共同体：背景、挑战与举措》，载《党政干部学刊》2020年第5期。

精神是一种公共美德，它所展现的是自律爱国，为共同体利益而超越自身利益的良好品质。在积极向上的公共精神的指引下，公民就易形成参与公共事务的良好道德准则和遵章守纪的行为风范，这对社会治理共同体构建具有不可低估的积极影响和作用。[1]随着经济转轨，社会转型的不断深入，我国"单位人"已演变成了"社会人"，这使得传统共同体赖以存在的基础遭到消解，乡村社会"散沙化"，城市社区碎片化，城乡居民原子化，亟需公共精神来力挽狂澜。但是，目前我国公民的公共精神却较为稀薄。公共精神缺失的一个最直接、最普遍的表现就是人们对公共事务熟视无睹，事不关己，高高挂起。凡是与自身无关的一些公共事务都不愿意参与。人与人之间的交流频率不高，"搭便车"行为时有出现。城市化进程并未增加人们的邻里精神融合，居住在同一小区、同一楼栋甚至对门邻居也行同路人。人们的空间距离虽近，但心灵距离却很遥远。[2]公民公共精神的缺失就使社会治理共同体少了灵魂。因此，构建社会治理共同体必须重塑公共精神。

第四节　社会治理共同体的构建逻辑

构建社会治理共同体是一项艰巨繁重的系统工程，面临严峻复杂的现实挑战，需要党委、政府、社会、个人等多元主体的共同参与、平等协商，实现政治上相互认同、利益上相互协调、权责上清晰明确，因此需要按照"核心—主体—价值—空间"的运行逻辑进行全方位构建。

一、核心构建：全面加强党的核心领导

党的领导是中国特色社会主义制度的最大优势和中国特色社会主义最本质的特征。党的十九大指出，坚持党对一切工作的领导是新时代坚持和发展中国特色社会主义的基本方略之一。党政军民学，东西南北中，党是领导一

---

〔1〕　参见孔凡河：《公共精神：政府执行力的价值跃迁引擎——基于国家治理的视角》，载《上海大学学报（社会科学版）》2016年第4期。

〔2〕　参见高斌：《构建社会治理共同体：背景、挑战与举措》，载《党政干部学刊》2020年第5期。

切的。[1]构建社会治理共同体，党的领导是关键。构建社会治理共同体任务艰巨，内容复杂，只有充分发挥党在社会治理中总揽全局、协调各方的领导核心作用，才能为构建社会治理共同体提供坚强的政治保证，才能把握方向，凝聚人心，统筹治理资源，集结社会力量，切实改变条条分割、条块分割的现状，协调各方积极有序参与社会治理共同体的构建。

　　有鉴于此，必须坚持党的领导，自觉服从于、服务于贯彻落实党中央关于新时代社会主义现代化建设"五位一体"的总体布局、"四个全面"的战略布局和"创新、协调、绿色、开放、共享"的新发展理念。[2]党对构建社会治理共同体的领导，就是要以政治建设为根本开展主导性治理，重建具有政治认同感和合作力的基层自治秩序共同体，将党的政治优势全方位嵌入到日渐分化、诉求多元化和结构复杂化的社会治理之中，既克服自身组织力量的虚化、弱化和边缘化，又有序领导和整合各种社会主体，形成广泛参与和协同治理。[3]在具体操作层面，可以将社会治理与党的建设相结合，设计社会治理方案。近年来，许多城市开展了党建引领的特色社会治理实践。譬如，广州市全面优化提升全市 176 个镇（街）、2759 个村居党群服务阵地功能，建成"城市 15 分钟党群服务圈"。在镇（街）设立组织办，每个街道配备 1 名专职抓党建的副书记、2 名专职工作人员，与镇（街）主责主业相适应。[4]这种机构设置凸显了党建引领的重要性，也切实为社会治理共同体构建提供了人力资源保障。再譬如，天津市红城社区构建了以社区党组织为引领，居委会为主导，业委会、物业公司、驻区组织、社会组织、群众性团队等参与主体共同构建的协商治理平台，成为实现社区治理的有效工具。[5]构建社会治理共同体，是新形势下党领导的群众路线的社会新实践，这些案例都体现了党支部和党组织在社会治理共同体构建中的独特作用，验证了党建引领社会治理共同体构建的正确性与必要性。可见，构建社会治理共同体只有坚持党

---

　　〔1〕　参见本书编写组编著：《党的十九大报告辅导读本》，人民出版社 2017 年版，第 2 页。

　　〔2〕　参见冯仕政：《社会治理新蓝图》，王建华译，中国人民大学出版社 2017 年版。

　　〔3〕　参见黄建洪、高云天：《构筑"中国之治"的社会之基：新时代社会治理共同体建设》，载《新疆师范大学学报（哲学社会科学版）》2020 年第 3 期。

　　〔4〕　参见中共广州市委：《构建党建引领基层共建共治共享社会治理格局》，载《党建研究》2021 年第 1 期。

　　〔5〕　参见王凯等：《党建引领下社区基层治理的诉求、创新及保障研究——以天津市河东区常州道红城社区居委会为例》，载《大庆师范学院学报》2021 年第 1 期。

的领导和充分利用社会主义制度的优势资源，才能取得更大成效。

二、主体构建：理性共识与协同共治

人人有责、人人尽责、人人享有的社会治理共同体，强调了各方治理主体的责任与义务。政府在社会治理中必须肩负起自己的责任，统筹社会资源，为其他主体参与社会治理创造条件，并与其他主体协商解决社会矛盾与问题。社会组织与公民个人也要肩负起自身的职责，理顺各自的边界，各司其职。[1]因此，加强社会治理共同体的主体建设，推动多元治理主体之间的理性共识与协同共治，是社会治理共同体构建的关键一环。

（一）转变政府职能，增强政府治理能力

构建社会治理共同体，提升政府治理能力是核心。政府应强化社会治理的顶层设计，发挥其在社会治理中的主导作用，破解体制机制层面的一些突出问题，做社会治理规则的"主导者""制定者"，做社会利益博弈的"协调器""平衡器"，提高政府治理的目标凝聚能力、资源整合能力和责任控制能力。为此，必须加快政府职能转变，使政府角色彻底由管控者转变为社会治理的参与者、组织者和推动者，由自上而下的发号施令者转变为共建共治共享的合作对话者。正确处理政府与社会的关系，一方面要更好发挥政府在社会治理、公共服务和环境保护方面的主导作用；另一方面要大力培育和发展社会组织，拓宽和增加社会组织和公众参与社会治理的渠道和平台，积极引导社会各方力量参与社会治理，逐步改变政府在社会治理领域中包揽过多、干预过度的制度安排，促进政府主导和社会参与的良性互动。[2]

（二）培育和健全社会组织

作为社会治理的重要主体，社会组织在经济社会发展中的作用和影响力越来越大。尤其在增强社会活力，扩大公民参与，强化社会认同以及降低社

---

〔1〕 参见朱盼玲：《社会治理创新：地方实践与共同体构建》，九州出版社 2021 年版，第 163-164 页。

〔2〕 参见公维友、刘云：《当代中国政府主导下的社会治理共同体建构理路探析》，载《山东大学学报（哲学社会科学版）》2014 年第 3 期。

会治理成本方面具有不可替代的优势。〔1〕社会治理共同体的建构自然离不开社会组织的成长与参与。如前所述，目前我国社会组织在政策环境、管理体制、自身发展、作用发挥和保障机制等方面还存在一些制约因素。因此，采取得力举措促进社会组织的健康成长是构建社会治理共同体的客观必然。为此，首先要出台法律规范，优化政策环境。修订三类社会组织管理条例，出台"社会组织法"，对社会组织的性质与地位、组织形式与活动方式、角色与功能、权利与义务等予以权威确认。创新社会组织管理制度，降低社会组织登记门槛，加快社会组织"去行政化""去垄断化"进程，剪断政府与社会组织之间的利益链条，使其真正回归民间公益属性。〔2〕其次，进一步加大政府服务购买力度。通过政府向社会组织授权和购买服务方式，增强社会组织的服务功能。通过推行税收优惠政策，设立专项基金和激励基金等，扶持和激励对经济社会发展作出重要贡献的社会组织，为社会组织的成长发展创造良好的空间，充分保障社会组织的合法权益，使社会组织发展走上科学化、规范化、专业化的道路，〔3〕最后，优化社会组织决策参与机制。完善政府与社会组织的沟通协调机制，引导和规范社会组织参与社会治理，加强社会组织影响政府公共决策的能力。利用社会组织引领公民参与的优势，发挥反映社情民意、维护群众利益、化解社会矛盾等方面的积极作用，将社会组织打造成为社会治理的重要主体，为社会组织参与构建社会治理共同体创造条件。

（三）培养"积极公民"，提升参与意识和能力

根据美国政治学家汉娜·阿伦特的"公民观"理论，"积极公民"是指那些有思想、判断力、有共通感、积极行动、关注公共生活的公民，他们秉承公共精神、关心公共领域、积极参与社会政治生活。〔4〕因此，"积极公民"的存在是构建社会治理共同体的必要条件。但是，目前我国的公民认同尚未真正形成，公民的自治能力不高，离"积极公民"的标准还有一定距离。培

〔1〕　参见宋煜萍：《公众参与社会治理：基础、障碍与对策》，载《哲学研究》2014年第12期。

〔2〕　参见高斌：《构建社会治理共同体：背景、挑战与举措》，载《党政干部学刊》2020年第5期。

〔3〕　参见公维友、刘云：《当代中国政府主导下的社会治理共同体建构理路探析》，载《山东大学学报（哲学社会科学版）》2014年第3期。

〔4〕　参见〔美〕汉娜·阿伦特：《公共领域和私人领域》，载汪晖、陈燕谷主编：《文化与公共性》，生活·读书·新知三联书店2005年版，第70页。

养"积极公民"是构建社会治理共同体主体的应有之义。首先，培育公民精神，提升公民参与意识。公民精神是公民对"公共性"的信念与承诺、尊重与坚守、责任与义务，是民主进程内在的推动力量。作为一项复杂的系统工程，构建社会治理共同体离不开用公民精神、主体意识、公共意识、责任意识以及参与意识武装起来的积极公民。只有先培育起公民精神，才会造就积极公民，社会公众才能合理合规地表达诉求，维护自身合法权益和社会公共利益，切实担负起社会治理主体的责任。因此，需要通过宣传、帮扶、引导等方式，培育公民精神，发掘公民自我治理资源，形成公民与国家在政治上相互认同、利益上相互协调、权责上清晰明确的良性互动关系。[1]其次，搭建参与平台，提升参与能力，推进公民参与。积极扩展公民参与社会治理的制度化平台与渠道，扩大参与范围，建立健全利益沟通协调机制、信息反馈机制和社会治理综合保障机制，使公众依法有序参与社会治理，在参与平台上充分交流沟通，协商合作，引导群众以理性形式解决利益冲突和矛盾分歧，彰显人人尽责、人人享有的公民参与体制。

三、价值构建：社会资本与公共精神

社会治理共同体是由政党、政府、社会组织、公民个人等多元主体在共同参与社会治理过程中形成的联合体。多元主体间的沟通、协商与合作是构建社会治理共同体的基本要求。而社会资本作为内嵌于社会关系网络中的特殊资源，以其社会信任、参与网络以及互惠规范等核心要素与社会治理共同体具有天然的一致性和契合性，是构建社会治理共同体的社会基础。[2]公共精神立足于民主、公平、参与、服务等价值根基，推动政府在协调矛盾和化解冲突中的积极性，促进政府坚持"以民为本"，为人民提供服务，从而在政府治理的过程中提升其作为社会资本的含量，彰显其政治价值。公共精神可以激发人们内心的责任意识，促使人们抛弃盲目追求自身利益的狭隘观念而去自觉地关注他人、关注社会、关注自然，以形成一种民主、宽容、团结、

---

〔1〕 参见高斌：《构建社会治理共同体：背景、挑战与举措》，载《党政干部学刊》2020 年第 5 期。

〔2〕 参见张诚：《培育社会资本：建设社会治理共同体的方向与路径》，载《东北大学学报（社会科学版）》2021 年第 5 期。

和谐的社会氛围，促成社会主体之间的宽容与合作，以形成安定有序的局面。换言之，公共精神就像润滑剂一样于无形中化解社会矛盾与冲突，促进社会的和谐稳定与发展。[1]因此，公共精神是社会治理共同体构建的精神支撑和内在动力。

公共精神也是一种无形的、宝贵的社会资本，在维护社会整体利益和社会稳定中发挥着重要的价值。公共精神作为一种社会资本，它促使社会共同体中的每一个成员自觉遵守社会公共秩序，关注公共生活，保护公共设施。同时，也促进每个成员之间的相互信任与依赖、相互合作与支持。也就是说，公共精神将每个社会成员凝结在一起成为一个整体，从而使其发挥巨大的整体力量，实现社会整体利益的最大化。[2]目前，公共精神在我国尚属稀缺资源，与构建社会治理共同体，推进国家治理现代化的目标要求相去甚远。必须通过有效的制度安排，使公共精神成为根植于人们内心的向往，自觉认同的信仰，成为内化于心目中、熔铸到头脑中、固化在行为中的思想观念，成为人们的生活方式和行为习惯。社会公众只有通过广泛参与公共生活实践，才能逐渐培养起竞争、合作、开放、平等、民主、法治、责任等优秀品质和精神风貌。[3]当务之急是加快推动形成社区共同体，引导和鼓励社会主体在参与社会服务管理中塑造主体意识、法治意识、责任意识和规则意识，形成具有广泛认同感的公共精神，为社会治理共同体构建提供价值支撑。

四、空间构建：公共领域与网络空间

社会治理共同体的构建与公民协商对话、平等交流、表达诉求的公共领域密切相关。对公共领域内涵的理解专家学者们众说纷纭。在哈贝马斯看来，公共领域是在政治权力之外，介于私人利益与国家权力领域之间的机构空间，是一种公民自由讨论公共事务、参与政治的活动空间。汉娜·阿伦特认为，公共领域是指行动实现的场所，是人们平等对话、参与行动的政治空间。而福克斯和米勒的"公共能量场"概念与公共领域也有异曲同工之妙。在福克

---

〔1〕　参见罗海蓉：《试论作为社会资本的公共精神》，载《知识经济》2010 年第 8 期。

〔2〕　参见罗海蓉：《试论作为社会资本的公共精神》，载《知识经济》2010 年第 8 期。

〔3〕　参见孔凡河：《公共精神：政府执行力的价值跃迁引擎——基于国家治理的视角》，载《上海大学学报（社会科学版）》2016 年第 4 期。

斯和米勒那里，公共能量场就是社会话语与活动表演的场所，是各种不同意向性政策话语进行对抗性交流的场所，是公共政策制定的场所。因而，公共能量场是后现代公共行政民主化的重要载体。[1]综合上述学者的观点，公共领域不外是公民能够自由出入、自由发表观点、自由提出主张、表达诉求、平等交流、达成共识甚至采取集体行动的公共场域或舆论空间，[2]它是社会治理共同体的重要运行和成长空间，构建社会治理共同体离不开这样的治理场域。

这里的公共领域可以是有形的，也可以是无形的。譬如古希腊时期的广场就是有形的公共领域或公共空间，当时人们就是在广场上举行集会，发表言论，传播思想的。现如今的市民圆桌会议和市民恳谈会等也是有形的公共空间，是市民参与城市社会治理的重要公共平台。而虚拟网络空间则属于无形的公共领域。随着信息技术的快速发展，网络空间逐渐成为社会治理的重要公共领域和网络舆情的重要来源，并在一程度上弥补了现实有形公共空间的不足。广大网民通过网络空间这一虚拟平台来表达对公共事务的关注，表达自己的政治意愿及利益诉求，通过网络空间参与公共政策制定，监督政府运行等。

总的来看，开放多元、自由包容的公共空间是公共精神形成、社会资本积累以及民主政治参与的重要场域，是构建社会治理共同体不可或缺的社会基础。但是，目前我国有形的公共空间不足，无形的网络空间混乱，成为构建社会治理共同体的重要瓶颈。有形公共空间的狭小，直接影响公民参与社会治理的广度和深度，阻碍了公民平等协商、表达诉求、达成共识的可能性，制约了公共精神的传播和社会认同的形成。[3]网络空间的虚拟性与匿名性，放大了其作为公共领域的弱点，导致社会治理共同体公共空间的混乱与失序。因此，拓展公共空间，规范网络空间刻不容缓。具体而言，要大力推进社区自治，调动社区居民参与社区事务的积极性、主动性与创造性，以居民自治推进社区共治。打造居民参与社区事务的制度平台，将公民参与嵌入其中，

---

〔1〕 参见公维友、刘云：《当代中国政府主导下的社会治理共同体建构理路探析》，载《山东大学学报（哲学社会科学版）》2014年第3期。

〔2〕 参见王名：《多重视角透析公民社会》，载《人民论坛》2013年第28期。

〔3〕 参见费广胜：《治理共同体：城市社会治理创新的路向选择——以碎片化治理为视角》，载《内蒙古大学学报（哲学社会科学版）》2018年第6期。

把社区打造成社区组织和社区居民参与社会事务的治理平台和公共空间，营造社区生活共同体。大力加强社区自治文化建设，逐渐从当前重视社区组织建设和功能建设，转变至社区精神建设上来，培育公民精神和社会资本。网络空间作为现实生活的虚拟延伸，并非法外之地。网络言行应有边界、有限度，不能畅所欲言、为所欲为，网络参与权与表达权不能逾越法律和伦理底线。政府应主动加强与广大网民的平等协商与互动交流，积极鼓励不同阶层、不同行业和不同年龄的公民以及社区组织、社会团体加入网络空间，实现网络空间与现实社会、线上与线下的良性互动。〔1〕

---

〔1〕　参见公维友、刘云：《当代中国政府主导下的社会治理共同体建构理路探析》，载《山东大学学报（哲学社会科学版）》2014 年第 3 期。

关键环节：推进市域社会治理现代化

习近平总书记指出，加强和创新社会治理，必须"为之于未有，治之于未乱"。我国经济社会发展正处于全面深化改革的重要历史时期，城乡社会流动性、异质性和多元性特征更加凸显，城乡社会治理呈现出诸多新情况、新特点、新变化和新挑战。较之于以县域为主要范围的基层社会治理，市域社会治理具有更强的整合性、协调性、综合性和枢纽性的特点，在应对和化解新型社会问题和社会矛盾时具有县域社会治理无法比拟的优势。[1]而地方最高层级的省级政府所辖区域范围较大，内部发展不平衡较为明显，统筹经济社会发展的条件尚不成熟。因此，市域社会治理在国家治理体系中当仁不让地承担着承上启下的枢纽作用，通过市级层面的中层设计、协调力量和统筹资源，成为国家治理的重要基石。[2]市域社会治理现代化是社会治理现代化的重要切入点和突破口，推进市域社会治理现代化是关系市域社会和谐稳定与国家长治久安的重要举措。因此，必须以政治强引领、以法治强保障、以德治强教化、以自治强活力、以智治强支撑，加快推进市域社会治理现代化，构建起共建共治共享的市域社会治理格局，努力建设更高水平的平安中国。

第一节　市域社会治理的意涵诠释

以前，我们所讲的社会治理概念主要侧重于基层社会治理，即城乡社区

---

〔1〕 参见陈成文等：《市域社会治理：一个概念的社会学意义》，载《江西社会科学》2020 年第1 期。

〔2〕 参见王大鹏编：《推进市域社会治理现代化》，红旗出版社 2020 年版，第 55 页。

层面的治理。党中央和国务院文件也大多使用"乡村治理体系"[1]、"城乡基层治理体系"[2]以及"城乡社区治理体系"[3]等提法。党的十九大以来，随着社会治理实践和理论探索不断深入，一些新论断、新概念、新提法逐渐进入人们的视野，社会治理的范畴由基层延伸至县域、市域以及省域。根据我国目前的省（自治区、直辖市）、市（地、州）、县（区）、乡镇的行政区划，社会治理领域存在着省域社会治理、市域社会治理、县域社会治理、乡镇基层治理等不同治理层级。省域、市域、县域治理均属于地方社会治理范畴。

一、市域概念的科学厘定

人们对市域概念的理解并不统一，目前学界也没有给出一个较为权威的界定。但较为典型的观点大致可以分为两种。一种观点认为，"市域"是一个地域概念，它是指以地级市为行政区划所确定的区域范围，包含市、县、乡、村在内的所有区域范围。另外一种观点则主张，"市域"只是一个城市概念，市域与县域是相对应的。县域包括了农村部分，而"市域"并不包含农村部分，是指市级政府所管辖的城市区域，它排除了县域部分。[4]实际上，笔者觉得应当从地级市这个层面把握市域社会治理中的"市"，即市管县体制下的地级市。市域不仅是一个层级概念，同时也是一个空间概念。从行政层级角度审视，市域正好处于国家、省域、县（区）域等层级的中间位置，它向上就是第一层级的省域，拥有省域层级辐射的行政资源和良好信息资源，在社会治理实践中可以弥补县域、乡镇域层级资源短缺、协调能力不足等方面的缺陷。向下靠近第三层级的县域、乡镇域，治理范围触及社会基层群众。因此，"市域"既是国家政策与省域政策的执行单元，又是县域、乡镇域以及村社域的决策单元。从空间角度来说，"市域"不仅涵盖地级市城区及其下辖周

---

〔1〕 习近平：《决胜全面建成小康社会　夺取新时代中国特色社会主义伟大胜利——在中国共产党第十九次全国代表大会上的报告》，人民出版社 2017 年版，第 32 页。

〔2〕 本书编写组编著：《〈中共中央关于坚持和完善中国特色社会主义制度、推进国家治理体系和治理能力现代化若干重大问题的决定〉辅导读本》，人民出版社 2019 年版，第 31 页。

〔3〕《中共中央国务院关于加强和完善城乡社区治理的意见》，人民出版社 2017 年版，第 2 页。

〔4〕 参见徐汉明：《市域社会治理现代化：内在逻辑与推进路径》，载《理论探索》2020 年第 1 期。

围的县域、乡镇以及农村社区，肩负着推进城乡一体化的历史重任，而且也必须注重市、县、乡镇（街道）的三级纵向联动，治理范围覆盖基层社会各领域。[1]可见，"市域"既是中央和地方的"链接链"和"稳固带"，又是治理系统中的"城市大脑"。因此，我们认为，市域既是一个城市概念，也是一个地域概念，它不仅包括以行政区划范围为基础所划定的地域范围（地级市辖区内的所有地域范围），又囊括城市区域和市辖区域的县域及其以下范围，是地级市城市行政管辖的所有地域。市域社会就是以地级市为行政区划的地域社会，包含城区社会和县域社会两个系统，是一个功能完备、要素齐全、体系健全的社会系统单元。

二、市域社会治理的核心要义

既然市域指的是地级市城市行政管辖的全部地域，那么，市域社会治理就是社会治理实践在市域范围内的逻辑展开和自然延伸，是社会治理理念确立、社会治理目标细化、社会治理工作布局实化、社会治理体制创新、社会治理方式转型、社会治理政策行动提速、社会治理能力提升的实践表达。[2]市域社会治理实际上是"市域"与"社会治理"两者的有机融合，它不是简单的"市域"＋"社会治理"，而是发挥"1+1>2"效应。它包含治理层级和地理范围两个基本属性，以设区的城市即地级市为基本治理单元，以城市为主要治理空间和依托，充分发挥城市在社会治理中的优势，联结城乡，覆盖农村，它包含农村社会治理、城乡基层社会治理以及社区治理的范围。[3]

就其内涵而言，市域社会治理不仅限于城市社会治理，而且包含整个市域范围内的整体性社会关系协调、社会行为规范、社会矛盾化解、社会治安防控、社会风险应对、公共安全保障等，以解决社会问题，促进社会公正，保持社会稳定。[4]它突破了县域社会治理的纵向管理体系，建立了多元主体

---

[1] 参见谢小芹：《市域社会治理现代化：理论视角与实践路径》，载《理论学刊》2020年第6期。

[2] 参见徐汉明：《市域社会治理现代化：内在逻辑与推进路径》，载《理论探索》2020年第1期。

[3] 参见杨磊、许晓东：《市域社会治理的问题导向、结构功能与路径选择》，载《改革》2020年第6期。

[4] 参见姜晓萍、董家鸣：《市域社会治理现代化的理论认知与实现途径》，载《社会政策研究》2019年第4期。

合作共治的横向联结机制，并以市域作为基层社会治理的组织和空间支撑点，将农村治理和城市基层治理两种社会治理样态联结起来。由此可见，市域社会治理是指在设区的城市区域范围内，党委、政府、群团组织、经济组织、社会组织、自治组织、公民社会治理主体，通过协同合作，运用党建、法律、道德、心理、科技、民规民约治理工具，消除市域社会矛盾，解决市域社会问题，以达到促进市域社会和谐稳定目的的一种枢纽性基层社会治理。[1]具体来说，市域社会治理至少应涵盖以下几个方面。

首先，空间维度。市域社会治理的物理空间包含地级市城市行政管辖的全部地域。从20世纪80年代开始，我们在全国范围内进行市管县体制改革。地级市的市域概念包括地级市城市区域及其下辖的县和县级市。因此，市域社会治理的物理空间包括城区社会治理和乡村社会治理。其次，治理理念。市域社会治理侧重以"市域"为范畴，通过整体性治理，致力于消解城乡社会治理的二元结构，消弭城乡社会分治导致的社会不公和社会发展不平衡，实现城乡居民对美好生活的向往。因此，市域社会治理的价值旨向是推动城乡社会均衡发展，实现公平正义。再次，治理主体。在市域社会治理框架下，市级主体在该地域社会治理过程中扮演"主导者"角色，发挥"统筹者"功能。这种主体设定有利于市级层面更加充分发挥自身的政策执行和再推动能力、资源整合和再分配能力。所以，市域社会治理在主体层级维度特指市级统领、区县负责、乡镇联动，强调多层级主体协同，多样化路径互动，全方位要素集成，全员化社会参与。最后，治理方式。就治理方式而言，市域社会治理坚持源头治理、依法治理、系统治理以及综合治理。主张在市域社会治理场景内发挥多元主体协同作用，根据不同的社会问题采取多样化的治理方式，[2]促进社会凝聚融合，推动社会和谐发展。

虽然市域社会治理介于省域社会治理与县域社会治理之间，发挥着承上启下的枢纽作用。但是，在国家治理体系中，市域社会治理往往是容易被忽视的环节，也是容易潜藏问题的环节。在我国，介于省与县之间的地级市，其人口数量大多要上百万、几百万甚至上千万，其中流动人口比较多，加之

---

〔1〕　参见陈成文等：《市域社会治理：一个概念的社会学意义》，载《江西社会科学》2020年第1期。

〔2〕　参见姜晓萍、董家鸣：《市域社会治理现代化的理论认知与实现途径》，载《社会政策研究》2019年第4期。

城乡接合部人口结构复杂，城建城管问题、社会治安问题、公共服务问题等相互交织，治理难度极大，极易发生较大规模的群体性事件，给经济社会发展带来重大负面影响。因此，市域社会治理事关国家治理顶层设计的落实落地，事关地方和谐稳定发展，是新时代社会治理的"牛鼻子"。市域社会治理的效能，对上关乎省域社会治理，对下关乎县域社会治理，决定着地方治理的成败得失。必须在坚持和完善共建共治共享的社会治理制度统领下，积极探索具有中国特色、时代特征的市域社会治理模式，加快推进市域社会治理现代化。

三、市域社会治理现代化的理论认知

一般而言，现代化指的是事物从低级到高级的进阶，从不发达状态迈向发达状态的过程和目标。市域社会治理现代化是指在市域范围内，为实现城乡居民共同的美好生活而统筹城市与乡村多元治理主体，优化公共服务，解决社会矛盾，促进社会公平，建设城乡联动、城乡互动、城乡驱动的和谐有序、持续发展的基层社会治理格局的过程和目标。[1]市域社会治理现代化的理论内涵如下。

（一）奋斗目标：实现美好生活

坚持以人民为中心的发展思想，不断保障和改善民生、增进人民福祉、实现共同富裕是我国社会治理制度的本质特征和显著优势。中国特色社会主义进入新时代以后，我国社会主要矛盾已经转化为人民日益增长的美好生活需要和不平衡不充分的发展之间的矛盾。人民日益增长的多层次、多样化的美好生活需求与其获得感、幸福感和安全感密切相连。市域社会治理现代化自然是以人民为中心的社会治理现代化，是全体人民实现共同富裕的现代化，是中国式现代化的重要表现形式。因此，市域社会治理现代化的奋斗目标是维护市域范围人民的根本利益，实现市域范围人民对美好生活的向往。

（二）治理主体：多元参与

多元主体合作共治是实现市域社会治理现代化的重要标志。随着改革开

---

〔1〕 参见姜晓萍、董家鸣：《市域社会治理现代化的理论认知与实现途径》，载《社会政策研究》2019 年第 4 期。

放的发展和社会深度转型，我国社会阶层分化、社会关系多样、社会利益多元趋势越发明显。单靠某一种社会力量，难以处理好我国快速现代化进程中面临的诸多社会问题，难以治理好我国处在急剧变革中的巨型社会，难以解决好各种风险和挑战。过去由于政府包揽过多，社会处于附属被动地位，群众遇到事情大多会找政府，而政府却不堪重负，应接不暇，这已成为我国社会治理中的一个最大难题。[1]传统的政府单中心管控模式已难以为继。进入新时代，市域社会治理已不再是党委和政府的"单兵作战"，而是在党的领导下，政府、社会、市场、公民以及各方力量良性互动，为促进社会协调运转的共同治理。只有坚持党领导下的多方参与、"兵团协作"、共同治理，发挥政府、市场、社会、公民等多元主体在市域社会治理中的协同协作、互动互补、相辅相成作用，才能形成推动社会和谐发展、保障社会安定有序的市域社会治理合力。

（三）核心要件：公共服务

造成社会风险的深层次原因是公共服务供给非均等，由此导致收入分配不均、贫富差距悬殊、被剥夺感等社会"负能量"现象。推进市域基本公共服务均等化既是向居民提供基本生存与发展需求的民生建设，也是城乡公民实现社会权利平等的法治建设，还是构建多元主体协同互动社会治理格局的社会建设。推进市域社会治理现代化是城乡共建、服务共享、社会共治的社会治理新格局形成的过程。[2]只有以公共服务为核心要件，推进市域基本公共服务均等化，才能从源头上化解市域社会矛盾，促进市域社会和谐安定。

（四）关键任务：社会质量

市域社会治理现代化的关键任务是提升社会质量。社会质量一般指公民的日常生活质量所达到的水平和程度。它包括社会经济保障、社会凝聚、社会融入和社会赋权四大构成要件。这四大要素的水准提升了，就意味着社会质量改善了，人的尊严、公民权、民主、社会公平以及社会团结等取得了长

---

〔1〕　参见本书编写组编著：《党的十九届四中全会〈决定〉学习辅导百问》，党建读物出版社、学习出版社2019年版，第127页。

〔2〕　参见姜晓萍、董家鸣：《市域社会治理现代化的理论认知与实现途径》，载《社会政策研究》2019年第4期。

足的进展。市域社会治理现代化是一个变"为民做主"为"让民做主"，最终走向"由民自主"的过程。在这一过程中，民主法治是基、公平正义是柱、安定有序是梁、人的发展与尊严是顶，它们共同构建起社会质量的大厦，其稳固程度直接体现着社会保障、社会团结、社会凝聚、社会融入的程度。推动市域社会治理现代化的关键任务就是依法维护市域居民的合理权利、保障普通公民平等参与社会治理的机会、促进群众在城乡社区治理、基层公共事务和公益事业中依法自我管理、自我服务、自我教育、自我监督，构建起以党组织领导的自治、法治、德治相结合的城乡基层治理体系，进而提升社会质量。[1]

第二节　推进市域社会治理现代化的重大意义

市域社会治理处于国家治理体系的顶层设计与基层实战之间，既要贯彻落实好中央关于国家治理的大政方针、制度安排、决策部署和上级的任务要求，又要立足实际对本市域社会治理统筹谋划、周密部署、推动实践，在国家治理中具有承上启下的枢纽作用，是国家治理在市域范围的具体实施和浓缩反映，是国家治理的重要基石。市域社会治理做得怎么样，事关顶层设计落实落地，事关市域社会和谐稳定，事关党和国家长治久安。[2]

一、县域社会治理的局限与挑战

县级是我国封建社会稳定的行政单元。县是具备完整行政功能最低一级的地方政府，县域社会治理直接关系民生，与社会稳定发展密切关联。自古以来中国就有"郡县治，天下安""郡县治，而天下无不治"的说法。可见，县域在国家治理中具有"稳定器"的作用，这已被中国两千多年稳定的封建制度所证实。改革开放后，县域不仅继续发挥其社会"稳定器"功能，还承担着发展经济等重任，全国经济百强县的发展实践就是最有力的证明。县域是国家治理体系中重要的基础性层级，是实现我国城镇化的主要载体。因此，

---

〔1〕　参见姜晓萍、董家鸣：《市域社会治理现代化的理论认知与实现途径》，载《社会政策研究》2019 年第 4 期。

〔2〕　参见王大鹏编：《推进市域社会治理现代化》，红旗出版社 2020 年版，导论第 2 页。

在党的十六大报告中明确提出了壮大县域经济的重大命题。但是，随着改革开放的不断深入，市场经济的转型，利益格局的调整，我国县域社会治理中的新问题不断涌现，在利益格局调整中积累的社会矛盾逐渐凸显，县域社会治理面临的社会形势更加复杂，县域治理因其治理空间狭小、治理层级较低和治理资源有限而暴露出一些弊端，已经成为国家治理的"短板"。

（一）思想观念上重经济建设，轻社会治理

县级政府抓社会建设和社会治理的力度远不如抓经济建设。一般而言，县域发展落后于城区发展，县级政府会更多地集中精力抓经济建设而疲于应付社会建设与社会治理。县级政府的人力、财力、物力都相对不足，削弱了其社会治理的职能。较之于经济建设，社会治理工作较为棘手，时常碰到一些突发事件和偶然意外因素。抓社会建设和社会治理难以取得立竿见影的效果和显性成绩。这些因素客观上会影响一些县域领导抓社会建设与社会治理的积极性、主动性和创造性。

（二）县域社会资源有限，难以有效应对社会风险

社会转型期的中国具有明显的不均衡性，中国幅员辽阔，地区之间自然和人文差异巨大，经济发展的基础差异悬殊，加之政策导向上的原因，使得区域之间发展很不平衡。县级政府人力、财力、物力等有限，政府行政能力也受限，难以回应民众需求。当前县域的矛盾纠纷类型增多，因安全隐患、征地、医患、污染、企改等因素引发的利益纠纷时有发生。经济体制改革、社会结构变动而引发的利益调整、观念冲突等导致县域社会矛盾错综复杂。此外，县域社会治理工作还面临一些新情况，譬如新型城镇化带来县域人口流动加快，就业方式多元，而县域现有的人口管理及服务工作已难以适应城市规模扩大、人口流动性增强的新形势。网络虚拟社区、博客、即时通信等发展使得"人人都是麦克风"的时代来临。此种情况下，如何提高网络舆情分析研判与应对能力，成为县域社会治理面临的新课题，[1]凡此等等，不一而足，仅凭县级政府有限的人力、财力、物力等资源难以有效应对上述社会风险。

---

〔1〕　参见王大鹏编：《推进市域社会治理现代化》，红旗出版社2020年版，第53页。

（三）县域社会治理的权能受限明显

县域治理的相对独立性较为突出，即它在空间上具有特定范围，涵盖市辖区和县级市以外的县及其所属乡镇村居。这使得县域与市辖区和县级市之间形成了相对独立的社会格局，它是由我国城乡二元体制管理模式所致。在这种相对独立的社会格局下，县域社会治理的权能受到明显限制。县级政府既要受到中央、省、市等上级政府的限制，又要受自身人、财、物以及能力的约束，还要受到县情、民情限制。面对城乡融合、乡村振兴、脱贫攻坚、新型城镇化等战略，县域社会治理逐渐呈现出了"心有余而力不足"的困境。在城乡二元制结构背景下，跨区域治理或区域协调发展的破题之策尤为迫切。这就需要更高层级的规划协调，来缩小区域差距，发挥比较优势，形成合理的区域分工与合作，促进生产要素自由流动。县域治理实践充分表明，囿于县域范围无法真正实现管理到治理的升级，更无法在县域范围内实现更高层次的共建共治共享社会治理格局。[1]

（四）县域社会治理难以协调条块分割的治理态势

我国国家治理的典型特色是"条块分割"，分而治之。具体来说，我国是以"块块"为属地管理，以"条条"为部门管理。在这种"条块分割"治理格局下，上级部门将较多任务和事项下派到基层，由"块块"处理或完成。而"块块"肩负的任务过多过繁，但人、财、物、信息等社会资源却十分有限，不得不疲于应对。同时，"条块分割"使"条块"之间协同不畅，"条块"协作合力的效果不彰，导致治理的碎片化。由于县域社会治理层级偏低，没有权限在"条块分割"结构中进行有效调解，必须由具有更强资源协调和调动能力的地市级治理主体来进行统筹兼顾。

二、市域社会治理的独特优势

中国特色社会主义进入新时代后，党中央国务院着力推进城乡融合发展、新型城镇化、乡村振兴战略等，作为省级与县级之间中间层级的市域就成了落实顶层设计的中坚力量。市域范围内区县间发展差距不大，且具有较强的

---

〔1〕　参见王大鹏编：《推进市域社会治理现代化》，红旗出版社 2020 年版，第 54 页。

互补性，因此，市域成为推进基层治理的重要前沿力量。[1]

（一）市域社会治理具有独特优势

市域社会治理具有以下四大独特优势。首先，基础优势。市域层级在发展之初就为城市发展谋划未来，故在市域层面发展的过程中，一直都注重治理的有效性和前瞻性。从这个角度而言，市域社会治理较之县域社会治理具有较好的治理基础。但是，因各市域层面所辖范围大小不一、辖区内各主体之间发展相对不平衡、各区域内部发展存有差异等，所以一般不能纳入统一治理轨道。其次，资源优势。市域层级在发展的过程中汇聚了较为丰富的政治资源、财力资源、人力资源等，形成了较为完整的城市发展系统、完善的基础设施和相对成熟的社会组织。尤其是在政治权威支配下，市域层级可以调动县域、乡村地区无法调用的社会资源。再次，层级优势。根据现行行政区划和治理层级，市域处于省级与县级的中间层级，具有较为完备的社会治理体系，具有解决社会治理中重大矛盾问题的资源能力，是将风险隐患化解在萌芽、解决在基层的最直接、最有效力的治理层级，是发展经济、保障民生、维护稳定、促进长治久安的坚实基础，成为推进社会治理现代化的前线指挥部。市域社会治理对上可以直接领会并贯彻党中央、省委省政府的相关决策部署，对下可以指导基层做好社会治理的基层实践。这个具有承上启下并起着桥梁和纽带作用的中间层级，不仅是社会治理现代化战略的"实施者"，也是落实基层治理工作的"组织者"，更是以城带乡、以点带面的"发动机"。最后，主体优势。新中国成立之初，约90%的人口是农村人口，只有10%的城市人口。改革开放初期，农村人口降到80%左右，城市人口上升至20%左右。截至2018年年底，我国城市常住人口达到约60%，而农村常住人口降至40%。随着新型城镇化的不断推进，市域规模在不断扩大，市域人口也不断增多，市域建设、市域整体组织不断完善。市域凝聚了更多的社会组织、吸纳了更多的行政资源、拥有更完善的公共服务体系。更重要的是，在市域发展的过程中市民的受教育程度越来越高，汇聚的高素质人口越来越多。就此而言，市域社会治理主体整体优于乡村地区。[2]

---

〔1〕 参见王大鹏编：《推进市域社会治理现代化》，红旗出版社2020年版，第55页。

〔2〕 参见褚卫东：《"共同体"视域下的推进市域社会治理现代化》，载《安徽行政学院学报》2020年第3期。

地方最高层级的省级政府所辖区域范围较大，区域内部发展不平衡较为明显，统筹经济社会发展的许多条件尚不成熟。市域辖区范围内县区地域间发展的差距相对平衡或保持在了相对理想的范围之内，市域内城乡区域间具有较强的互补性，实现要素流动条件较为成熟。因此，打造区域中心城市、发挥辐射效应、促进区域协调发展的重大任务就落实到市域范围。市域社会治理既肩负着贯彻落实好中央关于国家治理的大政方针、制度安排、决策部署和省委的任务要求，又肩负着本市域范围社会治理统筹谋划、周密部署、推动实践创新的艰巨任务，这事关顶层设计落实落地，事关市域社会和谐稳定，事关党和国家长治久安，意义重大、影响深远。[1]2015 年 3 月 15 日，十二届全国人民代表大会第三次会议对《中华人民共和国立法法》做出修改，规定所有设区的市均具有立法权，进一步加强了设区的市在辖区顶层设计、统筹兼顾的能力。这为新时代推进市域社会治理现代化提供了基础条件和重要法治保障。

（二）市域治理是基层治理的上位引领

市域是社会问题的隐藏点，社会矛盾的潜在爆发点，蕴含着大量非常规风险。当前我国正处于社会深度转型期和经济高速发展阶段。城镇化步伐的不断加快，不仅会带来城市空间拥挤、环境污染、服务缺位、交通拥堵等一系列棘手的社会治理问题，而且由于现代城市结构内在的异质性、复杂性、流动性和集约性，城市治理还不得不面对大量的利益冲突、社会风险与公共危机等问题。我国从社会管理到社会建设，再到社会治理的层层进阶，不仅体现出我国经济社会和市场活力的巨大释放，也折射出我们党和政府执政理念的转型升级。在这种背景下，市域治理盘活了城市对基层治理的引路领航作用，便于促进区域均衡发展，协同推进城乡一体化。县域及其下位乡镇（街道）域作为基层治理的"最后一公里"，肩负着大量的繁杂琐碎事务，但其治理资源和治理能力却捉襟见肘，十分有限。有鉴于此，需要充分发挥市域治理对县域和镇乡（街）域治理的资源调配、组织协调、统一指挥的优势。地市级政府及相关职能部门一般都具备公共政策制定和资源分配的能力，可以在基层治理行动中扮演头雁引领角色，在市域范围内形成"分则各自为战，

---

〔1〕 参见王大鹏编：《推进市域社会治理现代化》，红旗出版社 2020 年版，导论第 9-10 页。

合则自成一体"的治理格局。[1]因此，市域是推进社会治理现代化的关键主体，在基层社会治理行动中发挥着政策制定、政策执行、政策纠偏、资源调配、协同带动和力量支持等方面的头雁作用，可以产生"一子落而全盘活"的治理效能。

（三）市域是化解社会冲突与风险的理想界面

在现阶段，我国社会群体分布呈现结构性特点，即绝大部分低收入群体聚集在县及乡镇一级，中等收入者主要集中于城市。这体现了市域和县域之间经济社会发展的严重不均衡性。而要解决这种地域上的不均衡必须从市域层面入手才行。社会中产阶层和精英阶层主要居住在市级（及以上一级），他们大多对国家和地方的重要政策持积极的态度，是国家政策的支持力量。市域层面可以将中产阶层和精英阶层的力量整合起来，推进县域与乡镇域的协调均衡发展。这不仅有利于社会政策的持续推进，也有助于社会秩序、社会稳定的有效维护。同时，现代社会是一个风险社会，汇聚于现代城市的社会风险具有高度不确定性、系统性和复杂性的特点。精英阶层可以利用其经济、政治、文化等方面的优势，精准快速地对社会风险防范和化解作出决策，并适时予以有效调节，将矛盾和风险终结在市域范围，阻止其继续向省级层面扩散，有效避免其酿成全国性事件。[2]

（四）市域是弥合条块分割治理态势的整合力量

在属地管理模式和"压力型体制"下，我国社会治理事务沿着条块分割的垂直化管道转移到基层。市域兼具垂直化和扁平化两种治理样态。一方面，它可以以解决问题为导向，重塑条块治理体系，赋予"块"治理资源和权限，驱动条块之间建立联动治理机制，实现从条块分割到条块协同的转变。另一方面，它也可以在市域内有效履行综治工作、市场监管、综合执法、疾病防控和便民服务等职能，与社会治理平台对接，解决信息失灵和横向部门目标分离难题，形成社会治理齐抓共管的合力。市域可以建立条块关系的平衡点，

---

〔1〕　参见谢小芹：《市域社会治理现代化：理论视角与实践路径》，载《理论学刊》2020 年第 6 期。

〔2〕　参见谢小芹：《市域社会治理现代化：理论视角与实践路径》，载《理论学刊》2020 年第 6 期。

形成上下贯通和横向协调的治理机制，促进资源下沉和技术嵌入，激活了社会治理的动能，有效化解基层治理"悬浮化"、"碎片化"和"内卷化"问题。[1]

三、市域社会治理现代化的价值定位

推进市域社会治理现代化是立足于新发展阶段，构建新发展格局，提升市域社会治理效能的全新治理变革，体现了经济繁荣、政治稳定、社会和谐、城乡融合、区域平衡、生态美好、生活幸福等价值追求，其价值定位如下。

（一）驱动市域经济高质量发展

推进市域社会治理现代化能够更好地适应我国经济高质量发展的需要，驱动市域经济高质量发展。市域社会治理现代化本质上是多元主体为促进地方经济发展、维护本市域群众利益以及规范社会治理行为、建立良好的社会秩序的一种制度安排。[2]道格拉斯·诺斯和罗伯斯·托马斯认为，现代经济增长理论所强调的资本、劳动甚至技术等因素，只不过是增长的表现和结果而非原因，制度变迁才是一国经济长期增长的源泉。[3]一些研究表明，制度因素和经济增长互为因果，政府和居民在社会治理方面的支出会对地方经济发展产生明显的影响。推进市域社会治理现代化，通过多元治理行动主体的联动，法治、德治、自治、智治等治理方式的协同，省、市、县、乡、村的整体性运作，多部门上下联动、齐抓共管，部门协同、行业配合，实现市域的高效能治理，必将推动市域经济的高质量发展。[4]

首先，优化市域营商环境。随着市域社会治理现代化任务的提出，市域社会治理的体制架构整体性、治理目标多重性、治理主体多元性、治理方式协同性、制度保障完整性等，必然会促使各城市的营商环境不断优化，推动

---

[1] 参见杨磊、许晓东：《市域社会治理的问题导向、结构功能与路径选择》，载《改革》2020年第6期。

[2] 参见郑军：《市域社会治理的基本特征及对地方经济发展的影响》，载《当代经济》2020年第3期。

[3] 参见［美］道格拉斯·诺斯、罗伯斯·托马斯：《西方世界的兴起》，厉以平、蔡磊译，华夏出版社2017年版，第4—8页。

[4] 参见杨新欣：《新发展格局下市域社会治理现代化研究》，山东大学出版社2021年版，第128页。

地方加快建设横向到边、纵向到底的营商环境体系，为城市经济发展提供制度保障，从而驱动地方经济的高质量发展。其次，低成本驱动经济发展。价值信念、风俗习惯、文化传统、道德伦理及意识形态等非正式治理方式，逐渐形成于人们长期社会交往过程，成为人们自发共同遵守的行为准则。这种"软治理"方式几乎不需要政府的财政投入，还能有效提高潜在的市域社会治理效能，对于经济发展的贡献甚至不亚于政府直接投入。最后，护航经济发展。随着我国城镇化的快速推进，市域社会面临极为复杂的新局面，如城市规划、社会保障等配套滞后，社会利益诉求多元，新经济新业态新模式方兴未艾，倒逼市域社会治理现代化进程加快，加大创新改革力度，为经济高质量发展保驾护航。[1]

（二）统筹推进发展和安全两件大事

发展和安全如车之双轮，鸟之两翼，缺一不可。在新发展格局下，面对新发展阶段的新特征、新要求，习近平总书记反复强调，要统筹好发展和安全两件大事，不断增强自身竞争能力、开放监管能力和风险防控能力。推进市域社会治理现代化对统筹发展和安全两件大事具有重要价值。安全是发展的前提，发展是安全的保障。只有国家安全得到保证，才能为发展创造和谐稳定的内外部环境，人民才能集中精力推动国家各项建设事业向前发展。一旦任何一个领域出现安全隐患，都有可能损害群众切身利益，甚至影响到国家根本利益，阻碍经济社会发展。当前市域社会各种风险因素和不确定性明显增多，系统性风险交织联动，衍生效应日益增强。通过推进市域社会治理现代化，实现建设韧性城市、韧性社区目标，进而建设更高水平的平安中国，为实现高质量发展提供重要的安全保障。[2]

（三）促进城乡社会治理一体化

在"城乡二元结构"制度下，传统的社会治理在价值理念、体制机制、制度行为等方面都带有一定的"城乡分割"色彩。我国的市域社会与西方国家的根本区别在于我国是一种城乡并存格局。在未来相当长的时期内我国仍将处于城市化中期，"三农"问题在我国将长期存在。如前所述，市域是权责相对完整、区域差距较小的治理单元。推进市域社会治理现代化，在某种程度上可以加速实现城乡融合、城乡统筹、乡村振兴和区域协调，从而增强城乡社会治理的整体性功能，实现城乡基本公共服务的均等化，为促进城乡社会治理一体化和实现城乡共同富裕奠定坚实的社会基础。

（四）发挥城市治理、基层治理的集成效应

市域社会治理是一项多维度的系统工程，是一种弥合宏观治理结构与微观治理行为的嵌入式与联结式枢纽。它不仅涉及大城市治理、中小城市治理、城镇治理、乡镇和乡村治理，而且涉及国家治理、区域治理、社区治理，涉及政府治理、企业治理、空间治理、生态治理、技术治理、舆论治理、情感治理等，几乎涵盖现代社会运行的所有方面，涉及宏观、中观、微观每个领域和层面的组织、群体、个人。[1]它在国家治理体系中居于承上启下的中间枢纽地位，体现各个治理单元的集成效应，它通过法治、德治、自治、智治等方式实现了多种治理形式的有机融合。相对于县域与省域，它具有统筹资源、协调联动的优势。因此，推进市域社会治理现代化为各种治理单元搭建了一个大平台，构建一个集成块，由此提高国家治理、政府治理和社会治理的总体效能。[2]

总之，市域社会治理现代化就是以市域整体的社会建设为目标，充分挖掘市域范围内城乡各要素优势和潜力，打破城乡区域壁垒，使市域范围内城乡不同区域间要素能够按照规则有秩序地自由流动，并赋予其较强的自我建设发展创新能力，满足不同区域发展要求，从而发挥整体功能，区域间经济政治社会文化生态统筹协调发展，将区域基本公共服务等差异保持在合理限度内并呈现出逐步缩小趋势，社会建设整体和谐有序，治理有效。[3]

---

〔1〕 参见陈忠、吴伟：《市域社会的治理逻辑：发展趋势与伦理选择》，载《光明日报》2020 年 4 月 20 日，第 15 版。

〔2〕 参见杨新欣：《新发展格局下市域社会治理现代化研究》，山东大学出版社 2021 年版，第 131 页。

〔3〕 参见王大鹏编：《推进市域社会治理现代化》，红旗出版社 2020 年版，导论第 2 页。

第三节　市域社会治理现代化的内容体系

市域社会治理现代化是指在市域范围内，坚持民主、法治、公平、正义、安全等社会治理理念，确立维护最广大人民根本利益、最大限度增加和谐因素、激发社会活力、建设更高水平的平安中国的社会治理目标，完善党委领导、政府负责、民主协商、社会协同、公众参与、法治保障、科技支撑的社会治理体系，以此有效化解社会矛盾、维护社会公平正义、保障人民合法权益、确保人民安居乐业、社会安定有序的一系列活动及其过程。[1]市域社会治理现代化的基本内容包括治理体系现代化、治理能力现代化和治理方式现代化三重维度。

一、市域社会治理体系现代化

市域社会治理体系是党委领导下政府和社会共建共治共享的制度体系，是一整套紧密相连、衔接协调的体制机制和制度安排。按照党中央关于社会治理的新部署新要求，要提升市域社会治理体系现代化水平，必须不断健全市域社会治理的政治体系、市域社会治理的自治体系、市域社会治理的德治体系以及市域社会治理的法治体系四大体系。

（一）健全市域社会治理的政治体系

现代政治体系一般由国家的政党组织、政治团体、政治制度及其运行规则构成，是国家立治有体、施治有序的重要体制保障。市域社会治理的政治体系属于国家中观层面的政治体系，是实施市域社会治理的主体性架构，是影响市域社会治理水准的决定性因素。[2]必须不断推进市域党政机构改革，完善协同高效的市域社会治理政治体系，切实将中国特色社会主义政治制度优势转化为市域社会治理效能。

首先，强化市域党委领导体制。进一步健全市委领导市域社会治理工作

---

〔1〕参见杨新欣：《新发展格局下市域社会治理现代化研究》，山东大学出版社2021年版，第63页。

〔2〕参见陈一新：《新时代市域社会治理理念体系能力现代化》，载《社会治理》2018年第8期。

的体制机制，充分发挥市域党委总揽全局的作用，统筹市域范围内各方力量和资源，将市域风险防控贯穿于市域规划、决策、监管各领域各环节和市域经济社会发展全过程，形成工作联动、问题联治、平安联创的市域社会治理格局。[1]市委政法委应根据中央推进政法委综治、维稳、反邪教工作机构职责整合的总体部署，健全社会治安综合治理机制。

其次，健全职能清晰、运行高效的政府负责机制。市级政府作为市域社会治理的重要主体，应当进一步完善机构设置、职能配置和人员编制，为提高市域社会治理能力和水平提供体制机制保障。继续推进市县两级政府机构改革，加大机构整合归并力度，形成灵活有效的政府治理机制。深化市县两级政府"放管服"改革，把不该由政府管理的事项交给社会和市场，把该由政府管理的事项彻底管住管好，[2]推动有效市场和有为政府更好结合。优化市域政府组织结构，提高其行政运行效率。促进市域政府职能更加优化、权责更加协同，提高其综合承载和资源优化配置能力，实行扁平化管理，[3]形成高效率的组织体系。

最后，完善区域联动、部门协作的网格化治理平台。区域联动，网格融合、协同共治是完善市域社会治理体系、提高市域社会治理能力的内在要求。面对跨市县的风险隐患，必须强化区域联动，构建起互信互助、互联互通的治理网格平台和整体防控链条，最大限度地压缩风险滋生蔓延空间。面对跨区域的社会矛盾，要完善市、县主管部门牵头，职能部门密切配合的综合治理机制，积极推进县乡村三级综治中心建设，更好发挥基层治理实战化平台作用。完善城乡社区网格化管理规范，把资源、服务、管理下沉到网格，使基层治理触角延伸至各个角落，做到大事全网联动、小事一格解决。[4]

（二）健全市域社会治理的自治体系

习近平总书记在党的十九大上强调指出，要发挥社会组织作用，实现政

---

〔1〕 参见陈一新：《新时代市域社会治理理念体系能力现代化》，载《社会治理》2018 年第 8 期。

〔2〕 参见陈一新：《新时代市域社会治理理念体系能力现代化》，载《社会治理》2018 年第 8 期。

〔3〕 参见本书编写组编著：《党的十九届四中全会〈决定〉学习辅导百问》，党建读物出版社、学习出版社 2019 年版，第 13 页。

〔4〕 参见陈一新：《新时代市域社会治理理念体系能力现代化》，载《社会治理》2018 年第 8 期。

府治理和社会调节、居民自治良性互动。加强和创新市域社会治理，应该发扬民主，激发城乡居民、企事业单位和社会组织自主自治的积极性，实现民事民议、民事民管、民事民办，提高市域社会治理的社会化水平。

1. 健全基层群众自治机制。基层群众自治是社会主义全过程人民民主的重要实践，其实质是群众的事情群众自己办。要加强城乡社区群众自治组织建设，发挥其自我组织、自我管理、自我服务的优势，形成以群众自治组织为主体，社会各方广泛参与的群众自治体系，创新群众问题由群众解决的自治机制，将城乡社区建设成为群众自治的基础平台。

2. 优化社会组织自治机制。根据党中央国务院关于推进社会组织改革的指示精神，加快推进政社分开，创新市域社会组织成长扶持机制，完善政府购买服务机制，尽力将适合由社会组织提供的公共服务和解决的事项交由社会组织办理，把市域社会组织打造成制度健全、运行规范、充满活力的自治实体。加快培育和发展市域行业协会商会类社会组织，使其充分发挥其指导行业发展、规范成员行为、维护行业声誉的作用，[1]促进市域各行各业健康有序发展。

3. 健全企事业单位自治机制。市域企事业单位不仅是从事生产经营，供给商品与服务的市场主体，而且是进行民主管理，维护职工合法权益的基层组织。应当正确引导企事业单位优化内部治理结构，完善职工代表大会、工会等民主管理机制，使其发挥维护职工权益、化解内部矛盾的功能。积极推动企事业单位健全内部利益协调机制、诉求表达机制和权益保障机制，[2]及时回应和解决职工的正当合理诉求，维护市域社会稳定。

（三）健全市域社会治理的德治体系

道德作为一种无形的力量无处不在，可以身心皆修，标本兼治。德治是市域社会治理现代化不可或缺的关键内容。德治是以道德教化的方式，加强社会成员的道德修养，在较高道德水平基础上实现市域居民的友好相处与社会和谐稳定。因此，必须以社会主义核心价值体系为统领，以社会公德、职

---

〔1〕 参见陈一新：《新时代市域社会治理理念体系能力现代化》，载《社会治理》2018 年第 8 期。

〔2〕 参见陈一新：《新时代市域社会治理理念体系能力现代化》，载《社会治理》2018 年第 8 期。

业道德、家庭美德、个人品德为主阵地，形成具有中国特色、彰显时代精神、体现地域文化的市域德治体系，打造市域道德建设高地。

1. 强化社会公德修养。一般而言，一个城市的文明程度与社会秩序在很大程度上是由该地居民的社会公德水准来决定的。为此，应当完善市域媒体宣传引导机制，发挥市域媒体在社会公德建设方面的重要影响力，弘扬主旋律，传播正能量，让社会充满仁爱之风、浩然正气。深入挖掘市域优秀传统文化，以其陶冶居民的道德情操。不断加强市域公共文化服务体系建设，打造更多文化惠民品牌。运用大数据、云计算、人工智能技术对市域图书馆、文化馆、科技馆、博物馆、美术馆、体育馆、革命历史纪念馆等文化设施建设进行升级改造，提升公共文化服务数字化水平，丰富数字化文化资源，拓展智慧公共文化服务应用，建设市域智慧图书馆体系和公共文化云，〔1〕充分发挥其提高居民社会公德修养的作用。

2. 提升职业道德素养。职业道德是人们的从业之本、立业之基，不可小觑。应大力开展内容丰富、形式多样的文明行业创建活动，积极倡导爱岗敬业、诚实守信、办事公道、廉洁自律、服务群众、奉献社会的职业道德。完善跨地区、跨行业、跨部门的守信联合激励和失信联合惩戒的联动机制，加强失信惩戒，增加守信红利，推动形成不愿失信、不能失信、不敢失信的浓厚氛围，使诚实守信成为全市域、全社会的价值追求和自觉行动。〔2〕

3. 加强家庭美德建设。中华民族向来重视家风家教，素有"天下之本在家"的古训。应发挥家庭的人生"第一课堂"功能，持续深入开展家德家教家风教育，牢固树立起尊老爱幼、男女平等、夫妻和睦、勤俭持家、邻里团结等美德，以千万个家庭的家德家风支撑引领市域社会的好风气。〔3〕

4. 提高个人品德修养。个人品德是指社会道德原则和道德规范在个人思想与行为中的体现，是一个人在其道德行为中所表现出来的比较稳定的、一贯的道德倾向。个人品德是社会道德建设的基础。一般而言，社会公德、职业道德和家庭美德的水准，都是以社会成员的个人道德为基础的，终归要落

---

〔1〕 参见本书编写组编著：《党的二十大报告辅导读本》，人民出版社 2022 年版，第 419 页。

〔2〕 参见本书编写组编著：《党的十九届四中全会〈决定〉学习辅导百问》，党建读物出版社、学习出版社 2019 年版，第 98 页。

〔3〕 参见陈一新：《新时代市域社会治理理念体系能力现代化》，载《社会治理》2018 年第 8 期。

实到个人品德的养成上。中华民族历来重视个人品德修养，我们向来具有"修身、齐家、治国、平天下"的情怀。社会主义核心价值观中，也有个人层面内容，即"爱国、敬业、诚信、友善"，要求弘扬个人品德、磨砺个体品行。因此，我们必须认真领会《新时代公民道德建设实施纲要》的精神内涵，推动践行以爱国奉献、明礼遵规、勤劳善良、宽厚正直、自强自律为主要内容的个人品德，鼓励人们在日常生活中养成良好品行。

（四）健全市域社会治理的法治体系

习近平总书记指出，坚持依法治理，善于运用法治思维和法治方式破解城市治理顽疾。因此，应正确认识法治在市域社会治理中的重要作用，尽快建立起系统完备、科学规范、集约高效的市域社会治理法治体系，推进市域社会治理制度化、规范化、法治化。

1. 构建系统完备的市域法律规范体系。根据《中华人民共和国立法法》规定，地级市（设区市）的人民代表大会和政府拥有地方立法权。因此，地级市（设区市）应善于运用国家法律赋予的立法权，学习借鉴其他城市立法的成功经验和成熟做法，因地制宜依法制定一些权责明晰、科学合理、便于操作的地方性法规规章，为破解市域社会治理难题提供科学的法律依据。

2. 完善严密规范的市域法治监督体系。法治监督体系是约束公权力又保障私权利的一项重要制度安排。要打造城乡一体化的市域监管数据平台，对权力运行实施电子记录、全程留痕，提高法治监督智能化、精准化水平。打破市县乡村的层级界限，建立上下联动、左右贯通的法治监督体系，形成健全立体化、全天候的市域法治监督网络，让群众最为痛恨的贪赃枉法、滥用职权、徇私舞弊、充当黑恶势力和黄赌毒"保护伞"等腐败行为无处藏身。〔1〕

3. 构建坚实有力的市域法治保障体系。法治保障体系是推进市域社会治理现代化的支持系统，涵盖法治宣传教育体系、法治人才培养体系和公共法律服务体系等内容。应深化全民普法教育，严格落实"谁执法谁普法"的普法责任制，坚持和完善法官、检察官、律师、法学专家等以案释法制度，不断提高城乡居民的法治意识，让城乡居民逐渐养成遇事找法、办事循法、解

---

〔1〕 参见陈一新：《新时代市域社会治理理念体系能力现代化》，载《社会治理》2018 年第 8 期。

决问题靠法、化解矛盾用法的生活习惯。应不断完善市域法治人才招录机制，增强市域法律实务部门与政法院校专家学者的双向交流，健全法律职业培训、实战训练机制，培养一支政治过硬、思想端正、业务娴熟的市域法治人才队伍。充分利用大数据、云计算和人工智能技术盘活整合市域范围内的法律援助中心、诉讼服务中心、检察服务大厅、律师事务所、人民调解委员会、司法所等法律服务资源，[1]为城乡居民提供更为优质便捷高效的法律服务。

二、市域社会治理能力现代化

市域社会治理能力现代化是市域社会治理现代化的核心要件，是实现市域社会治理现代化的根本保证。从组织、行为、技术层面来看，市域社会治理能力现代化应当包括统筹谋划能力现代化、社会风险防控能力现代化、社会舆论导控能力现代化、破解社会难题能力现代化、群众工作能力现代化以及数据处理能力现代化等方面。

（一）统筹谋划能力现代化

"不谋全局者，不足谋一域"，市域社会治理现代化是一项复杂的社会系统工程，事关全局和长远，只有高瞻远瞩、胸怀全局、精心谋划、科学统筹才能开创市域社会治理现代化的新局面。[2]因此，必须不断提升市域党委政府的统筹谋划能力，准确理解掌握市域社会治理现代化的规律与特点，科学领会中央和省级决策政策指示精神，摸清吃透所辖区域实际情况，统筹发展与安全，统筹当前工作与长远布局，精心谋划推进本地市域社会治理现代化的总体思路、目标任务、政策导向以及方法路径等。[3]

（二）社会风险防控能力现代化

社会风险防控能力是指在推进市域社会治理现代化过程中，必须具备的预测预警预防各类风险的能力，它直接反映了市域社会治理应对新型社会风

---

[1] 参见陈一新：《新时代市域社会治理理念体系能力现代化》，载《社会治理》2018年第8期。

[2] 参见陈一新：《新时代市域社会治理理念体系能力现代化》，载《社会治理》2018年第8期。

[3] 参见陈一新：《新时代市域社会治理理念体系能力现代化》，载《社会治理》2018年第8期。

险的防范水平。社会风险防控能力现代化就是要求强化风险认知意识，完善社会风险防控体系。坚持专群结合、群防群治……提高预测预警预防各类风险能力，增强社会治安防控的整体性、协同性、精准性，[1]就是要求既要有防范风险的先手，也要有应对和化解风险挑战的高招。既要打好防范和抵御风险的有准备之战，也要打好化险为夷、转危为机的战略主动战。[2]既要注重完善事后补救机制，也要落实风险问责机制。[3]它体现了市域社会治理从"事后处置"向"事前预防"治理理念的转向。

（三）社会舆论导控能力现代化

社会舆论导控能力是在推进市域社会治理现代化过程中，市域党政有关部门严格把控各类社会舆论的主阵地和话语权的能力。社会舆论导控能力现代化就是通过提升把控社会舆论主阵地和话语权的战斗能力，实现市域范围内人心的凝聚、共识的凝聚和力量的凝聚。[4]因此，必须坚持正确导向的舆论引导机制，构建线上线下一体、内宣外宣联动的主流舆论格局。建立以内容建设为根本、先进技术为支撑、创新管理为保障的全媒体传播体系。改进和创新正面宣传，完善舆论监督制度，健全重大舆情和突发事件舆论引导机制。全面提高网络治理能力，营造清朗的网络空间。[5]

（四）破解社会难题能力现代化

破解难题能力是在推进市域社会治理现代化过程中，治理主体聚焦市域社会的痛点难点堵点，继而有的放矢、对症下药、药到病除的发现能力、分析能力以及应对能力。破解难题能力现代化就是以"明知山有虎，偏向虎山行"的勇气，切实增强市域社会治理"疑难杂症"的发现能力、分析能力和

---

〔1〕　参见本书编写组编著：《党的十九届四中全会〈决定〉学习辅导百问》，党建读物出版社、学习出版社 2019 年版，第 22 页。

〔2〕　参见习近平：《以时不我待只争朝夕的精神投入工作　开创新时代中国特色社会主义事业新局面》，载《人民日报》2018 年 1 月 6 日，第 1 版。

〔3〕　参见陈成文等：《市域社会治理现代化：理论建构与实践路径》，载《江苏社会科学》2020 年第 1 期。

〔4〕　参见陈成文等：《市域社会治理现代化：理论建构与实践路径》，载《江苏社会科学》2020 年第 1 期。

〔5〕　参见本书编写组编著：《党的十九届四中全会〈决定〉学习辅导百问》，党建读物出版社、学习出版社 2019 年版，第 18–19 页。

应对能力。我国改革进入深水区以后，市域社会治理领域面临的都是错综复杂的治理难题，需要解决的都是难啃的硬骨头。[1]因此，我们必须增强忧患意识、责任意识，苦练内功，按照"敢于啃硬骨头，敢于涉险滩，敢于向积存多年的顽瘴痼疾开刀"的要求，提高破解难题、补齐短板的本领。

（五）群众工作能力现代化

群众路线是我们党的生命线，也是推进市域社会治理现代化必须遵循的基本工作路线。群众工作是我们党的传家宝，任何时候都不能丢。市域社会治理既是践行群众路线的大舞台，也是提高群众工作能力的好载体。市域社会治理的工作基础是人民群众，提高群众工作能力是推进市域社会治理现代化的根本性要求。群众工作能力现代化就是在推进市域社会治理现代化过程中，深入群众、深入基层，急人民群众之所急，想人民群众之所想，开展细致入微、春风化雨、润物无声的群众工作。推进群众工作能力现代化，必须畅通民情民意收集渠道，走好网上群众路线，与时俱进创新群众工作方法，不断提高动员群众、服务群众的能力水平。

（六）数据处理能力现代化

在推进市域社会治理现代化过程中，行动主体的决策与执行以相关数据信息的获取为基础。因此，数据处理能力关乎市域社会治理决策的科学性、有效性与合理性。数据处理能力是市域社会治理数据收集分类、分析研判以及决策利用能力。实现数据处理能力现代化，就是采用最新的数据技术成果，推进城市数字化转型，提升数据处理能力，加快建设高速泛在、天地一体、云网融合、智能敏捷、绿色低控、安全可控的智能化综合性数字信息基础设施，提升其智能化水平。为此，必须加快推行市域数据一网通用、政务服务一网通办、城市运行一网统管、公共服务一网通享，发展远程办公、远程教育、远程医疗、智慧出行、智慧社区，构筑美好数字生活新图景。[2]

---

〔1〕 参见《习近平在布鲁日欧洲学院的演讲》，载 http://www.xinhuanet.com/politics/2014-04/01/c_1110054309.htm，最后访问日期：2014 年 4 月 1 日。

〔2〕 参见本书编写组编著：《党的二十大报告辅导读本》，人民出版社 2022 年版，第 309 页。

三、市域社会治理方式现代化

治理方式是社会治理的重要组成部分，直接决定社会治理的成效。党的十八届三中全会通过的《中共中央关于全面深化改革若干重大问题的决定》，就改进社会治理方式做出全面部署，提出"四个治理"方式，即坚持系统治理、依法治理、综合治理以及源头治理。"四个治理"方式为实现市域社会治理方式现代化指明了方向和路径。

（一）系统治理

系统治理涉及社会治理的主体及其相互关系，即社会治理由谁领导、社会治理主体之间是何种互动关系等。坚持系统治理要求社会治理主体从政府包揽向政府主导、社会共同治理转变。党的十八届三中全会指出，坚持系统治理，加强党委领导，发挥政府主导作用，鼓励和支持社会各方面参与，实现政府治理和社会自我调节、居民自治良性互动。[1]系统治理一方面借鉴了国外社会治理的通行做法，鼓励和支持社会各方面参与，实现政府治理和社会自我调节、居民自治良性互动；另一方面又基于我国国情，在深刻总结我国社会管理经验教训和全面把握新时代社会治理特点和规律的基础上，强调加强党委领导和发挥政府主导作用，体现了"中国特色"与"世界眼光"的有机结合。新时代我国社会治理应是合作共治与复合治理，即社会治理主体要从行政力量的一元化管理或碎片化治理向多元主体的合作共治与复合治理转化。具体而言就是在党组织的领导下充分发挥政府、市场、社会、公众等主体的优势，使它们形成合力，进行良性互动，共同治理社会公共事务。通过转变政府职能，推进政社分开，政府逐渐向社会放权和释放更多的公共空间。[2]

（二）依法治理

依法治理明确了市域社会治理的根本依据和主要手段，即依据什么、依靠什么推进市域社会治理。党的十八届三中全会强调，坚持依法治理，加强

---

[1] 参见本书编写组编著：《党的十八届三中全会〈决定〉学习辅导百问》，党建读物出版社、学习出版社2013年版，第31-32页。

[2] 参见王大鹏编：《推进市域社会治理现代化》，红旗出版社2020年版，第112页。

法治保障，运用法治思维和法治方式化解社会矛盾。[1]依法治理是现代社会治理的基本方式，一切治理都要于法有据，依法进行。因此，推进市域社会治理现代化离不开强有力的法治保障。法治为市域社会治理过程提供依据，是市域社会治理现代化有效进展的支撑力，没有法治就没有善治。依法治理意味着社会治理的方式要从管控规制向法治保障转变，从人治管理向法治管理转变。依法治理更是对现代社会治理的基本诉求，是对由人情社会构成的传统社会管理观念上的反思和一种结构上的重置，是对法治社会的深化与升级，由此服务于国家治理体系，培育社会共识，达到市域社会治理现代化的目标。

（三）综合治理

党的十八届三中全会指出，坚持综合治理，强化道德约束，规范社会行为，调节利益关系，协调社会关系，解决社会问题。综合治理明确了市域社会治理的其他依据和手段，即综合运用除法律外的其他手段，不再是单一的行政手段来推进市域社会治理现代化。道德作为非强制性的社会规范，是法治的辅助，是社会的"软治理"方式。在整个社会发展中，道德是不可或缺的重要组成部分，在解决社会问题上起着不可替代的作用。新时代市域社会治理的多元主体，以协商协作的方式对市域社会公共事务进行治理，将市域社会治理现代化看作一个多元主体之间协商协调的持续互动过程。在市域社会治理主体多元的基础上，采取广泛合作的形式，实现市域社会治理主体间的良性互动，才能科学有效地应对各种社会危机、调节各种利益冲突，[2]从而建立有序与活力统一的多元治理、共建共治共享的市域社会治理现代化新模式。

（四）源头治理

党的十八届三中全会指出，坚持源头治理，标本兼治、重在治本，以网格化管理、社会化服务为方向，健全基层综合服务管理平台，及时反映和协调人民群众各方面各层次利益诉求。[3]源头治理把目光聚焦在解决问题的次

---

〔1〕 参见本书编写组编著：《党的十八届三中全会〈决定〉学习辅导百问》，党建读物出版社、学习出版社2013年版，第32页。

〔2〕 参见王大鹏编：《推进市域社会治理现代化》，红旗出版社2020年版，第116页。

〔3〕 参见本书编写组编著：《党的十八届三中全会〈决定〉学习辅导百问》，党建读物出版社、学习出版社2013年版，第32页。

序上，要求市域社会治理环节上要从事后处置向事前预防前移，着重市域社会治理的前置防范。源头治理明确了不同社会治理方式的优先顺序和轻重缓急，将预见性融入市域社会治理，打破过去当问题和矛盾发生后才去处置的传统思维。这种从源头入手的治理方式，富有远见，可以有效避免或减轻社会矛盾与问题发生和激化。以前我们对源头治理没有予以足够的重视，没有将治标与治本有机结合起来。今后应予以大力改进。坚持源头治理，重在治本，必须将人民利益放在首位，将公平正义贯彻到社会治理框架中，真正做到让改革发展成果惠及人民，最大限度增加社会和谐因素，避免消极因素。必须搞清楚社会矛盾集中和爆发的"热点"地区或领域，将治理重心细化到市域的每一个角落，用网格将城市分区，将服务具体化、专业化，从源头入手，做好冲突苗头的排查和矛盾的处置，减少和防止各种矛盾和问题的产生和蔓延，保障社会发展的安定有序。[1]

上述"四个治理"方式体现了刚性治理与柔性治理的结合、治标与治本的结合、社会服务与社会治理的结合、政府主导与多方参与的结合以及科学精神与人文关怀的结合。"四个治理"方式在宗旨指向和目标要求上具有统一性，那就是实现好维护好发展好最广大人民的根本利益，最大限度增加和谐因素，增强社会发展活力，提高社会治理水平，确保人民安居乐业、社会安定有序。

第四节　市域社会治理现代化的推进路径

市域社会治理现代化既是国家治理体系和治理能力现代化的基础，也是国家治理体系和治理能力现代化在市域范围内的具体落实。要坚定不移走中国特色社会主义社会治理之路，坚持以人民为中心，以解决市域内影响国家安全、社会安定、人民安宁的突出问题为着力点，以改革创新为动力，从政治引领、协商增效、心灵抚慰、文化熏陶等方面，打造具有中国特色、时代特征、市域特点的社会治理新模式，提高市域社会治理现代化水平，使人民群众有更多的安全感、幸福感和获得感。

---

〔1〕　参见王大鹏编：《推进市域社会治理现代化》，红旗出版社 2020 年版，第 116 页。

一、政治引领：凝聚市域社会治理合力

作为市民社会的产物和国家范畴中阶级统治的工具，政党是为了治理市民社会而存在的。党建引领在整合多方治理主体关系上具有独特的制度优势。将党建引领的制度安排嵌入市域社会治理体系之中，将党建引领市域社会治理的制度优势真正转化为市域社会治理效能，是推进市域社会治理现代化的战略选择。

（一）以政治引领打造市域社会治理的"同心圆"

政治引领是党建引领的核心内容。政治引领是指各级党组织运用党的思想资源开展党内教育，并促成多方治理主体达成共识而实现合作的过程。[1] 在推进市域社会治理现代化的过程中，以统筹兼顾和服从全局的整体观念，把党的政治引领贯穿在市域社会治理的各方面、各环节，将区域治理、部门治理、行业治理、基层治理、单位治理等治理单元进行有机结合，协调各方达成治理共识，整合市域资源，共同寻求解决问题的办法，治理市域范围内的社会事务。[2]

1. 发挥政治引领的政治动员与方向领航作用。市域内各级党组织要把市域社会治理现代化的目标融入党的意识形态工作之中，进行富有市域特色的政治动员，发挥各级党组织强有力的政治动员功能。通过政治动员破解市域社会治理中的部门协同治理难题，提升群众的美好生活感受。在推进市域社会治理现代化过程中，各级党组织的政治动员与方向引领作用的侧重点有所不同，但各司其职，各展其长，共同促进市域社会治理现代化目标的达成。市委是政治动员的发起者、组织者、监督者与考核者。县（区、市）委面临复杂的旧城改造、公共服务缺位等棘手问题，其以政治动员引领快速破解治理难题的动力最强，其政治动员和方向引领的作用发挥最大。[3] 乡镇（街

---

[1] 参见黄晓春：《党建引领下的当代中国社会治理创新》，载《中国社会科学》2021年第6期。

[2] 参见杨新欣：《新发展格局下市域社会治理现代化研究》，山东大学出版社2021年版，第148页。

[3] 参见杨新欣：《新发展格局下市域社会治理现代化研究》，山东大学出版社2021年版，第148页。

基层党组织根据上级指示，具体落实政治动员工作。三个层级的党组织要形成高效整合与系统联动的态势，更好发挥其政治动员和方向引领功能。

2. 坚持政治引领的价值导向和问题导向功能。政治引领的前提是确立价值导向，强化以人民为中心的治理理念，确立社会资源共享分配机制，确保人民共享改革开放与社会进步的成果。政治引领要实现全覆盖，引领多元治理主体参与市域社会治理，实现政府治理与社会调节、居民自治之间的良性互动。尤其要引领社会发挥其利益代表与利益表达、政策倡导、公共服务参与等功能，构建党建领导下的社会自我调节机制，确保这种机制真正发挥社会的主体性、主导性和主动性。政治引领既要侧重于集中力量办大事，又要聚焦市域社会治理中的热点、难点、堵点和痛点问题，正确处理好"领导"与"服务"的关系。[1]

（二）完善党建网络，形成多元共治合力

党建引领市域社会治理现代化的实践逻辑，呈现为"一核多元"市域社会治理形态。"一核"强调党组织的核心领导地位，"多元"则突出人人有责、人人参与、人人共享。有了"一核"引领，才能形成"多元"参与、协同共治机制。因此，健全党建网络，打造跨组织协同治理平台，是政治引领市域社会治理现代化的必由之路。

1. 发挥党建网络的政治整合功能。截至 2023 年底中国共产党党员总数9918.5 万名，基本覆盖了我国所有阶层、社会群体和职业人群。党的基层组织达 517.6 万个，[2]党建组织网络基本覆盖了行政系统、事业单位和体制外的各类企业和社会组织，也全部覆盖了社会资源密集、关系网络复杂的市域社会治理空间。党建网络既能将多元化的社会组织、社会群体和社会治理力量整合吸纳进市域社会共治平台，也能有效化解跨领域、跨部门、跨主体协同的市域社会治理难题。

2. 优化党建网络政治整合机制的主要思路。系统整合市域社会治理力量与资源关键在人，核心在于激发和调动人的积极性、能动性和创造性，形成

---

〔1〕　参见杨新欣：《新发展格局下市域社会治理现代化研究》，山东大学出版社 2021 年版，第148 页。

〔2〕　参见《中国共产党党内统计公报：党员总数为 9918.5 万名》，载 https://www.thepaper.cn/newsDetail_forward_27912109，最后访问日期：2024 年 8 月 6 日。

主动进取、积极创新的治理局面。因此，基层党组织要通过动员与协商等途径，充分调动居民参与社会治理的积极性。通过党务公开、扩大党内民主等方式，充分调动广大党员参与社会治理的主动性。通过"双报到"制度鼓励和引导党员"下沉"到社区、社会组织中去，开展社会大调研，了解社情民意，发现社会难点焦点痛点堵点，积极服务基层群众。开拓畅通政治成长制度化渠道，打通体制内与体制外藩篱，将大批社会精英吸纳进党组织。积极探索"双培工程"，把党员培养成骨干，把骨干培养成党员。各级党组织应主动开展丰富多样的党建活动，搭建互动平台，增进驻地单位之间的相互接触与交流。通过区域化党建网络推动党建联建活动，积极探索"商圈党建"形式，增强商圈的文化吸引力，促进党建网络向纵深发展。

总之，必须深入优化"一核多元"市域社会治理结构，在党的全面集中统一领导下，不断完善市域社会治理的顶层设计，牢牢坚持市域社会治理现代化的社会主义方向，以政治引领形成政府、市场、社会、公民等多元主体的"最大公约数"，凝聚多元参与、互动互补的市域社会治理合力。

二、协商增效：民主协商促进市域治理提质增效

党的十九大报告提出，加强社会治理制度建设，完善党委领导、政府负责、社会协同、公众参与、法治保障的社会治理体制，[1]到党的十九届四中全会上则对这一论断进一步丰富和创新，将其提升为完善党委领导、政府负责、民主协商、社会协同、公众参与、法治保障、科技支撑的社会治理体系。较之于十九大的提法，四中全会新增了"民主协商"与"科技支撑"两部分重要内容，使"民主协商""公众参与""社会协同"相互配套，相辅相成，形成完整的七位一体的社会协商治理体系，彰显了党对新时代社会治理规律认识的升华。协商治理是市域社会治理的核心机制。市域协商治理是以社会公众的有序政治参与为前提，以协商民主为主要内容，以促进市域公共利益最大化，提升市域社会治理合法性为愿景的社会治理机制形态，[2]其实质是

---

〔1〕 参见本书编写组编著：《党的十九大报告辅导读本》，人民出版社 2017 年版，第 48 页。

〔2〕 参见钱牧：《中国特色协商治理理论的逻辑证成与实践面向》，载《甘肃行政学院学报》2022年第 5 期。

以协商促治理，[1]通过切合实际、富有成效的协商机制，依据科学合理的协商程序，推动多元协商主体参与市域社会治理，凝聚起市域社会治理的最大共识，形成市域社会治理的最大合力，[2]最大限度地提升市域社会治理效能。

（一）市域协商治理的重要实践意义

所谓协商是指平等而自由的公民，在公共利益的指向下通过对话、讨论、沟通而达成共识，最终形成制约各方参与主体的公共决策的过程。[3]协商展现了公共生活中一种开放包容的，不断变化和充满活力的"意见形成"过程。[4]多元治理主体在协商中互动交流，多种资源通过协商实现整合，多种机制依靠协商得以运行。[5]因此，协商为市域社会治理提供了更加深厚更加专业的知识基础，能够在协商过程中弥合利益分歧，整合相互对立的观点，克服个人观念的局限性，减少治理结果落实障碍，提高公共决策质量。

1. 协商治理保障市域社会治理的正当性与合法性。协商治理是一种注重利益相关方之间的观点碰撞、意见交流和思想争鸣，以此来协调利益、化解矛盾、平息争端、凝聚共识的治理机制，它为处于市域不同政策层面的党政机关、人大、政协、民主党派、社会组织以及公民个人等各类治理主体，打造了一个交流互动的场域和平台。在这个场域和平台中，各方治理主体可就市域范围内的公共事务和重要议题进行平等交流和民主协商，以实现市域公共利益最大化。协商治理倡导通过规范化、制度化和程序化的协商平台，畅通公众参与渠道，开展官民共治，政企、政社合作以及公民互助自治等。[6]在协商治理过程中，各治理主体需充分尊重其他主体的主体人格和意见，不能忽视别人诉求、随意进行人身攻击，更不能将自己的意见强加于人。作为

---

〔1〕　参见黄丽华等：《新时代城市社区协商治理效能提升的路径探索》，载《领导科学论坛》2023年第7期。

〔2〕　参见孙丽：《市域社会治理现代化的推进路径——以淄博市为例》，载《现代交际》2020年第22期。

〔3〕　参见周红云主编：《社会治理》，中央编译出版社2015年版，第5页。

〔4〕　参见［美］戴维·赫尔德：《民主的模式》，燕继荣等译，中央编译出版社1998年版，第272页。

〔5〕　参见刘晓峰、丁思佳：《城市社区协商治理的类型、趋势与逻辑》，载《南京邮电大学学报（社会科学版）》2022年第6期。

〔6〕　参见钱牧：《中国特色协商治理理论的逻辑证成与实践面向》，载《甘肃行政学院学报》2022年第5期。

主导协商治理机制的党政机关，有责任、有义务主动减少权力、地位和资源等各种因素带来的不平等影响。[1]

协商方式要比票决民主更能凸显和保护少数人的合法权益。在少数服从多数的聚合式民主决策范式下，虽然重视对少数利益的保护，但仍然摆脱不了对少数人权利诉求的限制。因此，协商治理赋予了少数人去反对多数人的权利。协商作为利益调和、偏好转换的沟通与商议，将自上而下的权威转化为围绕特定议题的多中心的互动交流，打破了公共决策中单一权力结构的一元支配性，在平等话语权的基础上构建凸显"合作"价值的治理机制。因此，协商治理促进了市域民众的广泛参与，建立了极具包容性的治理程序，尊重并保障了社会成员的合法权益，[2]保证了市域社会治理的正当性与合法性。

2. 民主协商提升市域社会治理的科学性与有效性。协商治理实践将协商与决策关联起来，构建了权威性的决策机制。依靠这种权威性的决策机制，市域社会治理的最终成果，即化解城乡居民矛盾的决策方案得以及时达成。在市域社会治理实践中，通过充分协商，各行为主体达成共识，输出决策方案，不让协商过程无休止地拖延下去，避免发生议而不决的情况，[3]提升了市域社会治理的科学性与有效性。即便对话与协商不一定能最终达成共识，但也为各方治理主体互相宽容与理解奠定基础，对话协商这个过程本身就蕴含着丰富的价值底蕴。[4]协商治理作为国家治理和市域社会治理的重要实践方式，是以民主协商为手段提升市域社会治理效能的重要方法。[5]它通过提高市域社会治理的民主水平，大量释放制度红利，不断拓展居民意见表达沟通的空间，丰富居民利益表达沟通的渠道与资源，提升居民政治参与的意愿与

---

〔1〕 参见曾正滋：《全过程人民民主视域下社会协商治理的理论探析》，载《古田干部学院学报》2023 年第 1 期。

〔2〕 参见张力伟：《观念、结构、行动：协商治理的核心要素论析》，载《学习与探索》2023 年第 7 期。

〔3〕 参见曾水英、殷冬水：《当代中国城市社区共同体构建何以可能？——以基层协商治理实践为分析中心》，载《长白学刊》2023 年第 3 期。

〔4〕 参见何兰萍等：《公共服务供给与居民获得感——社会治理精细化的视角》，中国社会科学出版社 2019 年版，第 204 页。

〔5〕 参见张力伟：《观念、结构、行动：协商治理的核心要素论析》，载《学习与探索》2023 年第 7 期。

能力，[1]相对降低人力、物力和财力投入，获得事半功倍的治理效果，提高了居民的民生福利水平，增强人民的获得感、幸福感、安全感，进而增强了人民对党执政合法性的认同感。[2]

（二）市域协商治理实践存在的问题

市域社会治理实践中缺少民主协商赖以存在的公共空间，城乡社区居民彼此陌生，互不联系，增加了协商治理的成本，引发了一些新的社会治理难题，影响了市域社会协商治理效能，制约了市域社会治理现代化进程。

1. 缺少协商治理赖以存在的公共空间。这里所讲的公共空间并非地理概念上的公共空间，而是指能承担公众社会参与、互动交流、对话协商功能的政治空间。民主协商离不开公共空间，必须在一定的公共空间中进行。公共空间的存在是城乡社区中陌生人之间建立起密切关系的必要条件。因此，市域协商治理必须以公共空间构建为前提。只有构建起成熟完善的公共空间，城乡社区居民才能形成亲密互动、信任友好关系。[3]但是，目前我国市域公共空间尚未发育成熟，其民主协商功能没有充分释放，加之缺乏相应的组织资源，城乡社会居民之间缺乏联系、互动与交流，严重影响市域协商治理效能的发挥。

2. 城乡居民协商治理参与度偏低。城乡居民是市域社会治理的关键主体，其协商治理参与度的高低直接影响市域社会治理的效能和市域社会治理现代化的进程。目前的城乡社区中社会资本不足，共同体意识淡薄，居民之间关系不甚密切，彼此信任感不足，对城乡社区的归属感有待提升。城乡社区几乎陷于"陌生人社会"状态。互为陌生人的城乡社区居民参与对话协商的积极性不高，他们大多根据个人利益考量来决定其是否参与协商治理。只要不涉及自己的切身利益，城乡居民便事不关己，高高挂起，形成沉默螺旋效应，"搭便车"现象时有出现，大众民主被社区精英主义所替代，这是市域社会治理实践中不容忽视的问题。就市域社会治理的另一大主体——城乡社区工作

〔1〕 参见曾水英、殷冬水：《当代中国城市社区共同体构建何以可能？——以基层协商治理实践为分析中心》，载《长白学刊》2023 年第 3 期。

〔2〕 参见曾正滋：《全过程人民民主视域下社会协商治理的理论探析》，载《古田干部学院学报》2023 年第 1 期。

〔3〕 参见曾水英、殷冬水：《当代中国城市社区共同体构建何以可能？——以基层协商治理实践为分析中心》，载《长白学刊》2023 年第 3 期。

者而言，他们也难以有效动员城乡居民广泛参与协商治理实践。城乡社区工作人员一般是由当地街镇面向社会统一招聘的，他们误将自己的角色定位为管理社区日常事务的政府工作人员，认为其主要职责是完成政府交办的任务，而非协助居民实现社区自治。[1]因此，一些社区工作者并不真正了解城乡居民的实际需求，所谓协商治理不过流于形式，弱化了协商治理的社会功能。

3. 协商治理机制不健全。从协商治理的具体实践来看，城乡社区协商治理机制尚未全方位嵌入居民民主生活的全过程，协商价值层面缺乏共识基础，协商平台层面缺少落实抓手，协商资源层面整合不力，协商程序层面缺乏规范性，致使协商内容难以真正"落地"。由于市域范围内人口规模庞大，人员背景复杂，利益主体多元，城乡社区内部价值取向呈现"碎片化"状态，在协商治理实践中难以找到民意"最大公约数"和达成治理共识。[2]作为社会治理的自治平台，村（居）委会是自上而下设立的。在社会治理成效被纳入村（居）委会政绩考核指标体系后，村（居）委会对于城乡社区治理过程中的棘手问题与深层利益冲突问题往往是被动式回应，[3]难以满足多元治理主体的利益诉求。

4. 人力、技术等协商治理资源整合不理想。城乡社区协商治理会议需要社区工作者组织居民参与，但专业权威的社工队伍却极为匮乏，社区"向心力"难以形成，不便于整合社区治理主体力量。在治理技术方面，尽管"智慧社区""互联网+"等数字技术已融入城乡居民生活，一些社交工具诸如微信群、微博、QQ群等在一定程度上为城乡居民搭建了协商沟通的桥梁和渠道，但实质上这种治理方式仍未真实体现城乡居民深入协商讨论的最终结果，并未反映城乡社区数字治理的价值意涵。[4]这难免导致治理主体的协商意识薄弱，协商能力不强，协商效能不足的局面。

---

〔1〕 参见黄丽华等：《新时代城市社区协商治理效能提升的路径探索》，载《领导科学论坛》2023年第7期。

〔2〕 参见黄丽华等：《新时代城市社区协商治理效能提升的路径探索》，载《领导科学论坛》2023年第7期。

〔3〕 参见陈亮、李元：《去"悬浮化"与有效治理：新时期党建引领基层社会治理的创新逻辑与类型学分析》，载《探索》2018年第6期。

〔4〕 参见黄丽华等：《新时代城市社区协商治理效能提升的路径探索》，载《领导科学论坛》2023年第7期。

（三）市域协商治理的完善路径

推进市域协商治理现代化应当立足市域经济社会发展实际，基于问题意识、问题导向拓展公共空间，明确协商内容，丰富协商形式，规范协商程序，完善协商平台，健全协商机制，增强协商治理的科学性、规范性、有序性，促进市域协商治理不断走向"善治"。[1]

1. 拓展协商治理公共空间。针对我国市域公共空间发育不良的状况，必须进一步拓展协商治理公共空间。以城乡社区共同利益为抓手和纽带，建立起社区陌生人之间的联系，将陌生人转变为熟人，将利益关联升华为情感观念、思想价值关联，建立居民互动的政治沟通关系，将公共空间打造成一个利益共同体、情感共同体和命运共同体。[2]将情感治理有机融入公共空间，以情感联结协商为主体，增强其归属感、信任感，弥合因"陌生人社会"造成的情感嫌隙和"社会冷漠症"，以温情、暖心、耐心构建信任机制，调动居民参与协商治理的积极性、主动性和创造性，为最终达成治理共识创造条件。[3]

2. 提升城乡居民协商治理参与度。切实将城乡居民纳入市域协商治理顶层设计，制定符合大多数居民利益和意志的治理规则、决策方案，回应城乡居民的多元利益诉求，维护和保障其根本利益，调动其广泛参与公共事务决策协商的积极性。进一步完善城乡居民参与协商的正向激励举措，对积极参与协商治理活动的居民予以一定的物质和精神奖励或树立先锋模范典型进行表彰，以增强城乡居民参与协商治理的自信心和荣誉感，正确引导城乡居民参与协商治理活动。[4]

3. 完善协商治理机制。市域范围内各级党政机构要主动承担协商治理"制度供给"的责任，通过座谈会、讨论会等方式建立健全协商机制，并时时

---

〔1〕　参见钱牧：《中国特色协商治理理论的逻辑证成与实践面向》，载《甘肃行政学院学报》2022年第5期。

〔2〕　参见曾水英、殷冬水：《当代中国城市社区共同体构建何以可能？——以基层协商治理实践为分析中心》，载《长白学刊》2023年第3期。

〔3〕　参见黄丽华等：《新时代城市社区协商治理效能提升的路径探索》，载《领导科学论坛》2023年第7期。

〔4〕　参见黄丽华等：《新时代城市社区协商治理效能提升的路径探索》，载《领导科学论坛》2023年第7期。

监督协商机制运行状况，一旦有问题出现应及时予以修正补救。[1]打造多元主体协同共治实践平台，整合市域范围内的优势资源，深化市域各级党组织、行政部门、城乡居民与其他社会组织的协同合作，全方位保障多元协商主体的话语权。坚持因地制宜，因人而异，针对协商主体各自不同的行动能力、风俗习惯、生活方式等，确立合理的协商模式，创新协商主体间的互动方式。不断增加协商治理的参与渠道，在利用好民意调查、主动征询和协商民主等参与方式以外，根据居民网络参与率高的特点，开辟专门的网站就治理决策征询意见和建议。[2]丰富大数据资源，精准研判不同群体、社会组织等所面临的新挑战、新情势、新问题及其演变态势，促使协商治理精准发力，[3]打造城乡社区共建共治共享新格局，提升市域社会协商治理效能。

三、心灵抚慰：优化社会心理服务体系，培育良好社会心态

一个社会若要健康发展，必须具备稳固的心理基础和健康的社会心态。社会心态是指在一定社会环境下，社会个体或群体对社会生活现状的心理感受和情绪反应，具有明显的大众性和弥漫性。[4]社会心态是一定时期社会环境、社会矛盾与社会问题的反应，对社会发展具有重大影响。自尊自信、理性平和、积极向上的社会心态是个人、社会和国家不断前行的坚实社会心理基础，可以为个人进步和社会发展提供重要的心理保障和强大的精神动力，不良的社会心态既会对社会发展与改革进程产生消极影响，也不利于社会的和谐安定。[5]全面了解和把握社会心态是改进市域社会治理的重要前提，科学调适社会心理，培育健康向上的社会心态是市域社会治理现代化的一项重要内容。因此，加强社会心理服务体系建设，培育良好的社会心态，对推进市域社会治理现代化有重要意义。

---

〔1〕 参见刘晓峰、丁思佳：《城市社区协商治理的类型、趋势与逻辑》，载《南京邮电大学学报（社会科学版）》2022年第6期。

〔2〕 参见何兰萍等：《公共服务供给与居民获得感——社会治理精细化的视角》，中国社会科学出版社2019年版，第206页。

〔3〕 参见钱牧：《中国特色协商治理理论的逻辑证成与实践面向》，载《甘肃行政学院学报》2022年第5期。

〔4〕 参见贺培育：《加强社会心理服务体系建设》，载《光明日报》2019年1月22日，第6版。

〔5〕 参见广东省社会科学院编：《长治久安：在营造共建共治共享社会治理格局上走在全国前列》，广东人民出版社2018年版，第153页。

（一）社会心理面临的主要挑战

党和政府十分重视社会心态建设，党的十八大就提出要注重人文关怀和心理疏导，培育自尊自信、理性平和、积极向上的社会心态。党的十九大进一步强调要加强社会心理服务体系建设，培育自尊自信、理性平和、积极向上的社会心态。[1]党的二十大报告则明确提出"重视心理健康和精神卫生"。[2]经过全社会的共同努力，我们社会心态基本面是理性健康的，正变得日益理智成熟、开放包容、理性平和、多元务实。[3]但是，由于受到社会资源分配不均、人际关系复杂加之权力腐败、不正之风等消极因素的不利影响，我国社会心态中仍然存在焦虑感、不安全感、不公平感、被剥夺感、不信任感、失落感等非理性因素，对社会心态建设和社会心理健康构成挑战。

（二）健全社会心理服务体系，优化社会心态的重要举措

社会心态是社会存在的反映，社会心态健康与否取决于其背后的社会存在。只要把社会存在范畴的相关问题处理好了，并辅之通畅的诉求表达机制、科学的心理预警机制以及心理疏导和调节机制，社会心态问题就会迎刃而解。

1. 加强民生保障，增强民众的安全感。民众生活上的安全感是社会心态健康向上的关键，不堪重负的生活压力及其不安全感是民众产生焦虑情绪的重要原因。因此，只有大力加强社会建设，切实解决好老百姓最关心最直接最现实的利益问题，破解群众急难愁盼的问题，消除老百姓生活上的后顾之忧，才能从根本上缓解社会公众的焦虑心态。首先，加大对社会建设投入力度，减轻居民生活中的压力感。重点加大就业、住房、就医、教育以及养老等方面的投入力度，力争在幼有所育、学有所教、劳有所得、病有所医、老有所养、住有所居、弱有所扶上取得新进展，尽量减少居民的生活成本，减轻生存与发展压力。其次，尽量满足不同社会阶层的差异化需求。对下层群众应加强其社会保障和社会支持体系建设，不断改善其生活条件，增加其获

---

〔1〕 参见习近平：《决胜全面建成小康社会 夺取新时代中国特色社会主义伟大胜利——在中国共产党第十九次全国代表大会上的报告》，载《人民日报》2017年10月28日，第1版。

〔2〕 参见习近平：《高举中国特色社会主义伟大旗帜 为全面建设社会主义现代化国家而团结奋斗——在中国共产党第二十次全国代表大会上的报告》，人民出版社2022年版，第49页。

〔3〕 参见龚廷泰：《"整体性法治"视域下市域社会治理的功能定位和实践机制》，载《法学》2020年第11期。

得感，降低不公平感；尊重中上层群体更高的生活需求，尽力为其事业发展和人生价值的自我实现创造更宽松的制度环境和社会条件。[1]

2. 完善社会诚信体系，增强民众的信任感。讲信修诚是社会秩序正常运行的必要条件，是社会主义精神文明建设的基本要求。"民无信不立"，如果社会丧失了基本的信任，势必造成人人自危的局面，给社会心态带来负面影响。因此，必须重建社会信任。首先，提高政府公信力。政府诚信是社会诚信的标杆，会对社会诚信建设起到引领和表率作用。市域各级行政机关人员必须不忘初心、牢记使命，坚持立党为公、执政为民，坚持依法行政、依法用权，杜绝官僚主义、形式主义、享乐主义和奢靡之风。其次，完善失信约束惩治机制。加大对失信者惩罚的力度，实施"失信成本"远高于"守信成本"的惩治制度，加大失信成本。再次，健全个人信用制度，利用具有法律强制性的外部约束力量，规范个人信用行为。最后，强化弘扬契约守信精神。当契约精神成为一种约定俗成的社会主流时，诚信社会才能最终确立。因此，要继承传统文化诚信观的合理内核，[2]推进诚信观由传统伦理型向现代契约型转换。

3. 厉行法治，增强民众的公平感。法治是优化社会心态的根本之策。如前所述，社会不公平感起因于社会不公，而社会不公又源自法治不彰。因此，维护公平正义必须厉行法治，通过民众对法治的信任来重构社会信任。首先，进行科学立法，以良法促公平。健全维护权利公平、机会公平、规则公平的法律制度，清除市场壁垒，实现社会资源合理配置，改善公平竞争。完善保护群众切身利益的法律制度，使群众切实体会到自身权益受到公平对待和有效维护。其次，强化司法公正，使其彰显对公平正义的引领作用。排除权力、人情、利益等对司法活动的介入干扰，有效防止办案人员被当事人俘获的情况，让人民群众在每一个司法案件中感受到公平正义。最后，严格执法，使违法违规行为得到应有惩治。坚决依法打击投机取巧、破坏公平竞争的行为和侵害人民合法利益的做法，为广大群众营造一个依靠自身拼搏就能实现人生价值的法治环境。

---

〔1〕 参见广东省社会科学院编：《长治久安：在营造共建共治共享社会治理格局上走在全国前列》，广东人民出版社 2018 年版，第 160 页。

〔2〕 参见广东省社会科学院编：《长治久安：在营造共建共治共享社会治理格局上走在全国前列》，广东人民出版社 2018 年版，第 161-162 页。

4. 疏通群众利益诉求渠道。群众的正当利益诉求渠道不畅是破坏百姓利益期待，恶化社会心态重要诱因。因此，必须积极拓展社情民意表达渠道，疏导群众不良情绪。首先，完善群众利益诉求表达制度。切实将百姓的利益诉求纳入制度化、法治化的轨道，综合运用法律、行政、经济、政策等手段和协商、疏导等办法，将矛盾和冲突化解于萌芽状态，解决在基层领域。其次，扩展群众诉求表达的渠道。充分利用政府门户网站和各种服务热线，扩大群众利益诉求的渠道和空间。[1]最后，建立和完善突发公共事件信息反馈平台，准确了解社情民意，确保上下信息畅通无阻。

5. 建立健全多层次的心理疏导和调解机制。消极的社会情绪一旦出现，不宜一味地予以压制，应当积极进行疏导和调节，使其得以释放，才利于社会稳定。首先，确立不良情绪宣泄机制。现代心理学研究发现，人的消极负面情绪如果长期积累而得不到宣泄，极易导致心理障碍，甚至使其产生报复社会的极端行为。其次，坚持心理疏导与教育调解相结合。心理疏导与教育调解相结合是应对急功近利、浮躁焦虑等社会心态的一剂良药。市、县（县级市）、乡镇等各级地方政府要成立社会心理疏导机构，广泛邀请心理学专业人士和广大社区志愿者，定期上街头、走学校、入社区，与民众进行近距离接触沟通。通过深度访谈和社会调查，准确掌握市域群众的心理问题，及时进行人文关怀和心理疏导，使群众逐渐将个人价值取向与社会发展需要相结合，增加群众对社会的认同感，教育引导群众正确对待自己、他人和社会，正确对待困难挫折和逆境，减少失落、仇官、仇富、攀比、浮躁等不健康心态，帮助群众解决心理困惑。

四、文化熏陶：增强市域社会治理软实力

文化是一个民族的精神血脉，文化自信是更基础、更广泛、更深厚的自信，是一个国家、一个民族发展中最基本、最深沉、最持久的力量，[2]文化建设是培根铸魂、凝心聚力的社会事业。在新发展阶段，推进市域社会治理

---

〔1〕　参见广东省社会科学院编：《长治久安：在营造共建共治共享社会治理格局上走在全国前列》，广东人民出版社 2018 年版，第 164 页。

〔2〕　参见习近平：《决胜全面建成小康社会　夺取新时代中国特色社会主义伟大胜利——在中国共产党第十九次全国代表大会上的报告》，载《人民日报》2017 年 10 月 28 日，第 1 版。

现代化面临着公共文化服务体系差异问题。满足人民过上美好生活的新期待，必须提供丰富的精神文化食粮。文化具有天然的社会治理功能，可以通过人文环境的建构，解决价值失范、道德滑坡、信仰虚无、诚信缺失等诸多市域社会问题，最终走向市域社会治理现代化之路。因此，优化市域社会治理的文化环境刻不容缓。

（一）文化的社会治理功能

文化中蕴含着丰富的社会信念，是驱动人们不懈努力，推进社会发展进步的重要动力源泉。[1]处于深度转型期的中国社会，社会矛盾错综复杂，利益冲突愈演愈烈。各种价值观念、道德规范与文化思潮相互交织，相互作用，深刻影响着市域社会治理现代化的进程。政治、经济和法律等治理手段已捉襟见肘，难以奏效。文化蕴含着巨大的社会治理功能，是社会治理的重要手段和基本方式，是建构社会价值，传播社会主义核心价值观，整合社会资源，增进社会共识，促进社会稳定的重要途径。[2]

1. 重构社会价值功能。美国著名学者英格尔斯曾指出，一个国家，只有当它的人民是现代人，它的国民从心理上和行为上都转变为现代的人格，它的现代政治、经济和文化管理中的工作人员都获得了某种与现代化发展相适应的现代性，这样的国家才可真正称为现代化的国家。如果它的国民不经历这样一种心理上和人格上向现代性的转变，它就不能成功地使其从一个落后的国家跨入自身拥有持续发展能力的现代化国家的行列。[3]在推进市域社会治理现代化过程中，居民心理和人格的"现代化"转变不容忽视。文化则具有塑造人格的功能，通过影响社会主体的价值观念，培育其现代性思维，支配个体行为与社会活动，重塑社会价值，激发市域社会治理现代化的内生动力。

文化对社会个体人格的塑造体现在两个基本方面。首先，不同地域拥有各具特色的思想意识、文化观念和道德原则，形成具有地方性的市域文化环境。生活于不同城乡地域空间的个体成员受到不同文化要素的熏陶，呈现出

---

〔1〕 参见魏胜敏：《文化的社会治理功能不可小觑》，载《人民论坛》2017 年第 21 期。

〔2〕 参见张志刚：《第三方文化：社会组织有效参与社会治理的精神支撑》，载《大连理工大学学报（社会科学版）》2014 年第 3 期。

〔3〕 参见转引自殷陆君编译：《人的现代化——心理·思想·态度·行为》，四川人民出版社1985 年版，第 7 页。

传统文化、现代文化、红色文化、乡土文化等多元文化互鉴共生的思想观念体系，促进了不同社会群体的融合和社会资本的产生，实现社会个体人格走向现代化。[1]其次，建构社会主义核心价值体系。文化塑造社会成员的人生观、价值观，形成社会整体的价值取向、道德取向和行为取向，形成社会共同价值体系，即社会主义核心价值体系。社会主义核心价值体系代表、引领了市域社会的主流价值取向，将对社会个体的人格与价值观起到重要的方向引导和心灵塑造作用。[2]

2. 整合社会资源功能。要实现市域社会治理现代化目标，必须整合和利用市域范围内的各种社会资源。既需要社会规范作保障，也需要社会责任、社会价值的契合以及社会结构的优化。文化具有引领社会思潮，增强社会共识的功能，可以整合政府、市场、社会组织和社会成员等多个行为主体的社会治理力量，形成和强化为一个市域社会的向心力和凝聚力。在共同目标下，通过多方平等合作与民主协商，发挥良好社会规范的正向效果，促进社会阶层结构优化发展，最终实现市域社会治理现代化。[3]

3. 协调社会冲突功能。在现实社会中，人们的社会地位、经济条件、个人背景、行为习惯、价值观念等各不相同，社会群体、社会阶层、社会组织之间发生矛盾与冲突在所难免。社会治理说到底就是处理协调社会人际关系。文化的天然优势就在于能协调社会矛盾与冲突，在市域社会治理现代化进程中发挥"冲突弥合剂"作用。诚然，法律是化解社会矛盾与冲突的基本手段，但除此以外，文化层面的价值观念、风俗习惯、内心信念等也是弥合分歧、解决问题的重要方面。文化凝聚社会共识，统合社会价值，增进社会认同，能达成一种社会主体行动上的协调优化。文化所倡导的民主法治、公平正义、诚信友爱等价值理念，可以帮助人们树立正确的价值观，引导人们形成解决社会矛盾的新认识和找到处理社会关系的新方法，调节利益关系和化解矛盾，调整积极健康的心理和情绪，使社会生活中的各种社会关系得到完善与协调[4]，

---

〔1〕　参见杨新欣：《新发展格局下市域社会治理现代化研究》，山东大学出版社 2021 年版，第206 页。

〔2〕　参见谢新松：《文化的社会治理功能研究》，云南大学 2013 年博士学位论文。

〔3〕　参见张国臣：《文化的社会治理功能及其实现路径》，载《郑州大学学报（哲学社会科学版）》2016 年第 6 期。

〔4〕　参见张国臣：《文化的社会治理功能及其实现路径》，载《郑州大学学报（哲学社会科学版）》2016 年第 6 期。

实现社会从杂乱无序走向井然有序。

（二）文化市域社会治理功能的实现理路

文化所蕴含的理想信念、价值取向、道德规范等无时无刻不在影响着广大社会成员的情感世界、价值观念、行为准则，影响着市域社会治理的水准。因此，推进市域社会治理现代化，必须进一步繁荣各具特色的新时代市域先进文化，推动市域文化大发展大繁荣，增强市域文化软实力、竞争力与影响力，更好满足人民文化需求，增强人民精神力量，提升文化的市域社会治理功能。

1. 弘扬以社会主义核心价值观为精神内核的市域人文精神。中华文明博大精深，源远流长，孕育了浩如烟海的地域文化成果。经过时代发展的洗礼，凝练成为特色鲜明的地域人文精神，譬如"海纳百川、追求卓越、开明睿智、大气谦和"的上海城市精神；"和谐包容、智慧诚信、务实创新"的成都城市精神；"敢为人先，特别能创业创新"的温州人精神以及"精致和谐、大气开放"的杭州人文精神，等等。[1]此外，还有一些基于不同人文地理风貌形成的江南文化、海派文化、高原文化、岭南文化等特色文化代表。它们以潜移默化的文化凝聚力、内驱力、感召力融入城乡发展、社会生活以及人们的思想观念，对社会治理产生重要影响。从文化软实力视角分析，推进市域社会治理现代化，必须深入挖掘富有地域特色的市域文化资源，以社会主义核心价值观为精神内核进行教育引导，使之融入生产生活，引领社会思潮，真正把诚信守约、务实担当、和睦和谐、敬业奉献、理性自律的市域人文精神内化为全体社会成员精神成长的丰厚滋养，转化为市域高质量发展和高水平治理的不竭动力，形成市域上下奋力攻坚的强大动力和善作善成的生动实践。[2]

2. 从中华优秀传统文化中汲取德治力量。中国传统文化是中华民族在长期历史演进过程中塑造传承下来的，它根植于中国人民内心，有其独特的价值体系，内容博大精深，涵盖儒、释、道、诸子百家思想和其他思想以及诗词歌赋、天文、地理、哲学、历史、武术、中医官方史书、民间野史、生活

---

〔1〕 参见杨新欣：《新发展格局下市域社会治理现代化研究》，山东大学出版社 2021 年版，第 215 页。

〔2〕 参见杨新欣：《新发展格局下市域社会治理现代化研究》，山东大学出版社 2021 年版，第 214 页。

习俗，等等，是中华民族历史上道德传承、文化思想、精神观念形态的总和。[1]中国优秀传统文化蕴含的丰富哲学思想、人文精神、教化思想、道德理念等，不仅能够为人类认识世界和改造世界提供有益启迪，而且能够为治国理政指明方向。在推进市域社会治理现代化进程中，要深入挖掘中华优秀传统文化的文化价值和审美价值，汲取其向上向善的价值力量，坚持法安天下、德润人心，坚持以文化人、以和为贵理念，弘扬讲仁爱、重民本、守诚信、崇正义、尚和合、求大同等价值理念，教育引导社会成员修身利己、与人为善。将传统文化和现代生活连接贯通，更好地发挥其价值重塑功能，不断增强治理创新的智慧和动力。总之，在推进市域社会治理现代化进程中，必须在习近平新时代中国特色社会主义思想科学指导下，深入挖掘中华优秀传统文化中一切有益于社会治理的思想，聚焦人民对美好生活的向往，推进市域社会治理领域重点改革，不断保障和改善民生，让人民的获得感成色更足，幸福感更可持续、安全感更有保障。[2]

3. 打造能满足高品质生活的文化服务体系。坚持以人为核心，打造宜居、宜业、宜学、宜游的市域人文环境，提升城市生态环境品质，聚焦功能品质提升，让市域高颜值、有韵味、有文化、有亲近感，更有温度、更有人情味，也更有韧性。全方位营造生活舒适、服务极致和品质精致的美好生活图景。按照"增加投入、转换机制增强活力、改善服务"的思路推进文化事业单位改革，强化农村文化活动室、乡镇文化站、图书馆、博物馆等文化组织的地位和作用，增强社会成员的文化认同感和文化归属感。拓展城乡公共文化空间，整合跨部门、跨行业、跨地域公共文化资源，增加优质共享可及的公共服务资源供给，实现设施标准化、功能集成化、布局网格化、服务均等化，实现市域"15分钟品质文化生活圈"和公共文化资源网上云普及化。鼓励开展群众性文化活动，搭建群众文化交流展示平台，高水平办好市民文化节、艺术节、全民阅读节等活动，推动各类群众性文化活动走进市域群众生活。[3]

4. 强化廉洁文化为市域社会治理营造清风正气。廉洁文化是社会成员之

---

〔1〕　参见黄橙蓝：《中国传统文化与现代社会治理》，载《法制与社会》2020年第34期。

〔2〕　参见杨新欣：《新发展格局下市域社会治理现代化研究》，山东大学出版社2021年版，第209-211页。

〔3〕　参见杨新欣：《新发展格局下市域社会治理现代化研究》，山东大学出版社2021年版，第214-215页。

公平正义、诚信友爱、抵制消极腐朽价值取向在社会心理上的一种反映。在市域社会治理现代化过程中，必须积极倡导强化廉洁从政文化和廉洁从业文化，坚持以廉洁精神文化教育洗涤民众，以廉洁制度文化制约规范民众，以廉洁行为文化启迪示范民众，以廉洁环境文化熏陶感化民众，引导民众增强廉洁自律意识，正确把握义利关系。首先，强化廉洁从政文化，为实现市域社会治理现代化奠定政治伦理基础。市域各级党政官员、国家公职人员是市域社会治理现代化的领导者、组织者、实施者和推动者，能否真正做到廉洁从政、依法用权、用权为民，直接关系到市域社会各界参与市域社会治理的积极性，影响市域社会治理现代化的进程与效能。加强廉洁从政文化建设，教育引导公职人员加强党性党风党纪修养，督促领导干部坚定理想信念，保持共产党人的高尚品格和廉洁操守，培育以贪为耻的道德人格和清正廉洁的价值理念，为推进市域社会治理现代化奠定风清气正的政治伦理基础。其次，繁荣廉洁从业文化，为推进市域社会治理现代化营造浩然正气。党的十八大以来，尽管各行各业的风气得以扭转，但一些地方，一些领域中依旧存在一些不正之风。出现这种情形除了体制机制原因以外，贪腐落后文化不容忽视。廉洁从业文化作为一种道德诚信文化和社会价值文化，以树立社会主义共同理想、发扬社会主义荣辱观为目标，以倡导清廉勤俭、诚信守法、服务社会为重要内容，反映了各类从业人员以廉为荣、以贪为耻的自律意识与价值取向。[1]所以，应当对广大社会从业人员深入开展廉洁从业理念教育，强化其社会责任意识、职业道德和行业规范，使其正确履行市域社会治理的责任和义务。

5. 培育社会主义法治文化，营造良好法治环境。依法治理是推进市域社会治理现代化的基本方式和重要保证。实现依法治理关键要"弘扬社会主义法治精神，努力培育社会主义法治文化"，[2]努力创造不愿违法、不能违法和不敢违法的良好法治环境。因此，要在培育以法治、民本、廉政、透明为基本内容的行政法治文化和以公正、廉洁、为民为核心的司法法治文化基础上，在市域范围内广泛开展法治宣传教育，使广大社会成员全面养成法治意识、

---

〔1〕 参见张国臣：《文化的社会治理功能及其实现路径》，载《郑州大学学报（哲学社会科学版）》2016 年第 6 期。

〔2〕 参见习近平：《在首都各界纪念现行宪法公布施行 30 周年大会上的讲话》，载《人民日报》2012 年 12 月 5 日，第 2 版。

法治观念和践行法治行为。为此，必须结合"六五"普法要求，针对市域社会不同群体的工作属性和心理特点，因地制宜，开展不同要求、不同内涵的法治教育，[1]坚持以习近平法治思想武装头脑，将法治要求转化为社会公众遵纪守法的自觉行动。

---

[1] 参见张国臣：《文化的社会治理功能及其实现路径》，载《郑州大学学报（哲学社会科学版）》2016 年第 6 期。

战略重点：构建基层社会治理新格局

　　基层是社会的细胞，是构建和谐社会的基础。[1]基层是社会治理的重点，同时也是社会治理的难点。基层社会治理是社会治理的重要组成部分，也是社会治理创新的关键。在单位体制弱化，社会结构重构的背景下，政府与群众的联系主要在基层进行，[2]当前城乡社区成为基层社会治理中最基本的治理"场域"，是广大人民群众最基本的生活空间，担负着保证国家法律政策顺利执行、行政管理有效实施、基本公共服务有效供给等重任。推进国家治理体系和治理能力现代化的基础性工作在基层，推动党和国家各项政策落地的责任主体在基层。因此，社会治理的战略重点在于构建基层社会治理新格局。推进社会治理现代化，建立和完善共建共治共享的社会治理制度，必须从基础抓起，从基层做起，促进城乡社区治理创新，构建基层社会治理新格局。

第一节　构建基层社会治理新格局的战略意义

　　习近平总书记一直强调，一个国家治理体系和治理能力的现代化水平很大程度上体现在基层，党的工作最坚实的力量支撑在基层，最突出的矛盾和问题也在基层，要不断夯实基层社会治理这个根基，把抓基层、打基础作为长远之计和固本之举。推动社会治理中心向基层下移、构建基层社会治理新

---

　　〔1〕　参见习近平：《加强基层基础工作　夯实社会和谐之基》，载《求是》2006 年第 21 期。

　　〔2〕　参见李万钧：《关于创新基层社会治理的实践与思考》，载《科学社会主义》2017 年第 5 期。

格局，是让人民群众的获得感、幸福感、安全感更加充实、更有保障、更可持续的有效途径，关乎党长期执政、国家长治久安和广大人民群众的切身利益。要加强社会治理的基层基础工作，就必须健全以基层党组织为核心、群众自治组织为主体、社会各方共同参与的基层社会治理新格局，夯实基层社会治理基础。[1]

一、基层是我国社会治理的基础和重心

自古以来，治国安邦重在基层。基层是人民群众生活休憩的家园，是党执政的最基层细胞，也是社会治理最基础的单元和最深厚的支撑点，是国家治理和社会治理的"神经末梢"。基层也是最接地气，最能直观反映人民群众日常生活状况的地方，是我们党治国理政和人民群众参与社会治理的基本结合点。基层的治理状况、治理能力也会随时随地受到群众最直观的检验。习近平总书记多次强调，"党的工作最坚实的力量支撑在基层，经济社会发展和民生最突出的矛盾和问题也在基层，必须把抓基层打基础作为长远之计和固本之策，丝毫不能放松"。[2]党的十八大以来，以习近平为核心的党中央从党和国家事业发展全局出发，把基层社会治理提升到新的高度。一些地方和部门的成功实践充分表明，基层治理的有效性，事关社会治理的有效性，也事关国家治理的有效性和党执政的稳定性。基层的管理和服务能力越强，社会治理的基础就越牢、越坚实；反之，就会基础不牢，地动山摇。因此，要激发基层群众参与社会治理的"内生动力"，探索创新基层群众自治的实现途径，不断丰富基层社会治理内容和形式，真正做到民事民议、民事民办、民事民管，[3]最大限度地把矛盾化解在基层，最大限度地激发基层社会活力，真正实现基层"善治"，这是我们急需破解的重大问题。[4]

---

〔1〕　参见本书编写组编著：《党的十九届四中全会〈决定〉学习辅导百问》，党建读物出版社、学习出版社 2019 年版，第 136-137 页。

〔2〕　参见中共中央文献研究室：《习近平关于社会主义社会建设论述摘编》，中央文献出版社 2017 年版，第 131 页。

〔3〕　参见崔守滨：《新时代中国特色社会治理的实践逻辑——基于习近平关于社会治理重要论述的思考》，载《安徽行政学院学报》2020 年第 6 期。

〔4〕　参见李万钧：《关于创新基层社会治理的实践与思考》，载《科学社会主义》2017 年第 5 期。

二、推动社会治理重心向基层下移

习近平总书记指出，社会治理的重心必须落到城乡社区，社区服务和管理能力强了，社会治理的基础就实了。要深入调研治理体制问题，深化拓展网格化管理，尽可能把资源、管理、服务放到基层，[1]把经常性具体服务和管理职责落下去，把人财物和权责利对称下沉到基层，把为群众服务的资源和力量尽量交给与老百姓最贴近的基层组织去做，增强基层组织在群众中的影响力和号召力。[2]一些地方在把工作任务、考核责任一股脑儿推到基层的同时，对基层各种必要的政策倾斜和服务配套却往往跟不上，致使一些基层不堪重负，力不从心。如若真正重视基层，加强基层社会治理创新，那就不是单纯把工作任务、考核责任推给基层，而是要推动社会治理重心向基层下移，把更多社会资源、管理权限和民生服务下放到基层，把人力、财力、物力更多投放到基层，使基层有职有权有物有人，具备开展基层社会治理创新的基础条件和物质保障，以网格化管理、社会化服务为方向，健全基层综合服务管理平台，及时反映、协调和解决人民群众各方面各层次利益诉求，为基层百姓更好提供精准化、精细化服务。[3]新时代社会治理要把多元共治体系建构放在基层，要把综治平安的根基强化在基层，要将依法治国的要求落实在基层，要加强基层流动人口的服务与管理，把社会组织的发展重心不断向基层倾斜。

第二节　城乡基层社区治理的制约因素

随着单位制的解体和社会结构的重构，基层社区已成为广泛连接群众生活的公共空间。城乡基层社区是社会治理的基本单元，是一切工作的落脚点，是基层政权建设的社会基础，也是加强和创新社会治理的重心。城乡社区治

---

〔1〕　参见中共中央文献研究室编：《习近平关于社会主义社会建设论述摘编》，中央文献出版社2017年版，第127页。

〔2〕　参见中共中央文献研究室编：《习近平关于社会主义社会建设论述摘编》，中央文献出版社2017年版，第129页。

〔3〕　参见本书编写组编著：《党的十九届四中全会〈决定〉学习辅导百问》，党建读物出版社、学习出版社2019年版，第137页。

理是社会治理的重要基础，也是国家治理的重要内容。社会治理的重心必须落到城乡社区，创新城乡社区治理是推进国家治理体系和治理能力现代化的重要方面和重要保证。[1]近年来，城乡社区治理创新进程不断加快，并取得积极治理成效。但是，在"强政府-弱社会"的社会结构约束下，城乡社区治理进程中行政色彩仍然存在，多元主体合作程度不高，社区居民公共参与不足，治理主体之间的利益分配与成本分担也存在矛盾。共建共治共享的各个层面都受到一些不利因素的制约。

一、城乡基层社区治理的主要内容

城乡社区治理是指基层政府、社区组织、社区居民、辖区单位、营利组织、非营利组织等，基于市场规则、公共利益和社区认同，协同合作，有效供给社区公共物品和公共服务，满足社区需求，优化社区秩序的过程与活动。[2]城乡社区治理的核心在于"共"，多元主体共同参与社区事务，共建社区良好格局，共治社区各项事务，共享社区美好生活。[3]城乡社区治理的主要内容如下。

（一）社区服务

社区服务，又称社区公共服务，一般是由基层政府、非营利组织、志愿者以及其他组织，为满足城乡社区居民公用性消费需求，而向其供给的社会公共产品和公共服务。社区公共服务大致分为两大类。一类是面向全体社区居民的、具有便民利民性质的社区服务，譬如居民的家居生活服务、社区医疗卫生服务、社区环境治理综合服务、社区少年儿童服务以及社区日常生活服务等；另一类则是面向特殊群体的具有社会福利性质的社区服务，譬如，那些专门针对社区老年人、残疾人、优抚对象以及特困家庭的社区服务等。社区公共服务大多具有公益性、福利性、服务性、地域性、专业性和群众性

---

〔1〕　参见沈跃春：《关于推进社区治理现代化的思考》，载陈光金主编：《社会治理现代化：社会体制改革与法治社会——全国社科院系统社会学所所长会议论文集》，中国社会科学出版社2016年版，第132页。

〔2〕　参见徐选国、杨紫：《农村社区发展、社会工作介入与整合性治理——兼论我国农村社会工作的范式转向》，载《华东理工大学学报（社会科学版）》2016年第5期。

〔3〕　参见雷晓康等：《中国社会治理十讲》，中国社会科学出版社2019年版，第102页。

等特征。[1]在共建共治共享的社会背景下，社区公共服务由多元主体共同参与供给，全体社区居民共建公共服务体制机制，共商社区公共服务供给方式，共享社区治理成果，最终实现社区居民对美好生活的向往。

（二）社区活动

这里的社区活动主要指政治活动，它是指城乡社区中的各方主体（包括居委会或村委会、业委会、物业公司、社会组织、社工人员、社区居民、志愿者等）为实现自身利益和社区公共利益，在基层政权领导下而进行的政治管理、政治参与、政治统治等活动。这种活动以基层公共权力为后盾，以解决社区各种矛盾和问题、维护社区稳定与发展为目标，对社区公共资源进行权威性的分配，寻求和协调各方利益的"最大公约数"，共建社区政治活动模式，共治社区政治活动秩序，共享社区政治活动资源，[2]实现社区和谐稳定与长远发展。

（三）社区治安

社区治安是基层政府、社区自治组织和社区志愿者，依靠社区居民，协同公安、司法机关，对社区秩序和居民生命财产安全依法进行治理的公务活动。社区治安管理的内容十分丰富，主要包括社区人员管理、危险物品管理、道路交通安全管理、治安秩序管理以及消防安全管理，等等。社区治安必须遵循依法治理原则，调动多元主体踊跃参与，实行群防群治，打防结合，共建社区治安管理体系，共治社区治安管理事务，共享社区治安管理成果，[3]为城乡社区居民提供一个放心舒心、安居乐业的美好生活环境。

（四）社区文化与社区网络

社区文化是指在特定社区范围内，经过长期的历史沉淀而逐渐形成的具有本社区特色的物质形态和精神财富。社区文化的孕育传承源自社区的日常生活与社会活动。社区文化通过价值导向、情感归属、行为引导以及教育实践的形式对社区居民的综合素质产生巨大影响。社区网络是社区行动者之间

---

〔1〕 参见雷晓康等：《中国社会治理十讲》，中国社会科学出版社 2019 年版，第 111 页。

〔2〕 参见雷晓康等：《中国社会治理十讲》，中国社会科学出版社 2019 年版，第 112 页。

〔3〕 参见雷晓康等：《中国社会治理十讲》，中国社会科学出版社 2019 年版，第 111–112 页。

的社会关系和社会纽带，是社区关系网络的总和，主要包括社区居民之间的联系、互动、互助及志愿精神等，反映了城乡社区中的邻里交往、邻里关系、邻里互助、志愿精神状况。社区各方主体应大力加强彼此之间的沟通联系，共建社区网络与文化框架，共治社区网络与文化功能，共享社区网络与文化传承，共同维系社区良好人际关系，改善居民生活质量。

二、城乡基层社区治理的制约因素

目前，尽管我国城乡社区治理已经迈出重要步伐，取得长足进展，但不容忽视的是城乡基层社区治理仍受到诸多因素的影响和制约，基层行政权力配置失当，社区社会资本缺失，社区公共资源分配失序导致社区治理在共建、共治和共享三个层面存在明显不足，"社区失灵"现象时有发生。

（一）共建层面：社区社会资本稀缺

从学理上讲，社区应当是一种"生活共同体"、"社会共同体"、"精神共同体"和"文化共同体"。但在实际社区治理过程中，作为共同体灵魂的社会资本较为稀缺，社区成员缺乏对所在社区的认同感与归属感，在社区生活中常常感觉到自身的孤立和组织的虚无。对居民而言，社区在相当大程度上不过是一个居住场所而已，只是一个地域概念，[1]这会直接影响社区成员的政治参与热情和参与效力。社区治理发挥积极效能的前提和基础是社区成员拥有关于其他成员行为、能力和需求的重要相关信息，这些信息能够支持社区居民的行为规范，并充分利用有效的、不会被通常的道德风险和逆向选择问题所困扰的周密安排。但当前社区成员之间根本无法达成必要的信息共享，[2]无法形成共同的行为规范、共同的社会心理、共同的道德信仰以及共同的价值取向等，社区治理丧失了其基本的社会信任参与优势，陷入"社区失灵"困境。

（二）共治层面：社区行政权力配置失当

目前我国城乡社区治理过程中，行政干预手段仍居于首位，而行政权威

---

〔1〕　参见郑杭生、黄家亮：《论我国社区治理的双重困境与创新之维——基于北京市社区管理体制改革实践的分析》，载《东岳论丛》2012年第1期。

〔2〕　参见雷晓康等：《中国社会治理十讲》，中国社会科学出版社2019年版，第111-112页。

过度嵌入与渗透造成其他社区主体的治理能力低下。社区治理的行政权力配置始终是一个棘手问题。一方面，基层政府放权面临不小的阻碍，既得利益者在改革中为了维护自身既得利益，拒绝权力下放。另一方面，社区又无力完全承接政府的权力转移和治理责任。政府权力下放，减少对社区事务的直接干预必须以社区自治跟进为前提。但是，目前基层社区自治机制尚不成熟，自治能力不强，无力承担社区自治的责任，况且社区各方合作也存在一定成本。虽然社区要求扩权，却不懂得如何扩权和如何用权，权力承接过程中容易出现"社区真空"现象。我国基层社区失灵集中体现在居委会的双重困境上。其一是居委会的行政化困境。由于街道办、居委会和业委会三大部门关系错位，原本作为居民自治组织的居委会却承担着街道下派的行政事务，导致其不堪重负，无暇正常履行其自治职责。其二是居委会的边缘化困境。如果政府剥离居委会的行政事务管理职能，以"社区工作站"等来减轻其压力，居委会的地位则会迅速下降，[1]其功能会被边缘化而不知所措。作为社区治理的核心主体，居委会这种进退两难的尴尬处境直接影响社区治理效能。

（三）共享层面：社区公共利益分配失序

如前所述，社区是一种生活共同体、利益共同体、价值共同体和精神共同体。从学理层面讲，社区成员应广泛参与社区事务，与其他主体协同合作，共创社区事业，实现社区公共利益最大化，平等分配社区公共利益，实现社区治理成果共享。但现实的情况却是社区公共性不足，社区成员的公共精神缺失。各方治理主体对公共利益及其分配方式的基本认知存在偏差。

公共精神的缺失导致社区成员对社区公共事务的参与度低。我国"差序格局"的社会结构由来已久。在这种社会形态下，人际交往的主要依据是看自己与周边人际关系的亲疏，取决于那种内外有别、亲疏远近的人际关系网。[2]凡是那些与自己切身利益密切相关的事务，社区居民就有参与的意愿和动力，能够参与其中，譬如，小区的"楼道卫生""宠物管理""社区治安""车辆停放""路灯安装""小区绿化"以及"垃圾分类"，等等，社区

---

〔1〕 参见雷晓康等：《中国社会治理十讲》，中国社会科学出版社 2019 年版，第 118 页。
〔2〕 参见高红：《城市基层合作治理视域下的社区公共性重构》，载《南京社会科学》2014 年第 6 期。

居民认为这些是"自己的事"，一般会通过居民议事会发表自己见解和看法，以争取自己的利益。[1]反之，有些社区居民则认为，其他社区公共事务所代表的公共利益是"别人的事"，与己无关，因此对其漠不关心，根本不将自身视作社区公共利益的创造者和获得者。社区居民这种"特殊化"利益倾向，使其难以形成自觉维护公共利益的社会意识，最终导致社区公共利益分配失序，造成"社区失灵"，社区治理失效。

第三节 构建基层社会治理新格局的基本方略

城乡社区治理是国家治理的微观基础，是打造共建共治共享的社会治理新格局的基础环节，是党和政府联系服务居民群众的"最后一公里"，是一切工作的落脚点。乡镇政府和街道办事处是我国最基层的行政单位，与广大人民群众的联系和接触最为紧密。乡镇和街道治理体制建设是推进社会治理体系和治理能力现代化的基础性工作。面对城乡社区治理中存在的诸多问题，推进城乡社区共建共治共享是社区治理的发展方向。应不断加强社区建设创新，逐步完善以基层党组织为核心、基层政府为主导、全区全员共同参与的基层社会治理新格局，更好地为基层群众提供精准精细、优质高效的公共服务。

一、强化社区党建工作，发挥基层党组领导核心作用

党的领导不仅是中国特色社会主义制度的本质特征，也是中国特色社会主义的最大优势。城乡社区治理必须坚持党的领导，确保社区治理沿着正确的政治方向前进。习近平总书记曾从不同方面、不同角度，明确要求各级党委和政府高度重视基层社会治理工作，强调要把加强基层党的建设、巩固党的执政基础作为贯穿社会治理和基层建设的一条红线，深入拓展区域化党建。《中共中央国务院关于加强和完善城乡社区治理的意见》提出，要健全完善城乡社区治理体系，其中第一条便是充分发挥基层党组织领导核心作用，要求把加强基层党的建设、巩固党的执政基础作为贯穿社会治理和基层建设的主

---

〔1〕 参见胡晓芳：《公共性再生产：社区共同体困境的消解策略研究》，载《南京社会科学》2017 年第 12 期。

线，以改革创新精神探索加强基层党建引领社会治理的正确路径。

（一）引导基层党组织强化政治功能

作为马克思主义政党，中国共产党的政治属性是根本属性，政治功能是基本功能。充分发挥基层党组织的政治功能，就是要使基层党组织切实履行党章规定的职责，在把握政治方向、坚持政治原则等方面发挥作用，把基层党组织建设成为宣传党的主张、贯彻党的决定、领导基层治理、团结动员群众、推动改革发展的坚强战斗堡垒，而不是单纯的服务组织。因此，基层党组织要聚焦教育、管理、监督党员和组织宣传服务群众的职责任务，推动街道（乡镇）党工委把工作重心转移到基层党组织建设上来，转移到做好公共服务、公共管理、公共安全、环境保护工作以及为经济社会发展提供良好的营商环境上来。加大软弱涣散社区党组织整顿力度，加强社区服务型党组织建设。健全社区党组织领导基层群众性自治组织开展工作的相关制度，推行社区（村）"两委"书记与主任"一肩挑"、班子成员"交叉任职"，健全社区（村）"两委"班子联席会议和党群联席会议制度，依法组织居民开展自治，及时帮助解决基层群众自治中存在的困难和问题。

（二）推进街镇、社区与驻社区单位共建互补，拓展区域化党建

区域化党建突破了传统纵向控制为特征的"单位党建"和"社区党建"模式，有利于把隶属不同系统、掌握不同资源、比较松散的党组织联系成为紧密型的党建共同体，形成全覆盖的基层党组织体系，强化社会领域党建工作的整合，进而获得更为广泛的社会资源、政治资源与执政基础。因此，要继续推进街道（乡镇）、城乡社区与驻社区单位共建互补，深入拓展区域化党建。继续推进商务楼宇、各类园区、商圈市场、网络媒体等新业态、新领域的党建覆盖工作。为加强基层党建工作和党组织的战斗力，村（居）委换届选举中，要由省级党委组织部牵头，从组织上强化社区党组织领导作用。对"问题村"和软弱涣散社区党组织进行整顿，由上级委派干部担任社区党支部书记。加大社区"三新"组织（新经济组织、新社会组织、新就业群体党组织）党建工作力度，要求条件具备的社会组织及时建立党支部，对党员人数

不足以建立党支部的，成立社会组织联合党支部。[1]

（三）落实党建工作责任制，健全党建工作长效机制

全面贯彻落实党建工作责任制，健全党建工作长效机制，确保党的建设各项工作落到实处。要创新党建工作方法，增强社区党组织的凝聚力和战斗力，发挥好党组织在社区的统领作用，为社区各类组织参与社区治理搭建组织平台，体现党组织的核心地位和引领作用。社区党组织的党建工作应该建立在社区党组织牵头、驻区单位党组织参与的双向承诺、双向监督的协调机制之上，明确规定各方党组织在社区党组织共建工作中的职责。驻区单位党组织在社区党组织的指导下教育引导本单位的党员积极参与社区活动，共同推动社区党建工作。确立社区党建工作联席会议制度，建立各方党组织之间的定时沟通机制，共同研究解决社区党建工作中出现的问题。[2]

二、创新社区治理体制，拓宽群众参与渠道

以前我国城乡社区治理中存在的诸多问题，既有陈旧的行政管制方面的原因，也有社区自治力量不足和参与渠道不畅的原因，但更主要的还是人们对开放、流动、住房商品化状态下城乡社区治理的规律和特点缺乏正确认识，没有找到切实可行、行之有效的社区治理办法造成的。解决城乡社区治理中存在的问题，要健全基层党组织领导的基层群众自治机制，完善网格化管理、精细化服务、信息化支撑的基层治理平台，健全城乡社区治理体系，实现政府治理和社会调节、居民自治良性互动。[3]

（一）准确定位街道办事处职能，合理设置其内部机构

街道办事处在城市社区治理中扮演重要角色。在新发展阶段，加强和创新社区治理，构建城乡社会治理新格局，应强化街道办事处的公共服务、公共安全、公共管理、环境保护职能，减少直至完全取消其经济管理职能，进

---

〔1〕　参见广东省社会科学院编：《长治久安：在营造共建共治共享社会治理格局上走在全国前列》，广东人民出版社 2018 年版，第 178—179 页。

〔2〕　参见王大鹏编：《推进市域社会治理现代化》，红旗出版社 2020 年版，第 163 页。

〔3〕　参见中共中央宣传部：《习近平新时代中国特色社会主义思想学习纲要》，学习出版社、人民出版社 2023 年版，第 221 页。

一步发挥其统筹协调的功能，合理调整街道办事处内部机构设置。正确处理街道办事处与相关部门的关系，处理街道办事处与社区各类组织的关系。街道办事处要恪守本职，尊重其他治理主体，尽量减少对其他主体不必要的管制干预，给予其他治理主体充足的信任和自主空间。街道办事处积极组建各方主体对话平台，及时进行信息资源的发布和共享，听取其他主体的利益诉求。构筑基层多元利益协调平台，充分发挥街道办事处作为"协调人"的角色功能。构建定位准确、权责明确、资源和服务下沉、行为规范、协调有力、运转高效的基层治理体系，为社区居民自治提供强有力的行政保障和自由宽松环境。

（二）加大居委会去行政化力度，回归其自治组织本位

社区居委会是城镇居民的自我管理、自我教育、自我服务的基层群众性自治组织，但长期以来，却被扭曲为街道办的下属部门，承担着大量街道下派的任务。其原本的社区自治职能受到很大冲击。创新社区治理体制，必须让社区居委会回归基层群众自治组织的本位。当然，自治并不是脱离党的领导和行政指导，而是保持其相对的独立性和自主性，平衡好"对上"与"对下"的关系，兼顾好行政性和群众性。要加强城市常态化管理，创新流动人口服务管理模式，更多运用市场化、法治化手段，促进人口有序流动。加强农村社会治理，主动从源头化解农村社会矛盾，学习推广新时代"枫桥经验"，畅通和规范群众诉求表达、利益协调、权益保障通道，及时把矛盾纠纷化解在基层、化解在萌芽状态，争取做到"小事不出村，大事不出镇，矛盾不上交"。[1]另外，还要积极培育和发展社区社会组织，壮大社区治理的依靠力量。[2]

（三）完善自治法治德治相结合的城乡基层治理模式

自治是基层社会治理运行的基本方式和依托，必须完善城乡基层群众自治制度，增强社会活力。法治是社会治理现代化的根本保障和主要标志，必须全面加强社会法治建设，强化法治保障。德治是社会治理现代化的灵魂和

---

〔1〕 参见中共中央宣传部：《习近平新时代中国特色社会主义思想三十讲》，学习出版社 2018 年版，第 239 页。

〔2〕 参见王大鹏编：《推进市域社会治理现代化》，红旗出版社 2020 年版，第 163-164 页。

根基，必须加强社会道德建设，弘扬社会正气。在党组织的领导下，坚持自治、法治、德治有机结合、密切联系、良性互动、相互促进，使社会治理现代化得以持续、健康、顺利发展。然后，通过对话协商化解利益矛盾，充分发挥群团组织、社会组织作用，发挥行业协会商会自律功能，依托工会、共青团、妇联、基层群众自治组织和社会组织开展形式多样、方法灵活的平等对话、相互协商、彼此谈判、规劝疏导，化解不同利益主体之间的利益冲突。

（四）拓宽社区居民参与社区治理的渠道

多元畅通的社区治理渠道是居民参与社会治理实践的前提条件。必须创新居民参与社区治理的载体和方式，拓宽社区居民参与社区治理的渠道和途径，创造居民参与社区治理的机会，丰富群众参与社会治理的内容和形式，让群众能够依法办理自己的事情。深入开展以居民会议、议事协商、民主听证为主要形式的民主决策实践，以自我管理、自我服务、自我教育、自我监督为主要目的的民主治理实践，以村务公开、居务公开、民主评议为主要内容的民主监督实践，全面推进基层群众自治制度化、规范化、程序化。

三、加强社区人才队伍建设，提高社区服务能力

社区工作者队伍与社区专业社工队伍的工作状况和素质能力，直接决定和影响社区治理与社区服务的质量与效益。必须加大社区人才队伍建设力度，拓宽社区工作专业服务平台，增强社区服务能力和效能。

（一）加大社区人才队伍建设力度

首先，加强社区工作者队伍建设。当前社区工作者队伍的工作状况和素质能力与其扮演的角色不相称，存在着角色定位不明、工作意识不到位，年龄、性别和知识结构不合理、薪资待遇低、社会地位尴尬、人员流失严重、专业化程度欠缺、缺少激励保障和培训机制等方面的问题。因此，需要完善社区工作者的选拔使用机制，明确社区工作者的职责范围，提高社区工作人员待遇，建立健全激励保障和培训机制。

其次，加强社区专业社工队伍建设。由于社区居民服务需求的多样化、个性化和高端化，传统的社区服务管理模式已经难以满足新的要求。运用社会工作者队伍的专业化、职业化、规范化、人性化手法提供高质量的社区服

务和管理势在必行。从 2006 年开始，国家开始有意识地推动社会工作者队伍建设，推动专业社会工作者进社区，取得了一定的成效。但是，总体状况并不理想。社会工作者队伍总量仍然较少、经验不足，社区没有相应的工作平台让专业社工发挥作用，专业社工人才流失严重。因此，需要进一步创新社区社会工作体制机制，优化社会工作发展环境；进一步拓宽社区工作专业服务平台，增强服务效能；进一步分类推进社区工作服务，提高精细化服务水平。另外，还应注重发挥退休老干部、老劳动模范、老党员、老教师、老法律工作者等社会贤达在社区治理中的作用。[1]

（二）提高社区服务供给能力

社区服务质量和水平是影响社会治理效能的重要因素。地方政府要加大社区公共服务体系建设的力度，健全社区服务机构，科学编制社区公共服务指导目录，加大资源投入和经费保障，做好劳动就业、社会保障、卫生计生、教育事业、社会服务、住房保障、文化体育、公共安全、公共法律服务、调解仲裁等公共服务事项，提升社区服务能力和水平。加强社区信息化建设，提高社区信息化水平。通过税收优惠、场地支持、配套资金、服务保障等方式，引导和支持各类市场主体、各类社会组织为社区治理提供多样化的资源和服务。城乡社区要积极探索建立社区公共空间综合利用机制，合理规划建设文化、体育、商业、物流等自助服务设施。要结合实施乡村振兴战略，研究如何提高农村社区服务能力。[2]

四、培养居民社区意识，加强社会规范建设

社区意识是指社区居民对社区的感知、认同和参与的心理状态，是社区居民对所属社区的归属感和认同感，包括社区情感认同、社区参与程度、社区满意度、信任与奉献精神以及对社区发展态度等方面。要在加强社区公共服务、扩大居民参与、发展社区民主的过程中，融入社区意识的教育引导，培育居民的家园意识和共同体意识。通过开展形式多样、内容丰富、生动有趣、健康有益的社会活动，增强社区活动的吸引力和感召力，从而激发社区

---

〔1〕 参见王大鹏编：《推进市域社会治理现代化》，红旗出版社 2020 年版，第 164—165 页。
〔2〕 参见王大鹏编：《推进市域社会治理现代化》，红旗出版社 2020 年版，第 165 页。

居民参与社区治理的内生动力，培养和提升居民对社区的情感和归属感，树立社区主人翁意识，为社区居民的自我服务、自我管理、民主协商解决社区事务，培养现代公民精神奠定基础，为社区治理提供精神支持。[1]

社区治理要求国家与社会及群众之间保持良好的互动与合作，因此社区建设与社区治理是一个上下互动、双向运行的管理过程，既要发挥政府自上而下的主导作用，也要激发居民自下而上的参与热情。通过激发居民参与社区建设与治理的积极性、主动性和创造性，强化其作为社会主体的自我意识、自主精神和参与意识，积极投身社区公共事务治理。积极引导基层群众养成在法治轨道上行使权利、解决纠纷的习惯，努力使循法而行成为全体公民的自觉行动。同时，要积极发挥德治在基层社会治理中的道德引领作用，培育和践行社会主义核心价值体系，发挥中华优秀传统文化优势，以榜样示范、乡规民约、家风家训为抓手，为推进基层社会治理新格局建设凝聚强大精神力量。[2]

长期以来，我国是一个农村社会，过去农村是社会流动率极低的熟人社会。守望相助的农村熟人社会主要依靠传统习俗、公共道德和乡规民约进行治理。但是，改革开放以来，农村社区的人口结构和村庄形态不断变化，亟需创造新的治理模式。而计划经济时期城市则是通过"单位制"垄断资源，运用行政管控方式进行社会治理。随着工业化、市场化和城市化进程的加快推进，现代城市社区的异质性大为增强，以前那种行政管控方式越来越不适应当今社区发展，必须以新的治理模式取而代之。因此，今后各级党委政府必须立足中国国情，特别是各地发展的阶段性特征和具体情况，借鉴国内外有益经验，坚持以人民为中心，解放思想，探索中国特色的社区治理之路。

此外，还要加强社会规范建设，发挥社会规范协调社会关系的功能。积极推进以行业规范、社会组织章程、村规民约、社区公约为基本内容的社会规范建设，充分发挥社会规范在协调社会关系、约束社会行为、保障群众利益等方面的作用，通过自律、他律、互律使公民、法人和其他组织的行为符合社会共同行为准则，实现政府治理和社会调节、居民自治良性互动。[3]

---

〔1〕　参见王大鹏编：《推进市域社会治理现代化》，红旗出版社 2020 年版，第 166 页。

〔2〕　参见崔守滨：《新时代中国特色社会治理的实践逻辑——基于习近平关于社会治理重要论述的思考》，载《安徽行政学院学报》2020 年第 6 期。

〔3〕　参见本书编写组编著：《党的十九届四中全会〈决定〉学习辅导百问》，党建读物出版社、学习出版社 2019 年版，第 138 页。

实践成效：新时代社会治理理论的上海实践

　　党的十八大以来，以习近平同志为核心的党中央扎实推进基层治理体系和治理能力现代化建设，推动社会治理重心向基层下移，共建共治共享的社会治理格局加快形成，为人民安居乐业、社会安定有序提供有力保障。党建引领，凝聚合力，社区基层党组织建设日益强化。基层民主制度不断健全，干部队伍结构明显优化；村（居）普遍制定了村规民约、居民公约，广泛实行村（居）务公开和议事协商。新时代的十多年，党组织领导的城乡基层治理体系不断健全，社会治理现代化水平大幅提升。社区服务水平更上一层楼，便民服务破解"最后一公里"难题。村里开起院坝会，村民有事好商量；公共服务"掌上办"，帮助群众少跑腿；社区治理网格化，为民服务更精细……基层治理实现新飞跃，社会治理效能不断提高。本课题以颇具典型意义的上海市 J 区社会治理创新实践探索为个案，进行实证调查分析。该区以新时代社会治理理论为行动指南，坚持以人民为中心的治理理念，大力推进居委会标准化、政府职能部门下沉街道、路长制、"网格化+"机制、社会组织培育、大数据智能管理等体制机制创新实现社会治理精细化，以网格化党建引领社会治理创新，以项目制推动多元参与社区治理，人民群众的获得感、幸福感、安全感显著提升。通过上海 J 区社会治理的积极成效，揭示新时代社会治理理论的科学真理性和强大生命力。

第一节　以体制机制创新促进社会治理精细化

　　加强和创新社会治理是推进国家治理体系和治理能力现代化的重要内容。

党的十八届五中全会提出加强和创新社会治理，推进社会治理精细化，构建全民共建共享的社会治理格局的思路和要求。[1]习近平总书记多次强调，城市管理应该"像绣花一样精细"。J区作为上海城市核心功能的重要承载区，上海市委、市政府对其有清晰的目标定位——"城市精细化管理示范区"。上海市J区在加强基层治理精细化，提升城区品质，"让城市更有序、更安全、更干净"方面进行了诸多有益的积极探索。

一、坚持标准先行，为社会治理精细化指明方向

社会治理精细化的出发点和落脚点是满足社会需求，增强民众的满意度、获得感、幸福感和安全感，而让民众满意的关键在于社会服务领域要具有一套清晰、可测量的社会服务标准以及规范的服务操作流程，以保证每种服务的到位，达到服务对象的合理期望。为此，上海市J区在这方面做了以下探索。

（一）制定提升城区品质标准体系

上海市J区专门出台了《关于加强城市精细化管理提升城区品质的实施意见》《"美丽家园"建设项目实施和管理办法》等文件，其中包括综合整治标准、改造修缮建设标准，综合管理标准，市容、环卫、景观、绿化管理工作标准等可量化的标准以及规范的服务操作流程。按照"高标准、全覆盖"要求，对标国际先进，瞄准上海一流，制定提升城区品质标准体系。注重标准衔接，推动标准实施，强化标准监督，注重系统优化，提高标准化服务能力和水平。

（二）深入推进居委会标准化建设

为全面贯彻落实上海市委"1+6"文件精神，J区自2015年开始持续推进居委会标准化建设，不断完善居委会制度体系，明确了居委会管理服务、硬件建设等规范标准。J区的Z街道率先启动"全科接待"模式，全区各居委会均制定了"全年无休、错时工作"等十项制度，居委会制度建设渐趋完善。该区不断优化服务环境，逐步形成居委会"小办公、大服务"工作模式。

---

[1] 参见本书编写组编著：《党的十八届五中全会〈建议〉学习辅导百问》，党建读物出版社、学习出版社2015年版，第35页。

这样通过顶层设计、层层落实，让居民找得到门，找得到人，诉求有回应，问题能解决，参与有渠道，成为解决为民服务"最后一公里"问题强有力的抓手，为深入推进"美丽家园""美丽城区"建设奠定了坚实基础。

二、创新基层治理体制机制，为社会治理精细化奠定制度基础

党的二十大报告明确指出，要完善社会治理体系。健全共建共治共享的社会治理制度，提升社会治理效能。[1]而合理健全的社会治理体制机制是实现社会治理精细化、精细治理常态化的核心要件、重要保障和必由之路。上海市 J 区为此进行了不懈努力并取得显著成效。

（一）深化街（镇）体制改革

2014 年上海市委一号课题"创新社会治理、加强基层建设"结出果实，最终形成"1+6"文件，包括《关于进一步创新社会治理加强基层建设的意见》及 6 个配套文件。上海市 J 区积极对接市委"1+6"文件，有序推进街道治理体制改革，取消街道招商引资职能，使其回归到公共服务、公共管理和公共安全的"三公"职能本位。

1. 调整优化内设机构。优化完善街道"6+2"内设机构设置（其中"6"为全市统一设置，即党政办公室、社区党建办公室、社区平安办公室、社区管理办公室、社区服务办公室、社区自治办公室；"2"为自主设置，即党群工作办公室、社区发展办公室），制定形成街道"三定"方案，充实调整各街道行政编制（行政编制由调整前街道共 740 名、镇 50 名，调整为街道共 785 名、镇 55 名）。

2. 健全职能部门事务下沉街道准入机制。建立街镇工作职责清单、街道条块对接运行图，明晰街道与职能部门及其派出机构的职责、关系和分工，制定职能部门事务下沉街道的准入机制。该区在全市率先实行房管办、绿化市容所"街属、街管、街用"管理体制，制定配套政策文件，保障街镇在日常管理、人事任免、绩效考核、人员招录、资产管理等方面的权限，实现重心下移、资源下沉、权力下放、权责统一，进一步强化街镇综合管理职能。

---

〔1〕 参见本书编写组编著：《党的二十大报告辅导读本》，人民出版社 2022 年版，第 49 页。

（二）推行"路长制"

以"精细化治理"为工作主线，2017年6月J区在全市率先探索"路长制"，由区政府主要领导担任全区道路总路长，区政府分管领导担任全区副总路长。全区局级领导干部分别担任市、区主要道路的一级路长。设立区"路长制"办公室，办公室设在区城市网格化综合管理中心。区委组织部、区委宣传部（区文明办）等相关职能部门为成员单位。街道（镇）处级领导分别担任辖区道路二级路长。各街道（镇）对应设立街道（镇）"路长制"办公室。在此基础上，明确各级路长的责任，建立责任区清单。落实"发现问题、协调指导、督促检查"职责，形成一级抓一级、层层抓落实工作格局。建立全要素、全覆盖、全过程的"路长制"综合信息管理平台，完善内部运作体系。确保全区246条道路都有人管、管得住、管得好。依托网格化的综合管理平台，路长们不仅要发现问题、解决问题，还要刨根问底、建章立制。在一级路长的统筹协调下，条块结合、形成合力，不少问题迎刃而解。目前，"路长制"已在全上海市推广开来，取得明显治理成效。

（三）完善"网格化+"治理机制

上海市J区"网格化+"治理机制是探索"应发现尽发现，应处置尽处置"的问题导向型城市治理新模式。它呈现"二级平台、三级管理"网格组织构架。总体上形成全区网格化管理"1+14+32+85"格局（即1个区中心，14个街镇中心，32个工作站，85个责任网格），促进管理资源下沉，人员、责任进网格，整合管理力量和管理资源向网格化管理平台集聚，实现精细化治理。"网格化+"治理机制以群众满意为目标，以问题为导向，实现管理范围由市容管理向社会治理延伸、管理区域由"街区"向"居民区"延伸、管理时间由"8小时"向"24小时"延伸，实现城市治理模式由被动向主动、分割向协同、粗放向精细、突击向常态的转变，实现网格化管理进社区，社区治理出成效。

三、构建社区协同治理新模式，推进社会治理精细化

党的十九届四中全会指出，发挥群团组织、社会组织作用，发挥行业协会商会自律功能，实现政府治理和社会调节、居民自治良性互动，夯实基层

社会治理基础。[1]上海市 J 区积极调动辖区资源，完善党建引领下的共建共治共享平台，深入了解居民自治情况与需求，打造自治共建共治共享的协同治理模式。

（一）完善党建引领下的共建共治共享模式

1. 构建区级、街镇和居民区三级层面的区域化党建平台。完善"1+X+14"区域化党建组织网络体系（即"1 个区级联席会议+若干个专业委员会+14 个街镇联席会议"）。调整街镇"1+2"党建领导机制，形成街道党工委、行政党组和社区党委的党组织架构，统筹推进区域化党建、"两新"组织党建和居民区党建，基本实现了辖区各类组织党建工作全覆盖。

2. 做实区域化党建引领下的社区共治系统。建立以街镇党（工）委为领导核心的街镇区域化党建联席会议制度，制订符合街镇实际的共建章程，搭建共享平台，积极调动辖区各类资源参与社会治理，形成以党建为价值引领的社区共建共治共享新格局。同时，整合党群资源优势，促进群团组织参与社会治理。

（二）大力培育社会组织

在社会治理重心向基层下移和基层民主意识不断发展的背景下，社会组织已成为组织居民参与和谐社区建设，创新社会治理机制，整合社会公共资源，建立健全党委领导、政府负责、社会协同、公众参与、法治保障、科技支撑的社会治理新格局的重要力量。上海市 J 区大力培育社会组织，助力社会治理精细化。上海市 J 区对社会组织的培育主要体现在政策支持与人才培育方面。在政策支持方面，该区制定出台《××区社会组织发展专项资金管理办法》、若干解释和 7 个配套实施办法，形成"1+1+X"的政策支持体系（即1 个《办法》、1 个《解释》和若干配套文件），以加强社会组织的培育扶持。在人才培育方面，深入推进导师带教计划，挑选 13 名优秀学员与 9 名导师进入带教计划，师徒互选完成结对签约，形成个性化、项目化的年度带教活动。

总的看来，随着 J 区社会治理精细化程度的不断加深，城区面貌发生较大变化，城区品质全面提升。以该区最北部的 P 街道为例，该街道老房多、

---

〔1〕 参见本书编写组编著：《党的十九届四中全会〈决定〉学习辅导百问》，党建读物出版社、学习出版社 2019 年版，第 22-23 页。

人员杂、环境问题多、管理难度高，在覆盖全市街镇的"市容环境社会公众满意度测评"中，曾多年排名倒数。但在最近两次测评中，该街道的排名跃升了 8 位。这一变化的背后折射的是 J 区城市治理精细化水准的升级。可以说，在 J 区"人人手里都有绣花针，针脚精密又细致。"

第二节　以网格化党建引领社会治理创新

2017 年全国城市基层党建工作经验交流座谈会"上海会议"的召开，为新时代进一步加强城市基层党建，推进党建引领下的社会治理创新指明了方向。为进一步贯彻落实中央和中共上海市委关于创新社会治理，加强基层建设的系列部署要求，努力探索党建引领基层社会治理创新的新路径，2018 年上海市 J 区出台《关于推进落实网格化党建提升党建引领城区治理水平的实施意见》等文件，在全区范围内推广落实网格化党建做法，积极推进"党建网格"和"社会治理网格"的双网融合互动，着力实现组织建设在网格、问题解决在网格、群众满意在网格的治理目标，把党的政治优势、组织优势转化为治理优势、服务优势。

一、围绕党委领导核心，织密五级党建网格

根据区推进落实网格化党建工作要求，J 区以"区、街道（镇）党（工）委"为领导核心，在 14 个街镇搭建并做实五级党建网格工作架构，同步根据需要设立片区网格以及聚集型商务楼宇、商圈市场微网格，努力使其成为党员教育管理的平台、群众互联互通的桥梁、资源汇集整合的枢纽和问题主动发现的前沿。

（一）以政治引领做实街镇总网格

由街道（镇）党（工）委书记担任街镇总网格长、第一责任人，以"加强党的建设"为首要职能，由街道（镇）党（工）委、行政党组、社区党委成员示范在前，带领履行"公共管理、公共服务、公共安全"职能的支部党员、机关事业干部、下沉部门人员、中心社区工作者等多线联络员全部进入一级网格，同步统筹协调辖区各领域党建工作，确保街道（镇）党（工）委"横向到边、纵向到底"充分发挥总揽全局的领导核心作用。

（二）以统筹协调做实街区中网格

对应派出所、城管、市场、市容、房办等职能部门，围绕商圈街区、产业园区、居民区等不同区域特点划分，加强资源配置，将公共服务、社会服务、市场服务、志愿服务等职能进一步下沉到网格，使其成为集约行政资源的综合枢纽。强化行政与党建工作的双向融合，依托区域化党建平台进一步统筹项目资源，因地制宜设立"一站多居"街区工作站、组建行业党建联盟、打造"街区共同体"，助力形成"综合复杂在街区、大事不出居民区、小事不出楼组"的问题解决机制。对于已经设立的聚集型商务楼宇、商圈市场微网格，鼓励通过"楼楼联动"方式，促进"商务楼宇"与"小区楼组"的共建共治共享。例如，每周开展一次共同行动，发动街区网格力量下沉居民区，有侧重地开展楼道整治、垃圾分类、便民服务等主题行动，推动更多问题第一时间在一线精准解决，让居民群众充分感受到网格党员就在身边。

（三）以协商议事做实居民区小网格

由居民区党总支书记牵头，围绕社区治理中心任务，依托"1+5+X"党建联席模式打破"有形围墙"，吸纳行政执法力量、"双结对"单位党组织等搭建居民区小网格，开展协商议事活动。同时，通过创新成立"三驾马车"中的"业缘型"党组织，打造"居民之家"推动合署办公等方式，深化打造"红色家园"，进一步凝聚辖区内居委会、物业服务企业、业委会、社会组织以及各居民区周边的沿街商铺、驻区单位、"三新"党组织等各方力量充实居民区小网格，推进多远共治。

（四）以居民自治做实楼群微网格

由居民区党支部书记担任楼群微网格长，发动党员骨干、"亮身份、亮承诺、亮行为"党员、群团力量、社区在职报到党员等站队出列设岗定责，坚持"学习活动、联系沟通、关心服务、责任监督"四进楼群网格机制，同步落实好"问题、任务、责任"三张清单，形成楼群微网格内问题解决闭环。

（五）以党员示范做实楼组网格

针对网格化党建1.0版本党员管理服务还不到位这一瓶颈问题，J区进一步划小网格，做实楼组，夯实楼组党建。通过"网格支部区域包干+'三亮'

党员设岗定责"的方式，因地制宜设立适当数量的"党员先锋岗"，全覆盖延伸到"街镇总网格—街区中网格—居民区小网格—楼群微网格—楼组网格"五个工作层面，同步鼓励楼组长、楼组骨干、青年代表、妇女代表、群众组织骨干、社区在职报到党员等站队出列。此外，将"亮身份、亮承诺、亮行动"逐步从党员个体延伸到党小组、党支部、党总支、党（工）委，尽最大可能推动党员在"家门口"发挥先锋模范作用，充实基层干事力量。

二、巩固"五个网格抓手"，实现网格党建专业化

在 J 区网格化党建是一个迭代深化、不断完善的过程。该区通过"配强网格队伍""完善网格机制""规范网格阵地""整合网格资源""压实网格责任"五个网格抓手，持续推进网格党员在"多网融合""疫情防控""智慧治理""改善民生"等方面"亮身份、亮承诺、亮作为"，驱动服务群众更加精准、网格工作更加专业、社会治理更加精细。

（一）组建一支高素质的网格党建队伍

坚持将"提升党建网格长的工作能力"视为网格建设的核心要务。针对街镇总网格，以机关党支部规范化建设为基础，严格落实好党员领导干部双重组织生活制度、谈心谈话制度，持续提升党员干部政治判断力、政治领悟力、政治执行力，着重强调"示范引领"。针对街区中网格，加强职能部门与街镇的深度融合，视情进行岗位交流，进一步提升联勤联动能力。针对居民区网格，以居民区网格长为核心，辐射网格内党务骨干梯队、楼组长队伍，依托"书记工作室"等开展轮岗交流、党员教育、党务培训、政策辅导等，同步孵化"社区治理辩论赛""书记 Ted 演讲""微治理论坛"等开拓视野、激发潜能、提升能力的主题活动，不断锤炼基层党建网格长的真功夫，尤其注重提升解决实际问题的能力和群众工作的能力。针对网格党员，明确"政治引航员、邻里守望者、社区啄木鸟"主体角色，即主动承担宣传党的政策、落实党建要求、和谐党群关系、发扬核心价值观的"引航员"，主动承担关心邻里关系、弱势群体、小区（楼宇）公共部位环境的"守望者"，以及主动承担巡查精神文明、市容环境、安全隐患的"啄木鸟"。

（二）构建规范完善的网格党建制度

在实践中不断健全完善各级党建网格在沟通联系、问题解决、监督反馈

等方面的制度机制。坚持党员"亮身份、亮承诺、亮作为、亮学习、亮评价"机制,针对"党员核心作用发挥不明显""社区骨干梯队力量不充足"问题,全面推进党员"亮身份、亮承诺、亮作为",同时结合党史学习教育、"四史"学习教育等,进一步推动党员"亮出学习、亮出评价",让党员牢记政治身份、加强思想认同、时时自我鞭策、注重作用发挥。例如,严格强化党员学习教育,将每名党员每月参加组织生活情况"上墙"公示,亮出党员学习情况和组织生活出席情况。坚持街道总网格包干联系机制,一方面,通过"蹲点调研""常态走访"引导街道(镇)党(工)委成员"点对点"包干联系居民区网格,尤其注重对薄弱党支部的"结对帮扶"。同时基于"两美建设""加装电梯"等中心工作,有选择性地联系走访居民区,帮助解决实际问题。另一方面,结合"双结对"制度,引导一级网格内全部联络员定期下沉服务居民区,做实"三看、四谈、五访"〔1〕和"民情日志"汇集分析机制。坚持"1+5+X"党建联席机制,充分发挥多元主体的协调共治作用,由居民区党组织跨前一步,遵循"视野大、落点小"的原则,将横向上与居民区"有关系"的治理主体纳入"1+5+X"共治联席会中,形成"1+5"班底固定、"X"机动人员广泛吸纳的共建模式,要求每月至少召开一次"圆桌"共治会议,遇有亟需共同商议解决的重点、难点及突发问题,可经由居民区党组织临时召集召开,形成"党建引领、网格先议、党员带头、居民参与"的社区议事协商氛围。

坚持"四进微网格"机制:一是学习活动机制进网格,实现党员教育的便捷化。结合支部集中学、楼组集中学多种方式,巩固"网格同学""楼组同学"的教育方式,鼓励网格党员定期组织参与一次楼组学习活动。此外,在网格支部活动上采取"轻党总支包办、重支部主办"的方式,激发微网格积极性。二是联系沟通机制进网格,实现信息传递的快速化。采取"党小组长楼组分工负责制"的方式,凭借居住生活在党员群众身边的优势,织起一张党组织与党员、群众双向沟通的联系网,第一时间掌握各个楼组的信息和状况。例如,新冠疫情排摸人员工作中,"微网格"支部书记、楼组长、党小组

---

〔1〕 参见三看——看小区环境、看居民楼道、看活动站点;四谈——谈基本情况、谈问题矛盾、谈政策制度、谈干部思想;五访——访特殊家庭、访困难人家、访独居老人、访特定对象、访来沪人员。

长共同配合，凡是有外来租户进楼组，党小组立即通知"居民区网格"安排排查。三是关心服务机制进网格，实现组织关怀的精细化。结合常态化走访联络建立"三遇三到位"制度，即党员群众遇到困难，爱心相助到位；党员群众遇到纠纷，调解劝和到位；党员群众遇到生病，探望访问到位，将关心党员群众的思想与为他们解决实际问题结合起来。四是责任监督机制进网格，实现作用发挥的制度化。鼓励网格党员在楼组主动亮出身份，并通过"党员先锋岗"经常性发挥作用，同时营造一个"好事暖心事尽量让网格做"的氛围，将推荐居民区先进人选、召集志愿者、发放困难补助等工作直接派发给"微网格"，由网格提名、由网格落实。

（三）打造坚实牢固的网格党建阵地

按照全区关于全面加强街镇社区党群服务阵地建设的要求，以及"建立一个、巩固一个、提升一个、盘活一个"的原则，精心打造家门口的"15分钟党群服务生活圈"和"1+N"党群阵地群，以此作为各级党建网格联动活跃的阵地平台和实体抓手。街镇层面，以"强化政治引领、服务党员群众、助力基层治理"为目标，建强1个社区党群服务中心，持续做好"精品党课""三新党员欢迎会"等各类党性教育品牌，将其建设成为"增强党建网格政治功能和服务功能"的枢纽平台。居民区层面，按照"群众一出家门就能找到组织"的目标，充分利用现有居委会办公条件，在居民区规范打造家门口的集约式党群服务站点，积极融入党建群建、事务办理、老人就餐、日间照料、医疗保健、文化休闲等多元服务，将党的组织力的触角直接延伸到基层社会的神经末梢。

（四）整合集约化的网格党建资源

街镇层面，做实"资源、需求、项目"区域化党建"三清单"，常态化深入各驻区单位等，梳理组织覆盖情况、帮助解决实际困难、签署党建共建协议，持续提升街镇对驻区单位党组织的引领服务能力。除此之外，充分发挥区域辐射效应，积极拓宽区域化党建的"朋友圈"，除辖区内驻区单位外，在各个层面和非本辖区的单位党组织积极共建，进一步活跃网格化党建的工作格局。在居民区层面，基于"党建引领在网格、管理服务在网格、治理协同在网格、美好生活在网格"的目标，全域推进居民区对网格资源的梳理，进一步整合各自在"党群力量""实体阵地""活动项目"等方面的相关资源，并通过宣传橱窗、电子屏显等载体，进行集中宣传展示。同时，充分发挥家门口优势，结合居民所需灵活设置服务项目，为社区居民提供一站式生活服务。

（五）逐级压实网格党建责任

立足区委各项决策部署和街镇中心工作任务，自上而下逐级压实党建责任。针对机关党组织，坚决杜绝"灯下黑""两张皮"等突出问题，引导机关支部书记带领支部做好"三个表率"、树立一面旗帜。针对居民区党组织，注重落实"问题、任务、责任"三个清单，推动形成问题解决微闭环。一是"问题清单"，按照"小事不出微网格"的原则，对现场发现的一般诉求和问题，能当场解决的应立即答复并协调解决，对于需要各科室和条线协同解决的难题，通过问题集成和需求汇总，以"研判分析——派工派单——决策应用"为路径，明确牵头责任科室，形成问题解决闭环。二是"任务清单"，依托支部"主题党日"进行定期商议。三是"责任清单"，以基层党建责任制、支部规范化建设为抓手，由街道总网格牵头，经常性指导各居民区网格支部夯实党建责任。

三、驱动党建网格精准发力

该区以 L 街道为基础，推广落实"民情日志"大数据平台建设，并将其作为"党建网格"居民信息采集、汇集、分析的载体，通过打造"基层大数据"湖泊、拓展"数字驾驶舱"应用，引导各级网格内党员干部结合"大调研、大走访"活动精准排摸群众需求，重点关注解决"悬空老人心愿""社区为民服务"等急难愁盼问题。

（一）整合归集各类民生数据

主动跨前整合街镇调研走访的基础民情数据，打造"民情日志"系统，以"人、房、户"汇集五个层面民生数据，即各居民区民生基础数据、街道各业务科室的工作数据、社区事务受理中心的居民办事数据、街道"五线谱"联络员和居民区干部调研走访数据以及区级和街道级各类应用系统沉淀的包括助餐、活动、公益、服务、出行、诉求等方面的居民行为数据，沉淀民生"数据湖泊"。

（二）分权限共享街镇和居民区网格数据，降低数据重复采集成本

在保证数据安全的基础上，进一步整合、汇总、分类所有民情数据，规范形成符合各街镇工作实际的身份标签、服务标签和管理标签等。同时，及时"分权限"共享给各业务科室和居民区党总支，进一步降低"数据重复采集"的人力成本，提高各级党建网格的工作效能。

（三）拓展社会治理"数字驾驶舱"的场景应用

该区以 L 街道"民情日志"为基础模型，在全面整合、深度分析"基层大数据"湖泊的基础上，进一步打造"数字驾驶舱"，在社会动员、资源链接、点位选址、服务找人等多个领域拓展各类场景应用，实现社区服务从"群众跑腿人找服务"向"数据跑腿服务找人"转变，提升网格化党建的精细治理水平。以党建网格的精准动员为例，面对"楼组长候选人有哪些、有多少"的现实问题，通过"数字驾驶舱"全面分析社区内现任楼组长的各个精细化标签，如"是否是在册党员、志愿者""是否是居民区骨干""是否热情参与社区活动""是否经常提供意见建议"等，进一步得出包含楼组长政治面貌、对公共事务支持度、享受社区服务、意见建议、社区活跃度等多个维度的群体模型画布。将画布沉入民情数据湖泊，即可第一时间"打捞"并掌握与之高度相似的楼组长"后备力量"名单。

四、驱动党建网格管用实用

J 区坚持科技赋能基层治理，积极推动基层党建、群众工作等的传统优势同信息化智能化手段深度融合，进一步夯实网格化党建工作基础、提升社区治理水平能级，为社区增能减负、精细治理、精准服务提供更加有力支撑，将智能化便捷服务延伸到离党员群众最近的各级网格，让"一网统管"系统"实战中管用、基层干部爱用、群众感到受用"。在"楼组阵地"，以 1912 个楼组为阵地，把"社区治理"和"公共服务"的主动权交到群众手中，在智慧平台上充分整合具有开放性、互动性的"约走访""约空间""要留言""要投票"等前端功能，使楼组居民能随时知晓社区事务、随时预约公共活动空间、自主选择基层干部上门走访时间、及时发表对社区事务的意见建议、足不出户对社区公共事务表达意愿等。针对加装电梯一号实事项目，在"智

慧"平台专门拓展加装电梯"协商宝"模块，居民在云端就能实现发起申请、协商投票、施工监督、了解安装进度等，为加梯按下了"快进键"。疫情防控期间，在"防疫前沿"实现"减负基层""提升效率"，依托"智慧平台"专门拓展了"防疫工作模块"，整合"口罩预约、回沪登记、健康打卡、志愿服务"等多项功能于一体，做到登记排查"关口前移"、共享数据"提升效率"、隔离动态"实时掌握"，使"四级党建网格"在防疫源头实现"全程零接触"服务、"全程高效率"互动。例如，预约购买口罩完全实现线上发放，返沪居民通过前端扫码登记健康信息，居民区网格中的居委干部通过后台"指尖梳理"，只需1秒即可快速生成当天信息登记汇总表，大大提高了党建网格的工作效率。

五、驱动党建网格协同高效

J区充分发挥城运中心的枢纽平台优势，全力推进"社区大脑"现有版本迭代升级，同步做实"街镇——街区——居民区"网格联动治理体系，全方位活络街镇各级党建网格，确保互联互动无死角、互通互信全天候，力争"万物可感知、数据可分析、现场可指挥、事件可预警、趋势可研判"。街镇网格层面，以行政党组为依托，全力打通条块分割，科学地整合机关科室、公安、城管等多支执法力量集中办公，实现"一口汇集、一口派单、一口督办"。同时，在城运中心中接入多个"子信息系统"，整合"党的建设、公共安全、公共管理、公共服务、社会参与"5大领域数据，将社区治理的方方面面涵纳其中。街区网格层面，强化与职能部门、驻区单位、"两新"组织等主体的联动协调、信息共享，及时解决具体派单问题。例如，打破管理条线部门间的数据围篱，对沿街商铺、单位等建立"一店一档"数据化管理平台，实现"街区网格"的管理行为数据化、协同治理高效化。居民区网格层面，依托"1+5+X"大党建工作机制，拓宽问题发现渠道，以"单一问题责任派单、应急事件就近派单、综合事件协调派单"为导向，形成快速调处解决问题的机制。

第三节　以项目制推动多元参与社区治理

当前，社区治理已经成为基层治理的着力点，整合多元主体力量确立共建制度、建立共治机制、促进共享发展，打造共建共治共享的社区治理新格局已经成为一种必然趋势。而社区治理项目化是创新社区治理、提升社区公共服务水平、激发社区治理活力、增强社区治理能力的重要形式和载体，如社区党建项目、社区"微更新"项目、楼组自治项目、一居一品项目等，成为撬动多元主体参与社区治理、共同享有治理成果的重要支点。上海市 J 区在党建引领下，通过项目制推进社区治理，拓展了多元主体参与社区治理渠道，创新了治理方式，激发了社区治理活力，增强了基层治理能力以及推进了社区治理成果共享，提升了社区治理的精细化和科学化水平。

一、项目制推进多元参与社区治理的实践探索

上海市 J 区在党的全面领导下，坚持共建共治共享治理原则，通过项目制拓展基层多元治理主体有序参与基层治理渠道，不断激发基层治理活力，建设人人有责、人人尽责、人人享有的基层治理共同体。

（一）共同建设：以项目制拓展多元参与渠道

社区共建是社区居民凝聚共识，走向社区治理共同体的构建过程。通过"党委领导、政府负责、社会协同、公众参与"的多元组织协调，社区共建回答了基层治理"依靠谁"的问题。J 区坚持在党建引领下，通过项目化运作的方式让社区居民参与社区治理的渠道更加便捷、更易接纳、更加多元。当前，大量"微自治""微协商""微更新""微改造""微行动""微公益""微心愿"等以项目制推进多元参与为特征的基层治理实践在上海市 J 区层出不穷。这类治理形式可以发掘并培育志愿者、社区社会组织、社区能人达人、社区居民等多元主体力量，发挥其在基层社区治理中的先进性、凝聚性、基础性作用，彰显党建引领基层治理的善治成效。如 J 区举办社区微治理项目创投大赛，鼓励青年广泛参与，支持青年围绕社区问题和治理需求，自主设计、推进承接社区治理项目，聚焦青春楼组、环境保护与垃圾分类、共享单车治理、公共安全等社区治理领域项目推进。

作为社会治理的核心主体之一，居民能否有效参与到社会公共事务中，直接决定着社会治理的成效。随着城市化的高速发展，大拆大建的城市更新已接近尾声，"微更新""微基建"成为今后社会治理的重要内容。社区"微更新"作为城市空间中居民可全过程参与的空间营造项目，与居民利益关系

密切、情感连接紧密、互动效应持久、撬动效应明显，成为实现社区营造与社区共治的恰当载体，是促进居民基层治理共同体意识形成的强劲动力。

（二）共同治理：以项目制激发社区治理活力

社区共治是社区居民沟通协商、维护公序良俗的治理过程，回答了基层治理"怎么办"的问题。社区治理必须以居民区党组织为枢纽，通过共同参与社区治理项目，在项目立项前动员群众广泛提议，居委会召开会议集体商议，项目推进全程向社区居民公开进度，出现问题及时商议，项目最终结果由大家评议，有助于发挥居委会、社区居民、社会组织、社区资源的作用，盘活社区治理联动资源，释放更多的社区治理效能，也有助于充分践行全过程人民民主理念。譬如 J 区 S 街道以居民需求为导向，依托"三微"项目（"小小实事惠民生"实事项目、"小小自治显文明"自治项目、"小小基金促善治"共筹项目），提升居民自治能力，挖掘培育本小区的自治载体和自治团队，打造自治品牌，调动各方参与社区治理的热情，引导更多的人关注社区、融入社区，大家的事大家办，解决居民群众普遍关注的问题。"三微"项目从立项、推进到落地，"自下而上"体现民意。在运行机制和监督体制上，总结"四议"工作法（即立项前要动员群众广泛提议，居委会召开会议集体决议，出现矛盾及时商议，最终结果大家评议）、引入审计流程、开展考核评比、引入工程监理。在提高资金的使用效益上，采取"1+X"经费保障方式，在原有经费 3 万元的基础上，可以追加申请少量维修经费；同时，成立街道社区发展基金，为多方共筹参与社区治理提供了蓄水池，鼓励社区各方共筹参与项目。在长效管理上，结合居民公约制定来加强对"三微"项目的后续管理，明确实事项目的权属，定期进行安全检查。如大部分老小区在楼道内加装"歇脚爱心椅"，为上楼梯的老人提供歇脚地。这些看起来微不足道的生活琐事，却切实解决了一批影响居民生活的急难愁盼问题。

再譬如 J 区 D 街道专门划拨资金推进居民区"微改造"项目，将"自下而上"的居民自治与"自上而下"的政府管理有机融合起来，围绕"需求导向"，从改造点位的申报、方案的完善、资金的募集、项目的实施再到落地后的日常管理，每一个环节都坚持以居民区为主导，街道全程给予指导和服务。居民建言献策，居委会征求意见形成初步方案，并通过网络投票、线下问卷等形式完善设计。工程实施中，居委会利用微信公众号、电子显示屏等多种形式及时更新改造进度。在这一过程中，不少社区自治能力逐渐增强；一批批优秀的"小巷总理"闪现出来；社区骨干为了项目落地，主动思考如何利用好社区各类会议制度，一步一步打通居委会与居民之间的阻隔，化解矛盾，不少居民从"旁观者"转变成了"亲历者"。

（三）共同享有：以项目制彰显共建共治温度

社区共享是社区居民既分享又收获、追求宜居的美好生活，强调的是"事后"治理成果的共同享有，回答了基层治理"为了谁"的问题。将项目制聚焦到改革发展、基层治理、民生改善、社会和谐各项工作中，有助于突出党建引领成效的显性化，充分体现社区治理的温度和成果。共享对象通常为公共资源和公共空间，比如健身器材、体育场地、社区花园、社区绿地等，都依赖于社区多元主体的共同维护。对基层公共服务和居民参与而言，在社区中广为盛行的"微治理"等项目将触角下探到社区以内，以楼栋、楼组、小区等微观社区空间为治理单元，不仅明显缩短了治理主体之间的距离，从而触及了治理中的"最后100米"，也提升了居民与治理事项之间的关联度以及资源和参与的可及性，更易于解决大型、超大型社区内居民办事不便、群众多元化服务需求得不到满足等问题。如S街道某居民区以打造人人参与的"幸福邻里"为目标，以提高儿童参与社区治理的积极性和能动性为抓手，依托儿童议事会平台，集思广益形成一批具有可行性和代表性的议题，并将议题转化为具体项目，持续优化"童心花园"建设即为其中一项。小朋友们齐聚"童心花园"，在指导老师的帮助下，用手中的画笔把所思所想转化为精美画卷，用实际行动为幸福家园建设贡献才智和力量。小朋友们既是"议题制定者"，又是"项目实施者"；既是"社区治理者"，又是"成果享受者"；既打造"童心花园"，又建设"同心家园"，在同心同力建设花园中增进友谊、凝聚共识、提升能力，在全过程参与社区治理中感知社区邻里的民生温度和幸福浓度。

二、项目制推进多元参与社区治理的瓶颈制约

社区治理项目化机制是创新社会治理，增强社会治理能力的重要形式，但这一机制在社区治理实践中也面临一些亟待破解的制约瓶颈。

（一）社区治理项目参与主体单一

社区治理项目离不开以社区居民为代表的多元主体的积极参与。虽然当前社区事务中的居民参与有了较大的发展，但居民参与主要表现为仪式性参与和权益性参与，自发性有所不足，公众参与社区治理项目的意识还是有待进一步提高。问卷调查结果显示，社区居民的参与频次、参与意愿较低，有43.27%的受访者表示，每年可以参与1-2次或有重要事情时偶尔参加，每年愿意参与5次以上仅占17.94%。

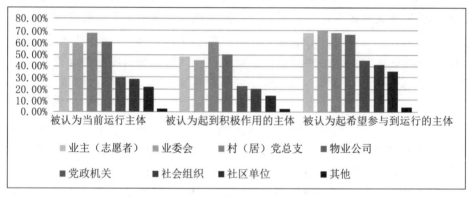

图7-1　当前社区治理运行主体调查情况

从社区治理项目的参与主体构成来看，社区层面的积极参与者主要是居委会、业委会、物业、党员志愿者和老年志愿者等，老面孔多，新鲜血液和力量不足。年轻人、流动人口则囿于工作时间关系、归属度不高和认同感不强等原因参与相对较少。很多年轻人只是将社区当作居住的场所，并没有意识或者主动参与到社区治理共同体的建设中。这就导致社区楼组长队伍青黄不接，楼组长年纪大、干不动，而年轻人不愿意、没有兴趣接手。而上述现象的根本原因在于，社会变迁带来的居民居住方式的改变、共同兴趣爱好的消减、公共利益责任主体的转移等，使传统的熟人社区变为陌生人社区，传统社区"守望相助"的社区精神逐渐消逝并陷入共同体困境，社区共同体意识愈发薄弱。作为社区治理的传统主导者，社区居委会将更多精力投入行政工作中，在社区共同体建设方面意识还不够，即使想发挥引导作用也"心有余而力不足"。同时，一些社区自治组织也有顾虑，觉得过多鼓励多元主体参与项目建设，会给自己增加工作难度，比如说群众言辞激烈、不能平和沟通、意见难以统一等，也缺乏邀请"两代表一委员"、群众参与协商的意识，民主协商氛围不浓。而部分社会组织与社区之间联系不紧密，缺少主动参与社区治理的责任感。

（二）社区治理项目缺乏创新，"供需脱钩"现象明显

在社区治理项目化推进下，J区的街道每个居民区每年都会申报和承担一定数量的社区治理项目，包括助老、助残、助医、关爱特殊群体等。这些自治项目由各个居委会或群众团队来实施和运营，存在着比较明显的"三多三少"特点：一是公共服务参与多，难点问题治理介入少；二是承接政府发包项目多，自主创新项目少；三是政府全额拨款项目接得多，需要撬动社会资源项目接得少。项目的创新度不足，更多是在标题和概念上做文章，而不是在实质内容下功夫。治理项目工作覆盖面相对狭窄，而且对社区治理中坚力量的社区青年、未成年人、亲子家庭方面的服务关注较少。项目形式相对"固化""老化"，如社区公共服务过度集中在传统的养老、助残、帮困，难以满足社区居民对公共服务多元化、品质化的要求。调查问卷显示，约有60.76%的居民表示小区基本没有让人印象深刻的社区治理项目。项目创新性不强的主要原因在于，项目多为自上而下的行政推动，而非自下而上的需求触发，各治理主体参与项目的积极性没有充分调动，社会资源也未充分撬动，并不完善的社区协商机制也降低了居民参与社区治理的能动性。在这样的情况下，社区治理项目在居民群众中的影响范围和凝聚能力都比较有限，公众参与的热情自然不高。

（三）社区治理项目参与能力不强

社区治理往往依赖于熟悉的"老面孔"和活跃的志愿者。作为社区治理重要主体的居委会缺乏专业化的服务能力，对社区内的"能人达人"、驻区单位等资源挖掘不深。除少数专业人士外，有参与热情的居民在社区议事协商中不愿谈、不敢谈、不会谈的现象还比较突出，议事跑题、情绪化、缺乏逻辑等在一定程度上制约了多元参与的效果。调查问卷显示，约有10.31%的受访者对社区治理不了解，缺乏专业能力。参与业主大会投票的占38.42%，参与社区公共事务讨论的占36.45%，参选业委会的占25.12%。在参与社区公共事务讨论的受访者中，普遍对形式（线上或线下）要求不高。

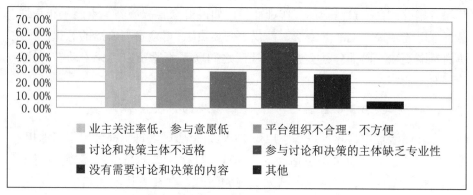

图7-2 社区事务讨论决策存在的主要问题

在这种背景下，居委会和群众团体的资源与能力只能运营少量的"品牌项目"，并且部分居委的品牌项目老化、跟不上时代的需求，难以为继。资金方面存在资金使用统筹性不足和资金不足等现状。公共财政对公益性、社区类社会组织的专项扶持资金尚未制度化，政府购买社区组织服务的年度财政经费预算存在不确定性，在经费的拨付、额度和使用上，也还没有建立起一整套标准。社区社会组织普遍面临资助资金来源有限、工作和活动场地不足的问题，这使得社会组织参与社区治理的渠道方式较为受限，真正能发挥社区治理作用的社会组织则更少。

三、项目制推进多元参与社区治理的改进举措

为了进一步提高项目制推进多元参与社区治理的效能，J区决定继续坚持党建引领，以"三大行动、九项计划"项目为抓手，充分发挥党组织对社会组织和广大居民的政治引领、组织引领、服务引领的作用，用党的政治优势、组织优势整合社会资源，动员多元主体参与社区治理，凝聚起社区治理的最大公约数，齐心协力解决社区治理难题。

（一）以"社区营造"行动为抓手，增强社区治理共同体意识

从本质上讲，社区是一种具有稳定的情感认同和共同社会价值观、共同精神追求的家园共同体、精神共同体、文化共同体。尤其是经历此次新冠疫情之后，社区居民普遍有"远亲不如近邻"的感受，社区社会资本不断被激活，给予基层社区更多空间进行社区营造。社区营造即通过"三大计划"（社

区星计划、参与式社区治理计划、国家打造计划）重塑社区家园感和凝聚力，激发居民自组织、自治理的动力，发挥人际互帮互助情感对和谐邻里、和谐社区、和谐社会的营造作用，打造社区治理共同体。

1. 治理主体激活计划（社区星计划）。社区党组织要积极挖掘对社区治理参与热情高、具有重要贡献的党员、群众、能人、达人和志愿者，以专业为类别组建法务、建设、健康等社区顾问团，并通过各种机制，增强培养人选与基层党组织的联系，动员居民自发提出社区治理项目提案或社区活动开展方案，总结并推广优秀的居民自治案例，增强居民主人翁意识，带动更多居民共同参与议事协商、社区治理。推行"群众点单——社区派单——志愿者接单"的服务模式，从自下而上的需求出发，全面激活志愿服务力量的积极性和主动性。完善志愿者激励措施，给予志愿者一定的精神和物质奖励，为志愿服务工作提供有力保障，增强志愿者参与服务的获得感和成就感，提高志愿者对志愿服务的积极性和主动性。发挥各种媒体的作用，大力宣传各类治理主体在参与社区治理项目中的特色活动、工作成效、典型人物，在社区内充分营造"人人有责、人人尽责、人人享有"的社会治理共同体氛围。

2. 参与式社区治理计划。调查问卷表明，约有 47.9% 的社区居民愿意参加社区基础建设类项目，譬如社区微更新、社区规划、环境维护等，这类占比较高。因此，要有效整合政府部门、专业力量、基层自治共治力量及驻区企业等多方机构组织，用好《上海市参与式社区规划导则》中的 36 个实战工具包，深入探索"社区规划师搭框架、居民全过程参与、专业团队兜底"的参与式设计思路，引导基层将民主协商与社区"微更新"等实事项目相结合。结合党员干部常态化下沉社区工作，进一步建立和完善"社区规划师"制度，吸纳社区能人、热心人扮演"规划师""监理师""志愿者"，为小区改造提供长效、稳定、接地气的基层服务，切实改善社区公共环境，增强社区家园情怀。

3. "静邻一家"家园打造计划。社区发展不仅影响居民的生活质量，更关乎社区家园文化的传承和社区家园气质的塑造。社区党组织要逐步把抽象的自治概念转化为居民切身感受并亲自参与的社区治理项目。依托 J 区"静邻一家"党群阵地、站点，开展"静邻一家"社区治理项目系统化、集约化、创新性设计，如开展静邻生活节、静邻音乐会、静邻欢聚日、静邻圆桌会、静邻社区市集、静邻社区开放日等社区文化活动，满足不同居民人群的多元文化和精神需求，把居民需求转化为居民的自我管理、自我服务的具体活动，把政府主导或居民自发的行为转化为制度安排下的居民有序参与，共同打造社区治理共同体，努力实现人人都能有序参与社区治理，人人都能切实感受温度，人人都能拥有归属认同。

（二）以打造"全龄友好社区"行动为目标，激发社区治理活力

构建以社区党组织为引领，居民广泛参与的全龄友好社区，创建可持续工作平台。以居民的多层次、多元化需求为导向，定期开展大走访，聚焦青年人才、"一老一小"和特殊群体，围绕社区公共议题，充分开展调研，打造延伸全龄段、全时段无边界服务项目，营造全龄友好社区氛围。

1. 实施社区治理项目全周期管理计划。J区推出一些社区、居民区全周期参与项目，精心设计项目整体规划。在项目提出、项目设计阶段充分考虑社区不同类型居民的差异化需求，不断寻求多元主体利益的最大公约数。全过程、全方位展示项目实施过程和项目成果，拓展群众意见搜集渠道，将群众监督纳入项目推进全过程，以群众监督倒逼项目落实落地。注重项目运作机制与社区协商议事机制有效衔接，搭建全龄友好协商议事平台，让老中青拥有更多主动权，进而积极参与社区公共事务，推动项目实施，增进全龄居民共同参与的仪式感和获得感。

2. 推行社区治理项目创新计划。社区党组织要持续注入创新动能，将项目与社区难点、热点问题衔接起来，与各类志愿者的资源特长、兴趣爱好相结合，盘活与整合社区内外部资源，打造紧扣时代脉搏、老少咸宜、年轻人热衷参与的党建引领社区治理项目，推动服务项目供需精准对接，有效调动志愿者和驻区单位奉献社区、服务社区的热情与行动积极性。鼓励社区从体制机制上大胆探索创新，以竞争性评估和奖励机制激发基层创新活力，每年评选一批社区治理创新项目，积累传承、复制推广基层治理智慧和经验。

3. 推进社区治理项目品牌打造计划。通过专项服务充实社区品牌设计，孵化项目品牌，发挥品牌优势对社区居民的凝聚力、向心力的影响作用，增强社区居民对社区的认同感和归属感。实现社区品牌内涵与社区工作实务的有机结合，并在此基础上总结凝练社区项目工作法以指导社区工作实务，实现项目推进经验的复制推广。发挥好专家学者和新闻媒体的宣传优势，做好相关研究和经验推广，在宣传社区治理好做法、好经验的同时，营造全社会

支持社区治理的良好氛围。

（三）以"专业赋能"行动为支撑，提升社区治理现代化水平

抓好社区治理工作，必须进一步强化大抓基层导向，心为基层想、劲朝基层使、人往基层走，更好为基层减负增能。基层社区治理创新实践不宜蛮干，应积极引入视野宽阔、责任感强和务实创新的高等院校、科研机构的专家团队和社会组织等力量，引导其深入参与社区治理创新实践，形成理论与实践的深层次互动，提升社区治理专业化水平，不断推进社会治理体系和治理能力现代化。

1. 狠抓社区治理人才培训计划。进一步加强对社区治理人才（社区工作者和社区能人、达人等）的集体培训和分类交流，通过工作坊等形式交流互鉴，学习先进治理理念，提高多元主体协同治理的能力，不断提升基层社区治理水平。通过资源整合、资金支持、平台支持、项目支持等多种方式，支持社区治理人才的社区治理意愿和行动。街道各部门要通过"1+5+X"党建联席会、网格会议、居民协商会等不同方式，帮助解决社区治理中的重点难点问题，支持社区治理人才在社区的治理行动。

2. 制定社会组织扶持计划。支持社会组织及社区自组织为居民提供社区营造、公共服务、公益慈善服务、社会工作、居民自我服务等，建立多元稳定的供需对接机制，打造一批富有特色和影响力广泛的品牌项目库，切实增强社区治理的社会化供给力量。积极引入愿意扎根社区、品质优良的各类社会组织，以政府购买服务方式给予支持，使其与基层政府部门和社区紧密对接。

3. 推行社区治理项目增能计划。积极推进党建引领与专业化治理的有机结合和相互联动，充分挖掘区级职能部门、驻区单位、大专院校和楼宇园区资源等，充分吸收社会治理、城市规划、景观设计、环境工程甚至人工智能等领域新思想、新实践，深入社区内部，为社区治理提供政府支持、专业视角和思路，针对共性与个性问题因地制宜确定发展方向和治理路径，让社区治理更加精准化、精细化、科学化。同时拓宽社区治理项目筹集渠道，实现资金来源多元化，譬如鼓励有条件的街道通过设立社区基金会等方式，引导社会资本投向社区建设等。

时代价值：当代中国马克思主义治理理论新发展

新时代社会治理理论是对马克思列宁主义、毛泽东思想和中国特色社会主义理论体系中关于社会治理理论的继承和发展，是马克思主义中国化的最新理论成果。它是党的十八大以来中国在社会治理领域最为重要的原创性成果和创新性体系，是习近平新时代中国特色社会主义思想的重要组成部分。它是我们党推进社会治理体系和治理能力建设的重要理念与实际举措，对推进社会治理体系和治理能力现代化，实现中华民族伟大复兴的"中国梦"具有战略意义。它是马克思主义中国化进程中我们为世界提供的中国方案、中国道路与中国经验，对提升中国特色社会治理模式在全球治理中的重要地位，彰显中国特色社会主义道路自信、理论自信、制度自信、文化自信具有深远的国际影响。它焕发了科学社会主义的旺盛生命力，绘就了中华民族伟大复兴的宏伟蓝图，[1]预示了人类社会治理发展的新前景。

第一节　彰显中国特色社会治理的制度优势

作为国家治理的重要方面，社会治理从党的十八届三中全会的"破题"和提出"创新社会治理体制"的建设目标，到党的十九届四中全会提出"坚持和完善共建共治共享的社会治理制度""建设人人有责、人人尽责、人人享

---

〔1〕　参见杨舒然：《当代中国马克思主义治理理论的新发展——学习习近平关于社会治理的重要论述》，载《西安财经大学学报》2021 年第 1 期。

有的社会治理共同体"，〔1〕社会治理制度的中国特色更加鲜明，制度体系更加完善，制度优势更加明晰，充分彰显了中国特色社会主义社会治理的制度优势和制度自信。

一、社会治理制度的中国特色更加清晰

我国的社会治理制度坚持中国共产党的正确领导，坚持中国特色社会主义道路，坚持以人民为中心，坚持改革创新、与时俱进，不断促进社会公平正义，不断满足人民日益增长的多层次多样化的美好生活需要，使改革发展成果更多更公平惠及全体人民，使中国式现代化朝着实现全体人民共同富裕的目标不断迈进，社会治理的制度优势更加凸显。

在民生建设和社会治理方面，党的十九届四中全会首次明确强调了中国特色社会主义制度和国家治理体系具有"坚持以人民为中心的发展思想，不断保障和改善民生、增进人民福祉，走共同富裕道路的显著优势"，具有"坚持改革创新、与时俱进，善于自我完善、自我发展，使社会始终充满生机活力的显著优势"。〔2〕改革开放以来，尤其是党的十八大以来，中国特色社会主义社会治理的制度优势已经转化为人民日益增长的获得感、幸福感和安全感，并成为推动形成可持续有效社会治理的重要制度保证。改革开放以来，我国经济实力不断增强，城乡居民收入水平不断攀升，创造了人类反贫困历史上的伟大奇迹。与此同时，我国建立了包括养老、医疗、社保、就业、住房在内的世界最大的社会保障体系。我们不仅创造了经济快速增长的发展奇迹，而且创造了社会长期繁荣稳定的安全奇迹。改革开放以来的社会发展和社会治理成就与经验，充分证明了中国特色社会主义社会治理制度是"深得人民拥护""具有强大生命力和巨大优越性的治理制度和治理体系"。社会治理制度集中体现在始终坚持以人民为中心，"坚持社会治理为了人民"。中国特色的社会治理制度，立足新时代社会主要矛盾的变化，积极回应人民对美好生活的多层次、多样化、多领域的不同需求，既体现了普惠性与公平性，又彰

---

〔1〕　参见本书编写组编著：《党的十九届四中全会〈决定〉学习辅导百问》，党建读物出版社、学习出版社 2019 年版，第 22 页。

〔2〕　参见本书编写组编著：《党的十九届四中全会〈决定〉学习辅导百问》，党建读物出版社、学习出版社 2019 年版，第 3 页。

显了多元性与差异性。既"满足人民日益增长的美好生活需要",又"注重加强普惠性、基础性、兜底性民生建设,保障群众基本生活",这一社会治理制度的中国特色越发清晰。[1]

二、社会治理的制度体系更加完善

党的十八大以来,我国社会治理制度体系不断完善,社会治理效能不断提升。从党的十八大提出提高社会管理科学化水平,到党的十八届三中全会提出创新社会治理体制,坚持系统治理、依法治理、综合治理、源头治理,我国社会体制建设实现了从"管理"到"治理"的根本性变革。从党的十八届五中全会提出"推进社会治理精细化,构建全民共建共享的社会治理格局",到党的十九大立足"不断满足人民日益增长的美好生活需要",提出"打造共建共治共享的社会治理格局,提高社会治理社会化、法治化、智能化、专业化水平",反映出我国社会治理体制改革的四梁八柱不断搭建,社会治理制度的系统性、规范性、科学性水平不断提高。在党的十九大提出的完善党委领导、政府负责、社会协同、公众参与、法治保障的社会治理体制的基础上,党的十九届四中全会着力于形成更加成熟、更加定型的社会治理制度体系,增加了民主协商、科技支撑两个方面的新内容,将社会治理社会化和智能化提升到新的高度。同时,在党的十九大确定的民生保障和社会治理的制度框架内,党的十九届四中全会在就业、教育、社保、脱贫攻坚、医疗、社会治理、国家安全等七个方面的制度设计更加精细化精准化人性化,譬如,首次提出要构建服务全民终身学习的教育体系、完善覆盖全民的社会保障体系、建立解决相对贫困的长效机制、完善正确处理新形势下人民内部矛盾有效机制等多方面制度建设新任务等,[2]中国特色的社会治理制度体系更加完善,更趋成熟。

三、社会治理的制度优势更加鲜明

我国社会治理具有独特的政治体制优势。中国共产党内部保持高度统一性和集中性,基层党组织遍布全国。党十分注重自身的先进性建设,通过各种得力举措提高党组织和党员的能力素质,使党能够在广泛收集民意基础上,

---

〔1〕 参见李诚:《充分彰显中国特色社会治理的制度优势》,载《社会主义论坛》2019年第12期。
〔2〕 参见李诚:《充分彰显中国特色社会治理的制度优势》,载《社会主义论坛》2019年第12期。

快速决策，动员资源，迅速灵活地对社会诉求做出适时反应。中国共产党代表最广大人民的根本利益，没有自身特殊利益，维护整个国家和全民族的利益是他的最高追求。因此，在中国国家内部不存在一个组织化的反对力量，避免了西方式的党争现象，在政治社会稳定上为社会治理创造了根本性的有利条件。中国共产党具有先进性，在推进治理变革时，采用适合国情的战略，比如稳健的创新，渐进的改革。可以预见到，这样的策略同样适用于社会治理的推进。〔1〕

我国社会治理具有独特的社会体制优势。围绕推进国家治理现代化的战略部署，党的十九届四中全会在党的十九大提出的"坚持人人尽责、人人享有""形成有效的社会治理、良好的社会秩序，使人民获得感、幸福感、安全感更加充实、更有保障、更可持续"的治理要求基础上，提出"建设人人有责、人人尽责、人人享有的社会治理共同体"的新的更高的目标，社会治理制度要求有几个新变化。首先，第一次提出完善正确处理新形势下人民内部矛盾有效机制，坚持和发展新时代"枫桥经验"，努力将矛盾化解在基层新的制度要求。其次，围绕构建基层社会治理新格局的制度目标，首次提出"健全党组织领导的自治、法治、德治相结合的城乡基层治理体系""推动社会治理和服务重心向基层下移""加快推进市域社会治理现代化"。将"三治"目标从乡村扩大到城乡，"治理"和"服务"同步下移，市域社会治理成为基层社会治理现代化的突破口。最后，首次将"加强边疆治理，推进兴边富民"纳入到新时代我国社会治理现代化的总体战略布局中，凸显了边疆治理在国家治理和社会治理中的重大战略意义。〔2〕可见，我国社会治理体制不断推陈出新，与正在变化发展的经济社会实际更加契合。

我国新时代社会治理理论超越了西方治理理论。新时代社会治理理论对社会主义大国如何治理社会问题给予了整体性、框架性的指导，紧紧围绕治理什么、为谁治理、靠谁治理、如何治理、实现什么样的社会治理目标等问题，从理论与实践、历史与逻辑、过去与未来、中国与世界等多角度予以辩证式回答。因此，新时代社会治理理论是对中国传统治理思想和实践经验的

---

〔1〕　参见国务院发展研究中心公管所：《社会治理的理论与实践探索》，中国发展出版社 2018 年版，第 35 页。

〔2〕　参见李诚：《充分彰显中国特色社会治理的制度优势》，载《社会主义论坛》2019 年第 12 期。

总结和升华，它既不是简单的"以国家为中心"的治理，也不是"以社会为中心"的治理，而是政党、政府、社会、公众依法各司其职、协同治理。[1]从这个角度而言，它超越了西方治理理论。

第二节　开拓了中国特色社会主义社会治理理论新境界

新时代社会治理理论是习近平新时代中国特色社会主义思想的重要组成部分，也是全民坚持和完善共建共治共享社会治理制度的思想引领和行动指南，是推进社会治理体系现代化，发展中国特色社会主义治理制度的重要内容，拓展了推进社会治理体系和治理能力现代化的途径，拓展了马克思主义关于社会治理的认知领域，开辟了社会治理体系和能力现代化的实践导向，开拓了中国特色社会主义社会治理理论的新境界。

一、开辟了马克思主义社会治理理论新境界

马克思主义经典作家虽未形成理论化、体系化的社会治理理论，但其中包含的关于"国家—市民社会—个人关系""人民群众历史主体地位""公共利益与社会保障"等内容，充分体现出了对于社会问题的重视和社会建设的思考，为当代中国社会治理创新提供了理念支撑。[2]以习近平为核心的党中央坚持以马克思列宁主义、毛泽东思想、邓小平理论、"三个代表"重要思想、科学发展观和习近平新时代中国特色社会主义思想为指导，深入观察和分析当今我国经济社会发展的新情况、新特点和新问题，提出了一系列社会治理的新理念新思想新判断，在新的历史条件下把坚持、继承同发展、创新辩证地统一起来，继承和发展马克思主义与中国共产党历代领导集体的治国理政思想，使科学社会主义社会治理理论进入了新境界，达到了新高度。譬如，提出以人民为中心的社会治理理论，不仅回答了社会治理为了谁、依靠谁的问题，还回答了社会治理的评判标准和行动准则问题，提出了检验社会治理成效最终都要看人民群众是否真正得到了实惠，人民群众生活是否真正

---

〔1〕　参见钱周伟：《习近平社会治理思想的主体框架——从"治理什么"到"实现怎样的治理"》，载《河南大学学报（社会科学版）》2018年第4期。

〔2〕　参见李晨：《习近平社会治理思想与实践创新研究》，赣南师范大学2019年硕士学位论文。

得到了改善，人民群众合法权益是否得到了切实保障。这就将全心全意为人民服务的宗旨、以人民为中心的发展思想贯穿于党的决策部署和方针政策并体现在实际行动之中。再譬如，保障民生的社会治理理论，从根本上纠正了以往重经济建设、轻社会建设，重管控、轻服务的倾向，推动实施一大批普惠性、基础性、兜底性民生工程，形成改革发展与社会治理的最大公约数，有利于从根本上实现良政善治，促进社会和谐稳定与全面进步。这一系列创新性的社会治理理论和实践，丰富和发展了科学社会主义社会治理理论的科学内涵，〔1〕开辟了马克思主义社会治理理论的新境界。

二、开拓了传统社会管理向现代社会治理转变新境界

由"社会管理"转变为"社会治理"，虽然仅有一字之差，但体现的思想内涵更深刻、更丰富。这绝不是语序排列结构和主体逻辑序位调整的问题，绝不是党和政府出于对社会和人民表面性的尊重和技巧性的策略而提出的口号，而是党和政府为了满足人民群众日益增长的利益诉求和权利要求的必然结果，同时也增强了共产党执政和政府行政合法性和有效性的现实选择。〔2〕"社会治理"更加突出了党委领导、政府主导下的多元治理主体的共同参与、良性互动，有利于构建共建共治共享的社会治理新格局；更加突出以人为本和以人民为中心的社会治理新理论，强化人民群众在社会治理中的主体地位、权益保障制度和首创精神；更加突出民主政治和法治思维、法治方式，提高社会治理民主化、法治化水平；更加突出系统治理、源头治理、综合治理、依法治理，运用经济、法治、教育、行政等多种手段完善社会治理方式方法，标本兼治；更加突出全面加强党对社会治理的领导，以党的执政能力与先进性建设引领社会治理，以党风的根本好转推动政风、社会风气净化，以各级党组织自身建设为实现社会治理科学化、精细化、现代化提供坚强的领导核心与组织保障。这些标志着由传统的社会管理向适应时代发展要求的现代社会治理转变。〔3〕

---

〔1〕　参见魏礼群：《党的十八大以来中国社会治理的新进展》，载《社会治理》2017年第5期。
〔2〕　参见龚维斌主编：《中国特色社会主义社会治理体制》，经济管理出版社2016年版，第54页。
〔3〕　参见魏礼群：《党的十八大以来中国社会治理的新进展》，载《社会治理》2017年第5期。

三、开拓了中华优秀传统文化与现代社会文明相融合新境界

独特的历史文化和基本国情决定了我国社会治理创新发展的独特道路。以习近平为核心的党中央立足中国国情，从中华优秀传统文化和世界现代文明中汲取治理智慧，坚守而不僵化、借鉴而不照搬，做到古为今用、洋为中用。这些年我国社会治理理论创新、制度创新与实践创新，都是在总结中国悠久的治理传统和历代中国共产党人治国理政经验教训以及借鉴吸收人类社会现代文明优秀成果的基础上形成的，是将中国传统社会治理模式进行创造性转化和创新性发展，将世界现代文明先进理念和有益做法进行分析鉴别和选择性吸收。新时代中国社会治理更加重视法治与德治有机结合，法治德治并举；更加重视发挥优秀传统道德文化的教化功能，发挥当代中国特色社会治理的最佳效果；更加重视家教家风在社会治理中的基础地位，更多地发挥家庭的生育、婚姻、养老、教化等社会功能，并与现代社会文明进步质素融合发展。这些对优秀传统文化的高度重视，对现代文明成果品鉴吸纳，开拓了中华优秀传统文化与现代社会治理文明融合发展的新境界，[1]彰显了中华优秀传统文化和现代文明成果，对我国社会治理具有重要的精神支撑与凝心聚力作用。

四、丰富了习近平新时代中国特色社会主义思想

自1921年成立以来，中国共产党始终高度重视理论创新和思想建设，勇于而且善于在中国特色社会主义道路实践的每一个复杂阶段进行开创性的理论探索和思想创新。这是中国共产党作为马克思主义学习型政党锐意进取的鲜明品格。党的十八大以来，以习近平同志为核心的党中央从统筹推进"五位一体"总体布局和协调推进"四个全面"战略布局高度，带领全党全国各族人民取得了全方位、开创性的成就，社会主义中国发生了深层次的、根本性的变革，进而推动中国特色社会主义进入了新时代。新的历史方位、新的使命担当要求我们党必须系统回答坚持和发展什么样的中国特色社会主义、怎样坚持和发展中国特色社会主义重大理论问题。党中央以全新的视野深化

---

〔1〕 参见魏礼群：《党的十八大以来中国社会治理的新进展》，载《社会治理》2017年第5期。

对中国共产党执政规律、社会主义建设规律、人类社会发展规律的认识，进行艰辛理论探索，取得重大理论创新成果，形成了习近平新时代中国特色社会主义思想。社会主要矛盾的变化构成了新时代的基本依据和基本动力，是习近平新时代中国特色社会主义思想形成的逻辑起点。

新时代社会治理理论以转变社会治理理念为切入点，对完善社会治理体制机制、改进社会治理方式方法、完善社会治理制度、打造基层社会治理格局等多方面进行了深刻阐述，是习近平新时代中国特色社会主义思想的重要组成部分，有着深刻的历史逻辑、理论逻辑和现实逻辑，是对改革开放以来，特别是新时代社会治理问题的科学总结和理论升华，[1]是全面推进国家治理体系和治理能力现代化的重要内容，丰富了新时代中国特色社会主义思想理论体系，成为我们党在认识人类社会发展规律和社会主义社会建设规律的又一次重大理论突破。它开启了中国特色社会主义社会治理新篇章，标志着我们党对中国特色社会主义社会治理规律的认识达到了新的高度。在新时代的伟大新征程中，新时代社会治理理论必然随着中国特色社会治理之路的实践发展而不断深化、丰富和完善。

第三节　开辟了全球治理体系变革的中国模式

新时代社会治理理论具有全球视野性、国际前瞻性、人类关怀性。面对百年未有之大变局，习近平提出构建人类命运共同体，促进全球治理体系变革的倡议，符合各国求和平、谋发展、促合作、要进步的真诚愿望和共同追求。人类命运共同体治理理念、全过程人民民主治理模式、一核多元治理模式，不仅为中国社会治理创新提供了指导方向，为促进人类社会共同发展打开了新视角和新思路，更为全球治理体系变革贡献了中国智慧、中国方案和中国模式。

一、开启全过程人民民主的实质性进程

中国特色社会治理以治理过程的民主化彰显了社会主义民主的价值，开

---

〔1〕 参见王希：《内涵·逻辑·实践：习近平社会治理理论三维探析》，载《学理论》2020 年第 10 期。

启了全过程人民民主的实质性进程，推动社会主义民主进入人民治理的新时代。亨廷顿继承了熊彼特把选举作为判断民主是否成熟的标准的观点，这忽略了民主的实质内容，而过多地注重民主的形式，具有重形式而轻实质的倾向。但在具体政治实践中，实质民主才是民主的本质意涵。中国特色社会治理实践，通过多种形式的民主参与，推动社会治理取得良好成效。习近平指出，"人民当家作主必须具体地、现实地体现到中国共产党执政和国家治理上来，具体地、现实地体现到中国共产党和国家机关各个方面、各个层级的工作上来，具体地、现实地体现到人民对自身利益的实现和发展上来。"[1]可见，中国特色社会治理体现了人民全面享有民主选举、民主协商、民主决策、民主管理、民主监督的权利，是一种全过程人民民主，彰显的是民主的过程性价值，体现的是社会治理过程中各主体民主权利的享有和行使，并通过一定的程序和各方的协商与相互妥协而达成一致以解决问题的过程。社会治理以过程性参与保证了民主的真实有效，一定程度上解决了社会治理所有应对的问题。与西方民主强调选举民主，注重形式民主不同，中国特色社会治理强调公民的实质性参与；与西方治理强调社会中心不同，中国特色社会主义民主强调对社会治理的参与。因此，中国特色社会治理与民主相得益彰，彰显了中国社会主义民主政治和社会治理的特色和优势。

二、开辟以政党为核心主体的多元治理模式

我国以政党为核心的社会治理，有效连接了国家与社会，实现了权力与权利的有机结合，为马克思主义治理目标的最终实现找到了现实路径。中国式社会治理与西方治理根本不同。在现阶段，我们强调的是"中心化"的社会治理，即强调政党和政府在社会治理过程中的主导作用。虽然主张多元与平等，但又不排斥权力与权威，避免由于缺乏权威，没有中心和主导而导致社会的混乱和失序。要实现社会的善治，中国共产党不仅不能缺位，而且必须"强势"介入和科学引领，因为执政党的领导、组织、协调能力的有效与否，直接关乎社会治理进程的速度。[2]作为执政党的中国共产党，不但主动

---

〔1〕 参见《习近平谈治国理政》（第二卷），外文出版社 2017 年版，第 292 页。
〔2〕 参见龚维斌主编：《中国特色社会主义社会治理体制》，经济管理出版社 2016 年版，第 53
页。

通过制定各种规划来推动国家与社会的发展，而且不断推动国家政治体制改革，调适国家与社会关系，充分彰显了执政党在国家与社会中的衔接功能和对国家与社会关系发展的引领功能。中国共产党的这一作用，不仅实现了国家与社会的良性互动，更为重要的是保持了秩序稳定与发展活力之间的平衡，从而为中国特色社会治理提供了核心支撑力量。

因此，中国特色社会治理以中国共产党的领导为前提，强调以政党为中轴治理的基础上，突出对国家与社会多元主体作用的发挥，从而使各类主体都能够通过一定程序参与国家政治社会生活，参与国家和社会治理，建构了既有集中统一领导，又有多元参与的社会治理格局，实现了秩序稳定与有序发展的社会治理局面。中国特色社会治理以执政党为核心，为国家与市民社会之间的正和博弈关系提供了纽带，〔1〕促进以政党为中介的国家与社会合作的形成，推动合作治理和共同治理的不断发展和完善。

三、提供全球治理体系变革的中国方案

党的十八大以来，以习近平同志为核心的党中央，接过以人类生存发展为己任的历史重担，清醒地认识到中国的发展离不开世界各国休戚与共的人类命运共同体，在党的十九大上明确提出了构建人类命运共同体，促进全球治理体系变革〔2〕的积极倡议，以世界眼光审视全球治理与发展难题。构建人类命运共同体意味着坚持世界各国要对话协商、共建共享、合作共赢、交流互鉴、绿色低碳，建设一个持久和平、普遍安全、共同繁荣、开放包容、清洁美丽的世界。〔3〕构建人类命运共同体思想是对全球治理理论的创新和升华，是我国对社会治理国际国内环境与时代特征进行科学分析与实践探索的重大成果，是新时代社会治理理论的国际延伸，是习近平新时代中国特色社会主义思想对世界和平与发展的重要贡献。人类命运共同体思想以"共商共建共享"的治理理念引领国际社会走公平正义、互利共赢的和平发展之路，为全

---

〔1〕　参见郁建兴、吕明再：《治理：国家与市民社会关系理论的再出发》，载《求是学刊》2003年第4期。

〔2〕　参见习近平：《决胜全面建成小康社会　夺取新时代中国特色社会主义伟大胜利——在中国共产党第十九次全国代表大会上的报告（2017年10月18日）》，载《人民日报》2017年10月28日，第5版。

〔3〕　参见魏礼群：《党的十八大以来中国社会治理的新进展》，载《社会治理》2017年第5期。

球治理做出中国贡献。

　　中国在社会治理领域中的成效举世瞩目，中国的社会治理经验对广大发展中国家成功跨越"中等收入陷阱"具有重要借鉴意义，使人类在面对当今国际社会历史性挑战时，保持坚定决心与信心。正如习近平所言，"实现本国发展是对世界的贡献，实现本国安全稳定也是对世界的贡献……中国愿同世界各国一起分享安全治理的经验，愿为全球安全治理贡献智慧和力量……中国愿同广大成员国、国际组织和机构密切配合、通力合作，积极参与全球安全治理，为促进人类和平与发展的崇高事业作出新的更大的贡献。"[1]新时代社会治理理论丰富发展了世界各国社会治理思想，有利于提高全球治理水平，有利于增进世界不同文化相互交流与理解，有利于促进各国人民团结互信，彼此尊重，共享和平稳定、繁荣昌盛的美好生活。

　　[1]　参见习近平：《坚持合作创新法治共赢　携手开展全球安全治理——在国际刑警组织第八十六届全体大会开幕式上的主旨演讲》，载《人民日报》2017年9月27日，第2版。

参考文献

（一）中文

国内：

1. 中共中央马克思恩格斯列宁斯大林著作编译局编：《马克思恩格斯选集》（第四卷），人民出版社 1995 年版。

2. 《孙中山全集》（第九卷），中华书局 1986 年版。

3. 《毛泽东选集》（第五卷），人民出版社 1977 年版。

4. 胡锦涛：《在庆祝中国共产党成立 90 周年大会上的讲话》，人民出版社 2011 年版。

5. 习近平：《决胜全面建成小康社会　夺取新时代中国特色社会主义伟大胜利——在中国共产党第十九次全国代表大会上的报告》，人民出版社 2017 年版。

6. 本书编写组编著：《党的十八届三中全会〈决定〉学习辅导百问》，党建读物出版社、学习出版社 2013 年版。

7. 本书编写组编著：《党的十九大报告辅导读本》，人民出版社 2017 年版。

8. 中共中央文献研究室编：《习近平关于社会主义社会建设论述摘编》，中央文献出版社 2017 年版。

9. 中共中央宣传部编：《习近平新时代中国特色社会主义思想三十讲》，学习出版社 2018 年版。

10. 本书编写组编著：《党的十九届四中全会〈决定〉学习辅导百问》，党建读物出版社、学习出版社 2019 年版。

11. 本书编写组编著：《〈中共中央关于坚持和完善中国特色社会主义制度、推进国家治理体系和治理能力现代化若干重大问题的决定〉辅导读本》，人民出版社 2019 年版。

12. 本书编写组编著：《党的二十大报告辅导读本》，人民出版社 2022 年版。

13. 中共中央宣传部编：《习近平新时代中国特色社会主义思想学习纲要》，学习出版社、人民出版社 2023 年版。

14. 中共中央党史和文献研究院、中央学习贯彻习近平新时代中国特色社会主义思想主题教育领导小组办公室编：《习近平新时代中国特色社会主义思想专题摘编》，党建读物出版社、中央文献出版社 2023 年版。

15. 龚维斌主编：《中国特色社会主义社会治理体制》，经济管理出版社 2016 年版。

16. 广东省社会科学院编：《长治久安：在营造共建共治共享社会治理格局上走在全国前列》，广东人民出版社 2018 年版。

17. 周红云主编：《社会治理》，中央编译出版社 2015 年版。

18. 徐明：《新时期社会治理创新与社会动员机制研究》，东北财经大学出版社 2016 年版。

19. 殷昭举：《社会治理学—第一卷·社会治理导论》，广东高等教育出版社 2014 年版。

20. 俞可平：《论国家治理现代化》，社会科学文献出版社 2014 年版。

21. 俞可平主编：《中国治理变迁 30 年》，社会科学文献出版社 2008 年版。

22. 俞可平等：《中国公民社会的兴起与治理的变迁》，社会科学文献出版社 2002 年版。

23. ［美］因德拉吉·罗伊：《公民社会与善治之关系的再思考》，载何增科、包雅钧主编《公民社会与治理》，社会科学文献出版社 2011 年版。

24. 张宝峰：《现代城市社区治理结构研究》，中国社会出版社 2006 年版。

25. 国务院发展研究中心公管所：《社会治理的理论与实践探索》，中国发展出版社 2018 年版。

26. 张凤荣：《大数据社会治理精细化：政策分析与推进策略》，社会科学文献出版社 2022 年版。

27. 王大鹏编：《推进市域社会治理现代化》，红旗出版社 2020 年版。

28. 何兰萍等：《公共服务供给与居民获得感：社会治理精细化的视角》，中国社会科学出版社 2019 年版。

29. 马西恒：《社区治理创新》，学林出版社 2011 年版。

30. 全永波：《社会治理法治化研究：基于舟山市社会基层治理的调查》，光明日报出版社 2016 年版。

31. 陈光金主编：《社会治理现代化：社会治理体制改革与法治社会——全国社科院系统社会学所所长会议论文集》，中国社会科学出版社 2016 年版。

32. 赖先进：《论政府跨部门协同治理》，北京大学出版社 2015 年版。

33. 辛全龙主编：《市域社会治理现代化的理论与实践》，中国人民公安大学出版社 2020 年版。

34. 雷晓康等：《中国社会治理十讲》，中国社会科学出版社 2019 年版。

35. 朱盼玲：《社会治理创新：地方实践与共同体构建》，九州出版社 2021 年版。

36. 冯仕政：《社会治理新蓝图》，王建华译，中国人民大学出版社 2017 年版。

37. 汪晖、陈燕谷主编：《文化与公共性》，生活·读书·新知三联书店 2005 年版。

38. 《中共中央国务院关于加强和完善城乡社区治理的意见》，人民出版社 2017 年版。

39. 杨新欣：《新发展格局下市域社会治理现代化研究》，山东大学出版社 2021 年版。

40. 亚洲民众服务协会编：《美国社会治理新视点——美国亚裔青少年反吸烟手册》，中西书局 2015 年版。

41. 王法硕：《增能与赋权：城市社区治理智能化研究》，光明日报出版社 2022 年版。

42. 杨华：《县乡中国：县域治理现代化》，中国人民大学出版社 2022 年版。

43. 赵永新等编著：《区块链推动政府治理现代化》，电子工业出版社 2021 年版。

44. 国明理主编：《推进国家治理现代化》，研究出版社 2019 年版。

45. 彭希哲等编著：《社会发展与社会治理的新展望》，上海人民出版社 2021 年版。

46. 孔祥涛、汪伟全主编：《社会风险评估与治理的中国实践》，上海人民出版社 2021 年版。

47. 汤文仙、薛雨石：《城市精细化治理的北京经验研究》，光明日报出版社 2022 年版。

48. 谢春涛主编：《中国共产党如何治理国家？》，新世界出版社 2012 年版。

49. 郭定平等：《党的全面领导与国家治理》，上海人民出版社 2021 年版。

50. 乔运鸿：《乡村治理：从二元格局到农村社会组织的参与——以山西永济蒲韩乡村民间组织为例》，中国社会出版社 2017 年版。

51. 沈原等：《社区治理：价值匹配（NGT）分析方法》，社会科学文献出版社 2018 年版。

52. 杨嵘均：《乡村治理结构调适与转型》，南京师范大学出版社 2014 年版。

53. 翟东升：《平行与竞争：双循环时代的中国治理》，东方出版社 2021 年版。

54. 张勇：《基层治理创新——城市社区治理精细化研究》，中国社会科学出版社 2022 年版。

55. 王建伟：《数据为王：打开工业数据治理之门》，人民邮电出版社 2021 年版。

56. 孙靓莹、张宇燕：《全球发展的中国方案（英）》，五洲传播出版社 2022 年版。

57. 许耀桐：《中国之治：国家治理现代化的发展路径》，东方出版社 2020 年版。

58. 张莉主编：《数据治理与数据安全》，人民邮电出版社 2019 年版。

59. 吴四伍主编：《新时代推进国家治理体系和治理能力现代化 400 问》，东方出版社 2020 年版。

60. 桂华等：《社会组织参与农村基层治理研究》，华中科技大学出版社 2019 年版。

61. 石发勇等：《风险社会治理与国家安全：以重大突发公共危机为背景》，北京大学出版社 2022 年版。

62. 王杨：《建构社区治理共同体：社会网络视角下社区共治路径与机制研究》，社会科学文献出版社 2023 年版。

63. 冉昊：《国家治理与社会治理：历史比较、国际视野与现代化分析》，浙江大学出版社 2021 年版。

64. 顾丽梅、翁士洪：《网络参与下的地方治理创新》，上海人民出版社 2015 年版。

65. 张国芳：《社会资本与村庄治理转型的社区机制》，浙江工商大学出版社 2019 年版。

66. 柯红波等：《共生型治理：基层社会治理创新的"凯旋模式"》，浙江工商大学出版社 2016 年版。

67. 王稼琼主编：《特大城市治理研究》，首都经济贸易大学出版社 2015 年版。

68. 孙柏瑛：《当代地方治理：面向 21 世纪的挑战》，中国人民大学出版社 2004 年版。

69. 吕德文：《大国底色：巨变时代的基层治理》，东方出版社 2021 年版。

70. 熊万胜：《江山与人民：中国治理体系解析》，中国人民大学出版社 2022 年版。

71. 唐亚林、陈水生主编：《市域社会治理现代化与智慧治理》，复旦大学出版社 2022 年版。

72. 雷晓康等编著：《社会治理概论》，北京大学出版社 2021 年版。

73. 马彦银：《谁在治理　为谁治理　如何治理？——中国城市基层治理的政治学》，天津人民出版社 2021 年版。

74. 国务院发展研究中心公共管理与人力资源研究所"我国社会治理创新发展研究"课题组：《新治理时代——我国社会治理的制度与实践创新（十八大以来国务院发展研究中心优秀成果选粹）》，中国发展出版社 2022 年版。

75. 李拓：《制度治理：一个划时代的改革命题》，国家行政管理出版社 2021 年版。

76. 岳经纶等：《社会治理创新与和谐社区建设：广东探索》，中山大学出版社 2019 年版。

77. 吴业国编著：《基层治理中的公共性建构——基于广东城乡社区的经验观察与理论阐释》，中山大学出版社 2021 年版。

78. 王亚华：《公共事物治理概论》，清华大学出版社 2022 年版。

79. 敬乂嘉：《"一网通办"：新时代的城市治理创新》，上海人民出版社 2021 年版。

80. 靳诺等：《全球治理的中国担当》，中国人民大学出版社 2017 年版。

81. 刘敏：《社区治理模式创新：深圳经验》，社会科学文献出版社 2022 年版。

82. 童星：《中国社会治理》，中国人民大学出版社 2018 年版。

83. 萧鸣政等：《社区治理问题与创新研究——基于治理体系与治理能力评价的实证分析》，中国社会科学出版社 2021 年版。

84. 雷明等：《振兴之路：新阶段中国乡村治理的制度框架》，重庆出版社 2022 年版。

85. 辛自强：《社会治理心理学与社会心理服务》，北京师范大学出版社 2020 年版。

86. 姜晓萍主编：《社会治理创新发展报告（2021）》，四川大学出版社 2022 年版。

87. 范慧：《社区治理：专业社会工作机构的行动逻辑》，知识产权出版社 2021 年版。

88. 顾昕：《治理机制的互补嵌合性：公共部门制度创新与激励重构》，格致出版社 2022 年版。

89. 李石强：《国家治理体系中的顶层设计研究——最优授权理论的视角》，中国社会科学出版社 2022 年版。

90. 陈明明：《国家治理现代化的政党逻辑》，复旦大学出版社 2022 年版。

91. 黄徽：《治理的逻辑：事权与财权的分立》，东方出版社 2019 年版。

92. 黄河等：《治理、发展与安全——新时代背景下中国与全球经济治理》，上海交通大学出版社 2019 年版。

93. 何绍辉：《再造社区：城市社区治理质量及提升》，社会科学文献出版社 2022 年版。

94. 黄河等：《治理、发展与安全——公共产品与全球治理》，上海交通大学出版社 2021 年版。

95. 章浩等：《新时期乡村治理的路径研究》，首都经济贸易大学出版社 2021 年版。

96. 闫加伟：《社区治理方法论——社会创新者说》，上海三联书店 2019 年版。

97. 叶静：《地方治理的迷思：国家构建与参与式预算改革》，北京大学出版社 2022 年版。

98. 徐永祥等：《社会治理创新论》，华东理工大学出版社 2022 年版。

99. 吕德文：《治大国若烹小鲜：基层治理与世道人心》，中国人民大学出版社 2021 年版。

100. 周望：《理解中国治理》，天津人民出版社 2019 年版。

101. 陈家喜等：《政党治理的中国经验：理论建构与案例观察》，中国社会科学出版社 2020 年版。

102. 江必新、王红霞：《国家治理现代化与社会治理》，中国法制出版社 2016 年版。

103. 王杨、杨远征：《迈向社会治理共同体：社会组织参与社会治理项目设计案例》，东方出版中心 2022 年版。

104. 陈明明、任勇主编：《国家治理现代化：理念、制度与实践》，中央编译出版社 2016 年版。

105. 周庆智等：《乡村治理：制度建设与社会变迁：基于西部 H 市的实证研究》，中国社会科学出版社 2019 年版。

106. 张锋：《大城"精治"：让城市治理更加有智慧、有温度》，上海人民出版社 2020 年版。

107. 刘杰：《治理政治学》，时事出版社 2020 年版。

108. 李海青：《治理现代化视野中的中国改革》，人民出版社 2018 年版。

109. 李永清等：《治理之变：龙城"文明型街道"建设研究》，中国社会科学出版社 2016 年版。

110. 曾祥明：《治理现代化视域下社会问题的观察与思考》，中国言实出版社 2018 年版。

111. 蔺雪春编著：《治理十讲》，西南交通大学出版社 2020 年版。

112. 侯利文：《城市社区治理中整合性服务模式建构研究——以上海新一轮基层治理改革为例》，华东理工大学出版社 2020 年版。

113. 时树菁主编：《中国基层治理问题研究》，中国社会科学出版社 2015 年版。

114. 原贺贺：《基层治理逻辑解读——以 M 市产业扶贫为场域》，中国社会科学出版社 2021 年版。

115. 周谨平：《国家治理与社会伦理》，湖南大学出版社 2018 年版。

116. 周谨平：《社会治理的政治哲学话语》，社会科学文献出版社 2020 年版。

117. 王莹等：《社会治理创新的伦理路径与制度支持研究》，人民出版社 2019 年版。

118. 邢伟：《国家治理现代化背景下的公共服务体系建设》，人民出版社 2021 年版。

119. 杨开峰等：《中国之治：国家治理体系和治理能力现代化十五讲》，中国人民大学出版社 2020 年版。

120. 麻宝斌等：《公共治理理论与实践》，社会科学文献出版社 2013 年版。

121. 蓝志勇等：《国家治理现代化与行政管理制度体系创新》，中国社会科学出版社 2022 年版。

122. 刘智峰：《国家治理论：国家治理转型的十大趋势与中国国家治理问题》，中国社会科学出版社 2014 年版。

123. 赖先进：《规模与国家治理现代化：从最优机构规模到适应治理规模》，经济科学出版社 2022 年版。

124. 左才：《地方治理：动机、行为与制度环境》，复旦大学出版社 2021 年版。

125. 邓善凤、吴记峰：《党建引领基层治理创新研究——以粤港澳大湾区为例》，新华出版社 2021 年版。

126. 吕德文：《国家基石：基层社会治理图景与乡村振兴》，东方出版社 2022 年版。

127. 杨冠琼：《公共治理的博弈论研究》，经济管理出版社 2021 年版。

128. 寇丽平：《社会安全治理新格局》，国家行政管理出版社 2018 年版。

129. 叶南客主编：《国家治理与社会发展》，格致出版社 2017 年版。

130. 孙蕊：《国家治理现代化视角下的公共政策创新》，经济管理出版社 2018 年版。

131. 张乾友：《社会治理的话语重构》，中国社会科学出版社 2017 年版。

132. 蓝志勇等：《国家治理现代化与行政管理制度体系创新》，中国社会科学出版社 2022 年版。

133. 冯晓平：《国家基层治理实践研究——以征地中的治理为例》，华中科技大学出版社 2020 年版。

134. 辛本健编著：《全球治理的中国贡献》，机械工业出版社 2016 年版。

135. 门洪华：《多层治理理论与实践》，格致出版社 2019 年版。

136. 王凡等：《党建引领城市社区治理经验研究》，四川大学出版社 2022 年版。

137. 傅小随等：《社会治理组织体系深圳样本分析：党政体制、社区架构与社会组织》，中国社会科学出版社 2015 年版。

138. 张占斌、薛伟江主编：《以人民为中心：中国治理的核心密码》，人民出版社 2022 年版。

139. 何一、冯丽丽编著：《基层社会治理与社会服务研究》，吉林大学出版社 2021 年版。

140. 温铁军等编著：《居危思危：国家安全与乡村治理》，东方出版社 2020 年版。

141. 龚维斌：《中国社会治理创新之路》，经济科学出版社 2019 年版。

142. 何欣峰：《中国国家治理的传统智慧及当代变迁》，中国社会科学出版社 2020 年版。

143. 王宁等编著：《新时代社会治理创新》，社会科学文献出版社 2022 年版。

144. 张方华编：《回归国家治理的公共性：我国公共利益与政府利益的关系研究》，南京师
     范大学出版社 2019 年版。

145. 王春光等：《市域社会治理现代化的台州探索》，社会科学文献出版社 2021 年版。

146. 包心鉴主编：《社会治理创新与当代中国社会发展》，人民出版社 2014 年版。

147. 李友梅等：《城市社会治理》，中国社会科学文献出版社 2014 年版。

148. 李培林：《社会改革与社会治理》，中国社会科学文献出版社 2014 年版。

149. 吴军：《大都市社会治理创新：组织、社区与城市更新》，人民出版社 2022 年版。

150. 高梁主编：《公共治理中的基层实践案例》，经济日报出版社 2020 年版。

151. 邢伟：《治理现代化背景下的公共服务体系建设》，人民出版社 2021 年版。

152. 王诗宗：《治理理论及其中国适用性》，浙江大学出版社 2009 年版。

153. 杨光斌：《习近平的国家治理现代化思想：中国文明基体论的延续》，中国社会科学出
     版社 2015 年版。

154. ［美］罗伯特·劳伦斯·库恩等：《脱贫之道：中国共产党的治理密码》，重庆出版社
     2020 年版。

译著：

1. ［法］让-皮埃尔·戈丹：《何谓治理》，钟震宇译，社会科学文献出版社 2010 年版。

2. ［美］B. 盖伊·彼得斯：《政府未来的治理模式》，吴爱明等译，中国人民大学出版社
   2001 年版。

3. ［澳］欧文·E·休斯：《公共管理导论》，张成福等译，中国人民大学出版社 2007
   年版。

4. ［奥］维特根斯坦：《逻辑哲学论》，郭英译，商务印书馆 1962 年版。

5. ［德］斐迪南·滕尼斯：《共同体与社会：纯粹社会学的基本概念》，林荣远译，商务
   印书馆 1999 年版。

6. ［美］戴维·赫尔德：《民主的模式》，燕继荣译，中央编译出版社 1998 年版。

7. ［日］黑田睦子：《以市民为中心的社区治理：奈良町的居住与福祉》，刘昭吟等译，上
   海文化出版社 2022 年版。

8. ［法］米歇尔·福柯：《对活人的治理》，赵灿译，上海人民出版社 2020 年版。

9. ［瑞典］乔恩·皮埃尔、［美］B. 盖伊·彼得斯：《治理、政治与国家》，唐贤兴、马婷
   译，格致出版社 2019 年版。

10. ［美］埃里克·诺德曼：《自主治理：埃莉诺.奥斯特罗姆关于公共资源管理的见解》，秦含璞译，中国科学技术出版社 2022 年版。

11. ［美］伊丽莎白·巴丹德、罗贝尔·巴丹德：《一个知识分子的政治理想》，马为民等译，华东师范大学出版社 2016 年版。

12. ［美］约翰·拉德利：《数据治理：如何设计、开展和保持有效的数据治理计划》，刘晨译，清华大学出版社 2021 年版。

13. ［英］R. A. W. 罗兹：《理解治理：政策网络、治理、反思与问责》，丁煌、丁方达译，中国人民大学出版社 2020 年版。

14. ［美］埃莉诺·奥斯特罗姆：《公共事务的治理之道》，余逊达、陈旭东译，上海译文出版社 2012 年版。

15. ［美］詹姆斯·N·罗西瑙主编：《没有政府的治理》，张胜军等译，江西人民出版社 2001 年版。

16. ［美］Project Management Institute：《项目组合、项目集和项目治理实践指南》，何国勋译，电子工业出版社 2016 年版。

17. ［美］理查德.C. 博克斯：《公民治理：引领 21 世纪的美国社区》，孙伯瑛译，中国人民大学出版社 2013 年版。

18. ［美］奥利弗·E. 威廉姆森：《契约、治理与交易成本经济学》，陈耿宣译，中国人民大学出版社 2020 年版。

19. ［美］理查德·J. 伯恩斯坦：《社会政治理论的重构》，黄瑞祺译，译林出版社 2008 年版。

20. ［美］布鲁斯·布恩诺·德·梅斯奎塔等主编：《繁荣的治理之道》，叶娟丽等译，中国人民大学出版社 2007 年版。

21. ［美］斯蒂文 K. 沃格尔：《市场治理术：政府如何让市场运作》，毛海栋译，北京大学出版社 2020 年版。

22. ［美］李侃如：《治理中国：从革命到改革》，胡国成、赵梅译，中国社会科学出版社 2010 年版。

23. ［美］劳拉·德拉迪斯：《互联网治理全球博弈》，覃庆玲等译，中国人民大学出版社 2017 年版。

24. ［英］安德鲁·赫里尔：《全球秩序与全球治理》，林曦译，中国人民大学出版社 2018 年版。

25. ［土］古勒·阿拉斯，［英］戴维·克劳瑟：《治理和社会责任》，王莉娜、彭秀芬译，上海财经大学出版社 2021 年版。

26. ［英］戴维·赫尔德、安东尼·麦克格鲁编：《治理全球化：权力、权威与全球治理》，曹荣湘、龙虎译，社会科学文献出版社 2004 年版。

（二）英文

［1］ An Chen，"The Failure of Organizational Control：Changing Party Power in the Chinese Countryside"，*Politics& Society*，Vol. 35，Issue 1，2007.

［2］ Bruce J. Dickson，"Integrating Wealth and Power in China：The Communist Party's Embrace of the Private Sector"，*The China Quarterly*，Vol. 192，2007.

［3］ Dorothy J. Solinger，"State and Society in Urban China in the Wake of the 16th Party Congress"，*The China Quarterly*，Vol. 176，2003.

［4］ Elizabeth J. Perry，*Challenging the Mandate of Heaven：Social Protest and State Power in China*，M E Sharpe，2001.

［5］ Jean C. Oi，*State and Peasant in Contemporary China：The Political Economy of Village Government*，University of California Press，1989.

［6］ Jeremy Brown，Paul G. Pickowicz（eds.），*Dilemmas of Victory：The Early Years of the People's Republic of China*，Harvard University Press，2010.

［7］ Jorge Desman，"China's Party-State and the Private Business Sector：'Dog Wags Tail' or 'Tail Wags Dog'?"，*Norwegian Journal of Geography*，Vol. 59，No. 3.，2005.

［8］ Kjeld Erik Brodsgard，Yongnian Heng（eds.），*Bringing the Party Back in：How China is Governed*，Eastern Universities Press，2004.

［9］ Lynn White，"The Thirteenth Central Committee of the Chinese Communist Party：From Mobilizers to Managers"，*Asian Survey*，Vol. 28，No. 4.，1988.

［10］ Peter Ferdinand，"Social Change and the Chinese Communist Party：Domestic Problems of Rule"，*Journal of International Affairs*，Vol. 49，No. 2.，1996.

［11］ Sebastian Heilmann，Elizabeth J. Perry（eds.），*Mao's Invisible Hand：The Political Foundations of Adaptive Governance in China*，Harvard University Press，2011.

［12］ Shao-Chuan Leng（eds.），*Changes in China：Party，State，and Society*，University Press of America，1989.

［13］ Shiping Zheng，*Party vs. Sate in Post 1949 China*，Cambridge University Pres，1997.

［14］ Zhiyue Bo，*China's Elite Politics：Governance and Democratization*，World Scientific Publishing，2010.

［15］ Rhodes R A W，The New Governance：Governing without Government，Political Studies，2010.

［16］ World Bank，Sub-Saharan Africa：from Crisis to Sustainable Growth：A Long Term Perspective Study，The World Bank，1989.

[17] Merilee S. Grindle, "Good Enough Governance Revisited", *Development Policy Review*, Vol. 25, No. 5., 2007.

[18] V. P. Nanda, "The 'Good Governance' Concept Revisited", *Annals of the American Academy of Political and Social Science*, Vol. 603, No. 1., 2006.

[19] Smita Mishra Panda, *Engendering Governance Institutions: State, Market and Civil Society*, Sage Publications Pvt. Ltd, 2008.

[20] Elliott John E., "Karl Marx: Founding Father of Workers' Self-Governance?", *Economic and Industrial Democracy*.

[21] Neesham C., "The Good Society: Lessons for Integrated Governance", Bulletin of the Pennsylvania? University of Brasov. Series V: Economic Sciences, Vol. 2, 2009.

[22] John Michael Roberts, "Spatial Governance and Working Class Public Spheres: The Case of a Chartist Demonstration at Hyde Park", *Journal of Historical Sociology*, Vol. 14, No. 3., 2001.

[23] James N. Rosenau, "Governance in the Twenty-first Century", *Global Governance*, Vol. 1, 1995.

[24] James N. Rosenau, Ernst–Otto Czempiel, *Governance without Government: Order and Change in World Politics*, Cambridge University Press, 1992.

[25] Marx, Engels, Collected Works of Karl Marx and Friedrich Engls, Vol. 22, 1870–1871, Intl Pub, 1987.

[26] Marx, Engels, Collected Works (Volume 1) (Karl Marx 1835–1843), Lawrence & Wishart, 2010.

"以项目制推动多元参与社区治理研究"
专项调查问卷

A. 基本信息

A1. 您的性别？

1. 男　　　　　　　2. 女

A2. 您的年龄？

1. 22 周岁及以下　2. 22 至 35 周岁　3. 35 至 55 周岁　4. 55 至 70 周岁

5. 70 周岁及以上

A3. 您的文化程度？

1. 小学及以下　　2. 初中　　　　　3. 高中/中专/技校

4. 大专　　　　　5. 本科　　　　　6. 研究生及以上

A4. 您的政治面貌？

1. 共产党员　　2. 民主党派、无党派　3. 共青团员　　　4. 群众

A5. 您所居住的小区房屋性质？

1. 2000 年后建成的商品房小区　　　2. 2000 年前建成的商品房小区

3. 售后公房小区   4. 旧式里弄小区

A6. 您现在的工作状态?

1. 在职   2. 退休（跳至 B1 题）   3. 无业（跳至 B1 题）

A7. 您工作单位的性质是?

1. 党政机关/事业单位 2. 国有企业   3. 民营企业

4. 外资企业   5. 个体户   6. 其他：_____

B. 社区治理运行机制

B1. 您对所在小区的社区事务讨论决策、项目建设和公共活动、志愿服务等机制是否满意?

1. 满意   2. 比较满意   3. 不满意

4. 不清楚（跳至 B4 题）

B2. 您知道目前参与社区治理运行的主体有哪些?（可多选）

1. 业主（志愿者） 2. 业委会   3. 村（居）党总支/村（居）委会

4. 物业公司   5. 党政机关   6. 社会组织

7. 驻区单位   8. 其他：_____

B3. 您认为您所在小区的社区治理运行机制中起到积极作用的主体有哪些?（可多选）

1. 无   2. 业主（志愿者）   3. 业委会

4. 村（居）党总支/村（居）委会   5. 物业公司

6. 党政机关   7. 社会组织   8. 驻区单位

9. 其他：_____

B4. 您希望有哪些主体参与您所在小区的社区治理?（可多选）

1. 业主（志愿者） 2. 业委会   3. 村（居）党总支/村（居）委会

4. 物业公司   5. 党政机关   6. 社会组织

7. 驻区单位   8. 其他：_____

B5. 您认为您所在小区的社区事务讨论决策的问题主要有?（可多选）

1. 业主关注率低，参与意愿低   2. 平台组织不合理，不方便

3. 讨论和决策主体不适格   4. 参与讨论和决策的主体缺乏专业性

5. 没有需要讨论和决策的内容   6. 其他：_____

B6. 您本人是否参与过社区事务的讨论决策？

1. 是　　　　　　2. 否（跳至 B11 题）

B7. 您通过何种形式参与社区事务讨论决策？

1. 参选业委会　　2. 参与业主大会投票

3. 参与社区公共事务讨论（如没有，跳至 C1）

B8. 您更倾向于采用哪种方式参与社区公共事务讨论决策？

1. 线下　　　　　2. 线上　　　　　　3. 都可以

B9. 您在参与社区公共事务讨论决策时，是否发表了意见或提出建议？

1. 是　　　　　　2. 否（跳至 B11 题）

B10. 您认为您所在小区的在社区建设和管理方面存在最严重的问题有？（最多选三项）

1. 墙体、管道等公共设施损坏、老化，更新和维修不及时

2. 垃圾箱房、机动车位、充电设施等功能性设施缺失或布局不合理

3. 绿化及其他观赏性设施缺失或维护不及时

4. 门禁安防设备缺失或效果不明显

5. 公共环境脏乱，保洁服务不及时

6. 物业服务人员配置不足或服务质量不达标

7. 违章搭建或占道堆物等违法行为

8. 生活噪音、高空掷物等居民不文明行为

9. 其他：_____

B11. 您对您所在小区的社区建设和管理方面有何建议？（开放题）

B12. 您本人是否组织或参与过所在小区的社区公共活动和志愿服务？

1. 是　　　　　　2. 否（跳至 B15 题）

B13. 您参与过哪些社区公共活动和志愿服务？（可多选）

1. 社区志愿服务　　　2. 社区文娱活动

3. 社区亲子活动　　　4. 专题讲座

B14. 您参与小区的社区公共活动和志愿服务的原因是？（可多选）

1. 兴趣爱好　　　　　2. 拓展社交圈

3. 充实业余时间　　　4. 助力社区建设

5. 其他：_____

B15. 您未参与小区的社区公共活动和志愿服务的原因是？（可多选）

1. 对活动和服务内容没兴趣

2. 活动和服务时间与工作生活作息时间相冲突

3. 业余生活充实，不需要参与社区活动

4. 人际关系陌生，难以马上融入

5. 对社区公共活动和志愿服务的内容和参与方式不了解

6. 其他：_____

B16. 您希望您所在的小区开展哪些社区公共活动和志愿服务？（开放题）

B17. 您更愿意参与哪类社区的公共事务？（可多选）

1. 社区民主治理类，例如民主选举、民主决策、民主监督

2. 社区环保类，例如垃圾分类、节能减排、光盘行动等

3. 社区治安类，例如调解社区矛盾、治安维护巡逻、举报犯罪事件等

4. 社区文体类，例如歌舞队、体育运动团队等

5. 社区基础建设类，例如社区微更新、社区规划、环境维护等

6. 社区公益类，例如微公益、爱心助学、结对老人等

7. 其他：_____

B18. 您可以参加社区事务的频率是多少？

1. 不想参与

2. 可以每年参与 1-2 次或有重要事情时偶尔参加

3. 可以每年 3-4 次

4. 可以每年 5 次以上

B19. 您更愿意通过哪些渠道了解当前社区治理的情况（可多选）

1. 居民之间口口相传

2. 由社区居委会告知查看社区宣传栏或广播、电视、报纸等传统媒体得知

3. 查看社区宣传栏或广播、电视、报纸等传统媒体得知

4. 通过微信群、微信公众号、抖音、微博等新媒体得知

5. 主动到居委会询问

6. 其他：

B20. 您对于居民参与社区治理的看法？（　　　）

1. 社区治理应该积极参与　　　2. 想参与，但是缺乏参与渠道

3. 费力不讨好，没必要参与　　　4. 居民参与流于形式，参与也没用

5. 对社区治理不了解，缺乏专业能力 6. 社区治理项目的吸引力不够

B21. 您认为可以从以下哪些方面提高居民参与社区治理的积极性？
（　　）【可多选】

1. 加强宣传，提高参与意识　　　　2. 拓宽参与渠道

3. 居委会等组织要主动与居民联系　4. 建立奖惩机制

5. 构建合理的社区治理制度　　　　6. 通过具体的治理项目

B22. 您所在的小区是否有让您印象深刻的社区治理项目？

1. 有　　　　2. 没有（跳至 B25 题）

B23. 项目有哪些组织或参与的主体？（可多选）

1. 业主　　　　2. 业委会　　　　3. 村（居）党总支/村（居）委会

4. 物业公司　　5. 党政机关　　　6. 社会组织

7. 驻区单位　　8. 其他：＿＿＿＿＿＿＿＿

B24. 请您简述项目名称或者内容？＿＿＿＿＿＿＿

B25. 您认为在社区治理引入项目化机制的瓶颈可能有？（可多选）

1. 资金来源　　2. 居民参与度　　3. 供需关系

4. 组织宣传　　5. 可持续性

C. 满意度

C1. 您认为社区治理是全体居民共同的责任吗？

1. 非常同意　　2. 比较同意　　　3. 一般

4. 不太同意　　5. 不同意

C2. 您清楚知道本社区的居委会或社区服务中心在什么位置？

1. 是　　　　2. 否

C3. 您对社区以下哪些领域的工作较为满意？（可多选）

1. 民主治理　　2. 环境卫生　　　3. 文体活动

4. 社区活动　　5. 公益服务　　　6. 基础建设

7. 其他：＿＿＿＿＿＿＿＿

C4. 总体来说，您对目前社区治理运行机制的满意如何？

1. 满意　　2. 比较满意　　3. 不太满意　　4. 不满意　　5. 无所谓

C5. 对于您的建议或意见投诉，您所在的社区或街道是否回复过您？

1. 有回复，并对回复满意　　　　2. 有回复，对回复不满意

3. 无回复　　　　　　　　　　　4. 我没提过建议或意见投诉

C6. 当您遇到一些困难时，会主动寻求社区或街道的帮助？

1. 是　　　　　　2. 否　　　　　　3. 不确定

问卷到此结束，感谢您的配合与支持！

后 记

　　社会治理事关社会和谐稳定，事关百姓安居乐业，事关中国式现代化，事关中华民族伟大复兴。党的十八大以来，以习近平同志为核心的党中央正确认识和把握我国社会发展规律，高屋建瓴，精准施策，对社会发展中的矛盾和问题进行了科学应对，对社会治理实践发表了一系列重要讲话，作出了一系列重要指示，提出一系列新观点、新论断和新认识，逐渐形成新时代社会治理理论。新时代社会治理理论科学回答了新时代社会治理的重要意义、发展方向、价值取向、理念原则、方法路径等等重大问题，开辟了马克思主义社会治理学说新境界，为加强和创新社会治理，推进国家治理体系和治理能力现代化，尤其是推进国家安全体系和能力现代化提供了根本遵循和科学指南。同时，为全球治理提供了中国方案与中国智慧，提升了社会治理中国模式在全球治理中的地位。

　　本著采用文献研究方法、实证分析方法、比较研究方法以及定性与定量相结合的方法，较为系统地分析了新时代社会治理理论的思想资源，重点阐述了新时代社会治理的战略目标、新时代社会治理的总体布局、加强和创新社会治理的重要抓手、加强和创新社会治理的关键环节、加强和创新社会治理的战略重点，并以上海 J 区的社会治理创新实践为例，阐明了新时代社会治理理论的实践成效。

　　本著是 2018 年教育部人文社会科学研究规划基金项目（18YJA710018）资助课题成果。该项目研究得到了国防大学政治学院孙力教授、华东师范大学郝宇青教授、华东政法大学何奇松教授、上海体育大学胡德平教授、上海政法学院辛方坤教授的悉心指导、大力支持和帮助，谨向他们致以诚挚的谢意和崇高的敬意。

　　本著得到上海政法学院学术出版基金的资助，在此深表谢意。感谢上海政法学院科研处的大力支持和政府管理学院院长汪伟民教授及各位同仁的鼓励和帮助，感谢中国政法大学出版社魏星先生和编校者为本书编辑出版付出的辛勤努力。

　　本著是在广泛汲取国内外专家学者学术成果基础上撰写而成，仅向所有被引用或者参考了其文献资料的作者和译者表示诚挚的谢意。由于作者能力水平有限，书中疏漏讹误在所难免，敬请专家学者不吝赐教。

孔凡河

2024 年 7 月